6年

実力アップ 白地図ノート

教科書ワーク
112ページの
プラスワークも
見てみましょう。

自分だけの地図を作って
社会の力をのばす！調べ学習にも！

JN131559

年	組	名前

※地図の縮尺は異なっている場合があります。また、一部の離島を省略している場合があります。

「白地図ノート」はとりはずして使用できます。

1 歴史地図①

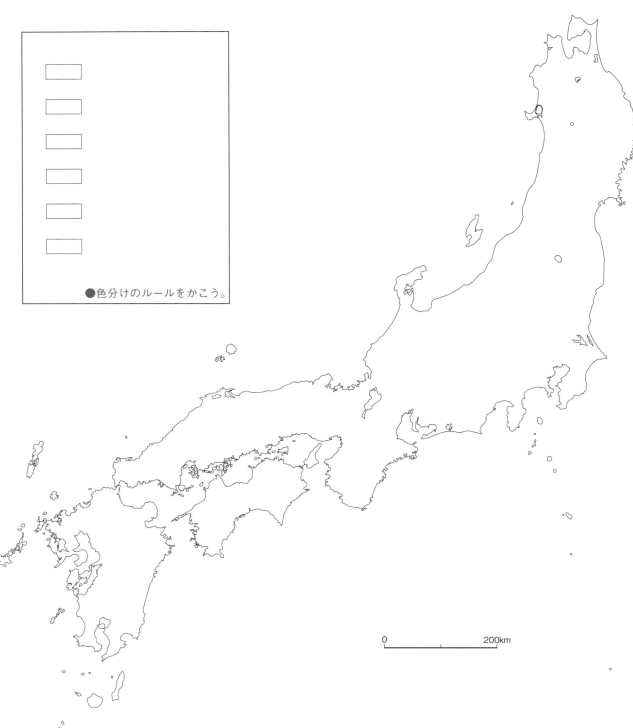

●色分けのルールをかこう。

0 ──── 200km

2 歴史地図②

●色分けのルールをかこう。

0　　　　　200km

3 政治の中心となった地域①

使い方のヒント
この地域は長く日本の政治の中心で、歴史的な建物がたくさん残っているよ！
調べてみよう！

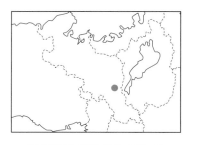

きょうと
京都

なら
奈良

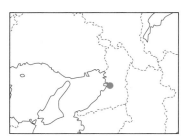

さかい
堺

4 政治の中心となった地域②

使い方の ヒント

江戸時代以降は、江戸（東京）が日本の政治の中心だよ！　鎌倉幕府があった場所も、この地図の中にあるね。

江戸
え　ど

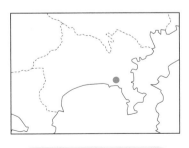

鎌倉
かまくら

5 日本の旧国名

●色分けのルールをかこう。

0 400km

6 日本の都道府県

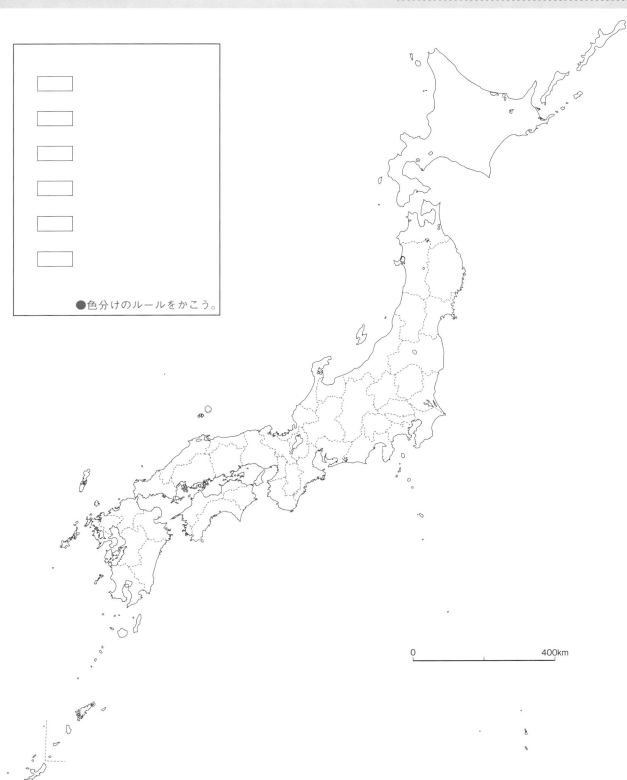

●色分けのルールをかこう。

0　　　　　　　　400km

7 世界の国々

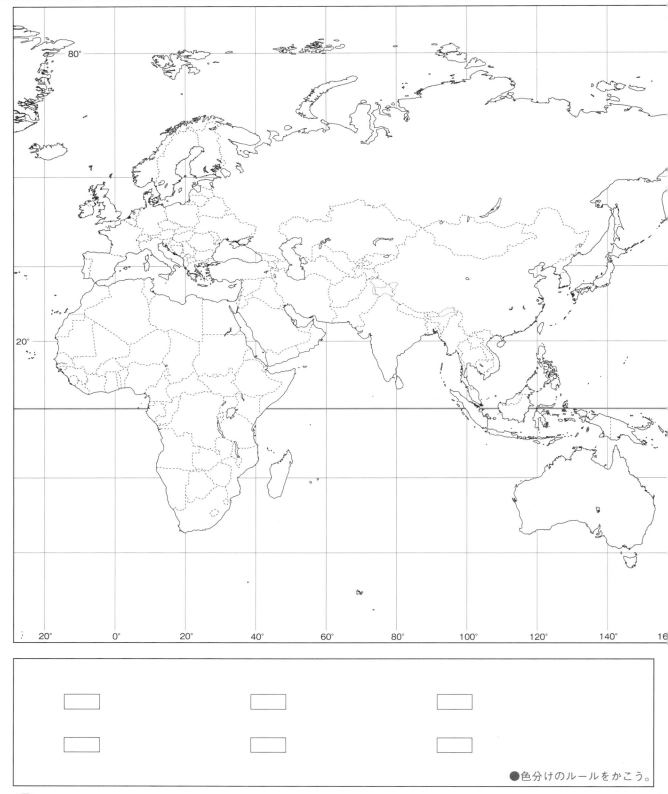

| 80° |
| 20° |
| 20° | 0° | 20° | 40° | 60° | 80° | 100° | 120° | 140° | 16 |

●色分けのルールをかこう。

世界の地図だよ！ 歴史に出てきた国や、行ったことがある国など、知っている国をぬってみよう！

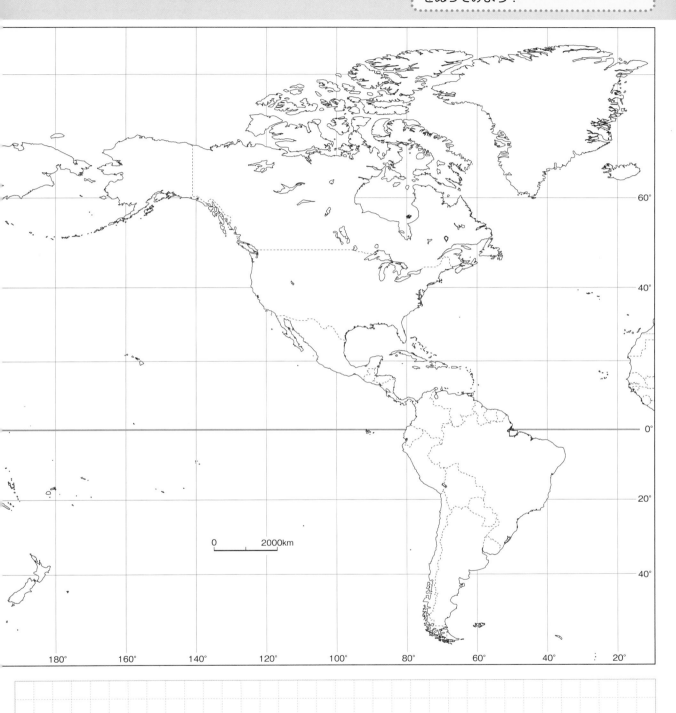

60°

40°

20°

0°

20°

40°

0　　　　2000km

180°　160°　140°　120°　100°　80°　60°　40°　20°

●調べたことを自由にかこう。

8 東南アジア / 東アジア / オセアニア

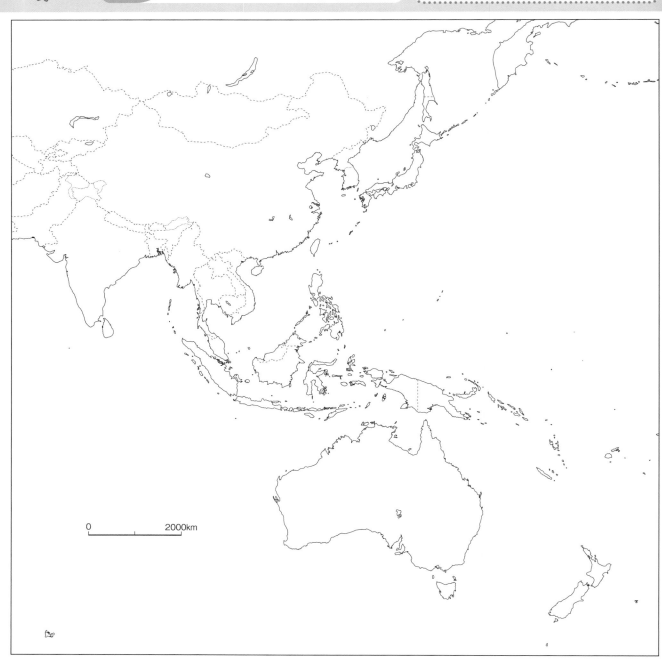

0 ── 2000km

●色分けのルールをかこう。

9 南アジア / 西アジア / アフリカ

使い方の ヒント
この地域には、イスラム教やヒンドゥー
教の信者が多い国があるよ。気になる国
の宗教(しゅうきょう)を調べてみよう！

0　　　　　　　2000km

●色分けのルールをかこう。

10 ヨーロッパ

0　　　1000km

●色分けのルールをかこう。

11 北アメリカ / 南アメリカ

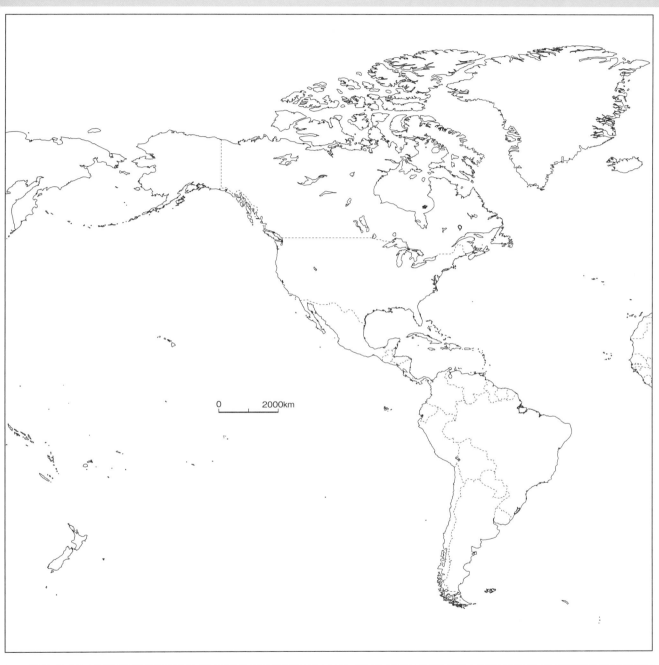

0 ____ 2000km

●色分けのルールをかこう。

12 フリー日本地図

●色分けのルールをかこう。

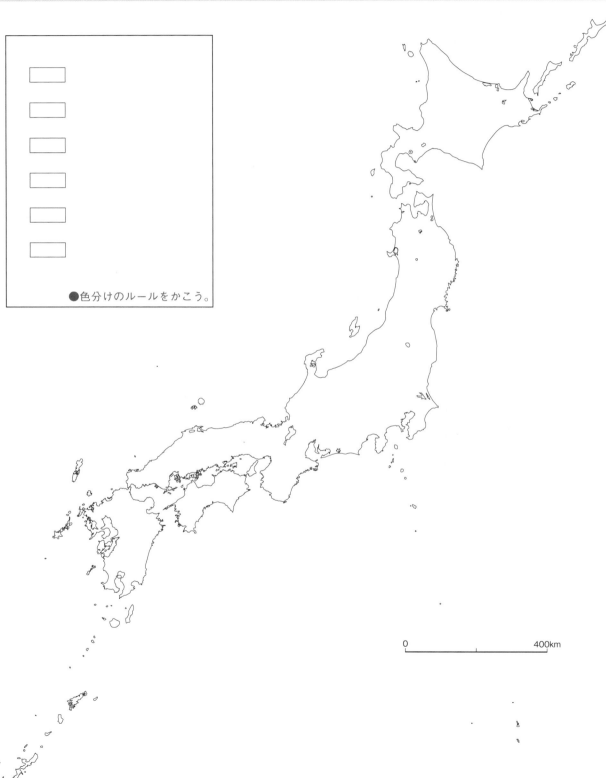

0　　　　　　　400km

13 世界地図

使い方の ヒント
さまざまな国の食べ物や宗教（しゅうきょう）、産業など
について調べて、どんなちがいがあるの
かをまとめよう！

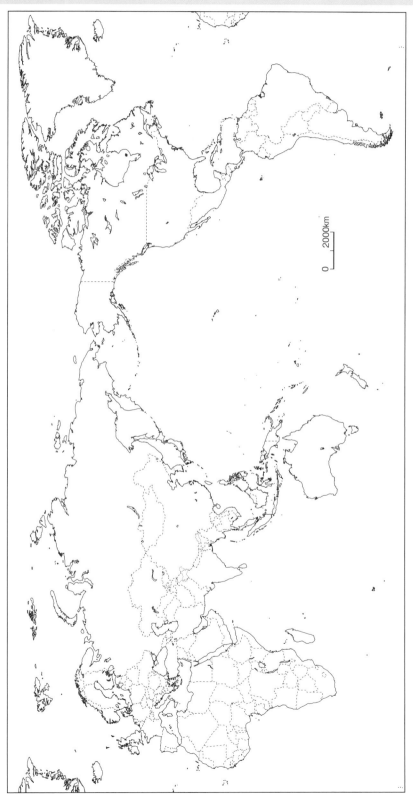

0　2000km

●調べたことを自由にかこう。

●色分けのルールをかこう。

14 フリー年表

年	できごと

わくわくシール

★学習が終わったら、ページの上に好きなふせんシールをはろう。
　がんばったページやあとで見直したいページなどにはってもいいよ。
★実力判定テストが終わったら、まんてんシールをはろう。

まんてんシール

ふせんシール

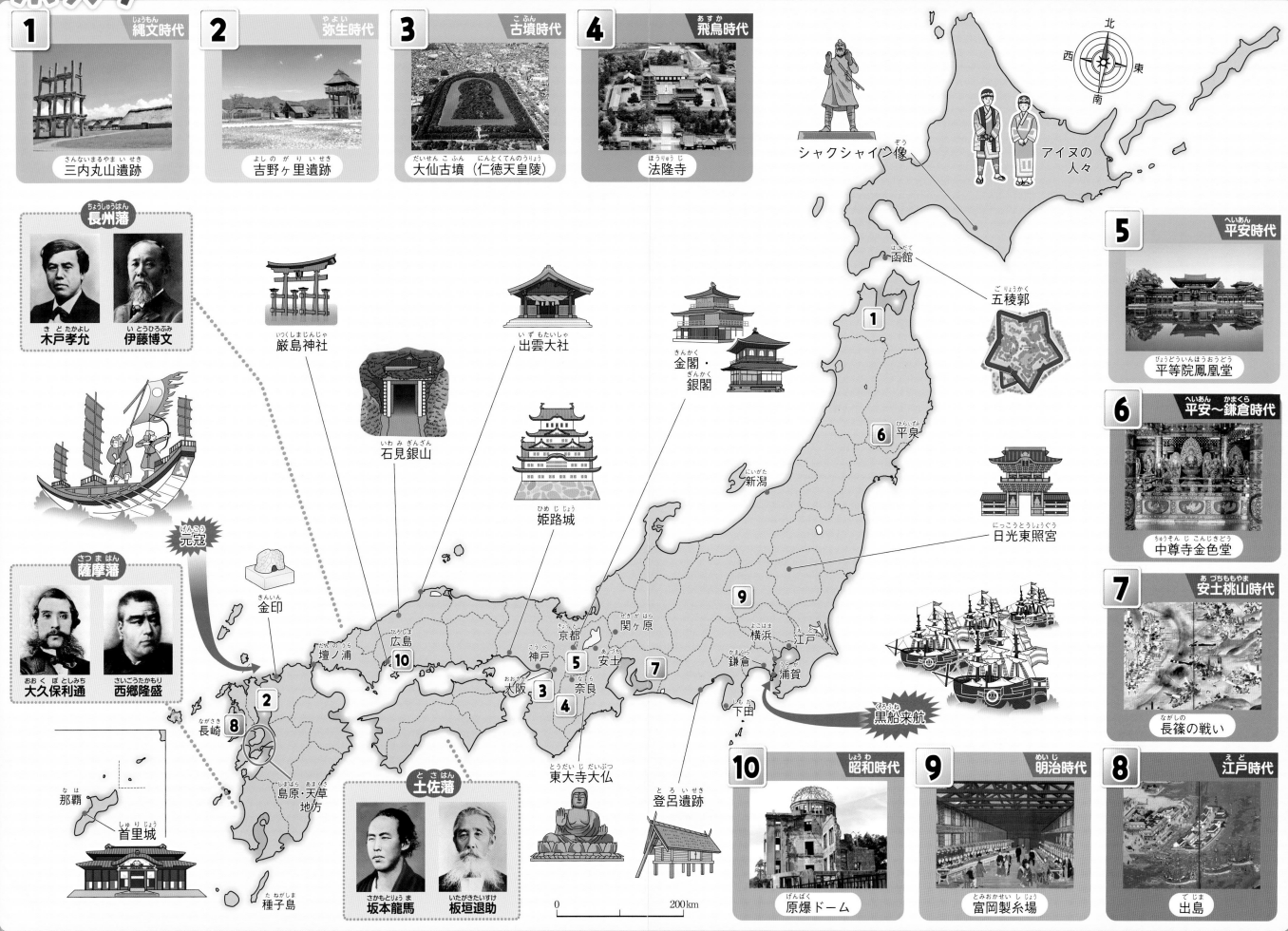

1 縄文時代
三内丸山遺跡

2 弥生時代
吉野ヶ里遺跡

3 古墳時代
大仙古墳（仁徳天皇陵）

4 飛鳥時代
法隆寺

5 平安時代
平等院鳳凰堂

6 平安〜鎌倉時代
中尊寺金色堂

7 安土桃山時代
長篠の戦い

8 江戸時代
出島

9 明治時代
富岡製糸場

10 昭和時代
原爆ドーム

長州藩
木戸孝允　伊藤博文

薩摩藩
大久保利通　西郷隆盛

土佐藩
坂本龍馬　板垣退助

シャクシャイン像
アイヌの人々

函館
五稜郭

厳島神社
石見銀山
出雲大社
金閣・銀閣
姫路城
新潟
平泉
日光東照宮

広島
壇ノ浦
神戸
京都
関ヶ原
横浜
江戸
鎌倉
浦賀
安土
大阪
奈良
下田

黒船来航

元寇

金印
長崎
島原・天草地方
首里城
那覇
種子島
東大寺大仏
登呂遺跡

0　　200km

時代	縄文	弥生	古墳	飛鳥	奈良	平安	鎌倉	室町	戦国	安土桃山	江戸	明治	大正	昭和	平成	令和

年・できごと

- 二三九　狩りや漁をしてくらす
- 六四五　米づくりが伝わる
- 六四五　邪馬台国の女王卑弥呼が中国（魏）に使いを送る
- 古墳が各地につくられる
- 大和朝廷が国土の統一をすすめる
- 大陸から仏教が伝わる
- 六四五　聖徳太子が政治の改革をすすめる
- 六四五　**大化の改新**が起こる
- 七一〇　都が平城京に移される
- 七五二　東大寺の大仏がつくられる
- 七九四　都が平安京に移される
- 八九四　遣唐使を停止する
- 一〇一六　**藤原道長**が摂政になる
- 一一九二　**源頼朝**が征夷大将軍に任命される
- 一二七四・一二八一　元軍が二度にわたって攻めてくる（元寇）
- 一三三八　足利尊氏が京都に室町幕府を開く
- 一四六七　応仁の乱が起こる
- 一五四九　フランシスコ・ザビエルがキリスト教を伝える
- 一五七三　織田信長が室町幕府をほろぼす
- 一五七五　長篠の戦いが起こる
- 一五九〇　豊臣秀吉が全国を統一する
- 一六〇〇　徳川家康が関ヶ原の戦いで勝利する
- 一六〇三　徳川家康が江戸に幕府を開く
- 一六三七　島原・天草一揆が起こる
- 一六四一　徳川家光が鎖国を完成させる
- 一八五三　ペリーが浦賀に来る
- 一八五四　日米和親条約を結ぶ
- 一八五八　日米修好通商条約を結ぶ
- 一八六七　徳川慶喜が大政奉還を行う
- 一八六八　明治維新が始まる
- 一八八九　大日本帝国憲法が発布される
- 一八九四　日清戦争が始まる
- 一九〇四　日露戦争が始まる
- 一九一一　**不平等条約の改正**を達成する
- 一九一四　第一次世界大戦が始まる
- 一九二三　東日本大震災が起こる
- 一九三一　満州事変が起こる
- 一九三七　日中戦争が始まる
- 一九三九　第二次世界大戦が始まる
- 一九四一　太平洋戦争が始まる
- 一九四五　広島・長崎に原爆が落とされる・終戦
- 一九四六　日本国憲法が公布される
- 一九五一　サンフランシスコ平和条約・日米安全保障条約が結ばれる
- 一九五六　国際連合に加盟する
- 一九六四　東京でオリンピック・パラリンピックが開かれる
- 二〇二一　東京でオリンピック・パラリンピックが開かれる

大化の改新を行った人々

中大兄皇子　中臣鎌足

同時代の女性作家たち

紫式部　清少納言

頼朝を取りまく人々

平清盛　源義経　北条政子

条約改正を進めた人々

陸奥宗光　小村寿太郎

食文化

縄文

狩りや漁のえものや木の実、貝などを食べていた。

弥生

米づくりが広まってからも、狩りや漁を行っていた。

奈良〜平安

庶民の食事
お米と汁物と漬物だけの質素な食事。

貴族の食事
保存食が多く、栄養面はあまりよくなかった。

鎌倉

武士の食事
朝夕2回の質素な食事。

江戸

江戸の町の屋台
すし・天ぷら・そばなどの屋台ができ、外食をするようになった。

明治

あんぱん

食の明治維新
肉を食べることや、パン・牛乳などが広まった。

牛鍋を食べる人々

飛鳥時代

626年〜671年

これはだれ？

ヒント

💡 大化の改新を行った

💡 中臣鎌足と協力した

💡 のちの天智天皇

❻

縄文時代

約5500年前

これはなに？

ヒント

💡 縄文時代中期の大集落

💡 青森県青森市

💡 巨大な掘立柱の建物

❶

奈良時代

752年

これはなに？

ヒント

💡 聖武天皇がつくらせた

💡 世界文化遺産

💡 行基の協力

❼

弥生時代

57年ごろ

これはなに？

ヒント

💡 中国の皇帝から奴国王へ

💡 漢委奴国王ときざまれる

💡 福岡県志賀島で発見

❷

奈良時代

630年〜894年

これはなに？

ヒント

💡 中国（唐）に送られた

💡 日本からの使者

💡 大陸の文化をもたらす

❽

弥生時代

3世紀ごろ

これはだれ？

ヒント

💡 邪馬台国の女王

💡 まじないで政治をする

💡 中国に使いを送る

❸

奈良時代

688年〜763年

これはだれ？

ヒント

💡 中国（唐）から来た僧

💡 6回目の渡航で来日

💡 唐招提寺を建てた

❾

古墳時代

5世紀ごろ

これはなに？

ヒント

💡 前方後円墳

💡 日本最大の古墳

💡 仁徳天皇の墓といわれる

❹

平安時代

966年〜1027年

これはだれ？

ヒント

💡 この世をば　わが世とぞ

思ふ　もち月の　かけた

ることも　なしと思へば

❿

飛鳥時代

574年〜622年

これはだれ？

ヒント

💡 十七条の憲法を定めた

💡 冠位十二階を定めた

💡 法隆寺を建てた

❺

平安時代

1053年

これはなに？

ヒント

💡 藤原頼通が建てた

💡 10円玉にえがかれている

💡 世界文化遺産

⓫

使い方

●きりとり線にそって切りはなしましょう。
●表面を見て人やものの名前を、裏面を見て
　ふき出しのクイズの答えを言ってみましょう。
●時代ごとに分けたり、しゃかいかメモの豆知識を
　読んだりして楽しく学習しましょう。
※地図の縮尺は同じではありません。

中大兄皇子

しゃかいかメモ

中臣鎌足とは、けまりの会で知り合いになったといわれているんだよ。

わたしが中臣鎌足と行った改革は？ 6

東大寺大仏

しゃかいかメモ

仏教の力で国を守ろうと考えた右の天皇が、大仏や国分寺などをつくったよ。

大仏建立を命令した天皇はだれ？ 7

三内丸山遺跡

しゃかいかメモ

集落の周辺でクリやマメを栽培したよ。当時の東北地方は今より暖かかったんだ。

ここにある！

ここはどの時代の遺跡？

遣唐使

しゃかいかメモ

彼らが持ち帰ったガラスのコップや琵琶などは、奈良・東大寺の正倉院に残っているよ。

わたしたちが向かった国はどこ？ 8

金印

しゃかいかメモ

これをさずかった奴国は、1世紀ごろに九州北部にあった、有力だったくにの1つだよ。

ここで発見！

これはどの国からさずけられた？

鑑真

しゃかいかメモ

日本への渡航に5回失敗し、失明。唐招提寺には、日本最古の肖像ちょうこくがあるよ。

ここにある！

わたしはどこの国から来た？ 9

卑弥呼

しゃかいかメモ

卑弥呼や卑弥呼が治めた国のことは、中国の歴史書「魏志倭人伝」に記されているよ。

わたしが治めていた国の名前は？

藤原道長

しゃかいかメモ

4人のむすめを天皇のきさきにしたよ。天皇の親戚になって権力をにぎったんだ。

わたしがよんだのはどんな歌？ 10

大仙古墳

しゃかいかメモ

仁徳天皇陵古墳ともよばれる。のべ約700万人で、約16年かけて建設したとされるよ。

ここにある！

この古墳の形のことをなんという？

平等院鳳凰堂

しゃかいかメモ

上から見ると、鳳凰という鳥がつばさを広げた形に見えることから名づけられたよ。

ここにある！

これを建てた、藤原道長の息子は？ 11

聖徳太子

しゃかいかメモ

小野妹子ら遣隋使を送り、大陸の制度や文化を取り入れた。法隆寺は世界文化遺産だよ。

法隆寺はここ！

わたしが定めた憲法は？

10世紀〜11世紀

これはだれ？

ヒント
💡「源氏物語（げんじものがたり）」を著した（あらわ）
💡かな文字
💡長編の小説

⑫

10世紀〜11世紀

これはだれ？

ヒント
💡「枕草子（まくらのそうし）」を著した（あらわ）
💡かな文字
💡随筆（ずいひつ）

⑬

1118年〜1181年

これはだれ？

ヒント
💡武士初の太政大臣（ぶしはつのだいじょうだいじん）
💡平氏のかしら（へいし）
💡厳島神社を守り神とした（いつくしま）

⑭

1147年〜1199年

これはだれ？

ヒント
💡鎌倉幕府を開いた（かまくらばくふ）
💡鎌倉幕府の初代将軍（しょうぐん）
💡源氏のかしら（げんじ）

⑮

1159年〜1189年

これはだれ？

ヒント
💡平氏をほろぼした（へいし）
💡一ノ谷、屋島、壇ノ浦（いちのたに、やしま、だんのうら）
💡源頼朝の弟（みなもとのよりとも）

⑯

1274年、1281年

これはなに？

ヒント
💡執権は北条時宗（しっけんはほうじょうときむね）
💡集団戦法・火薬兵器
💡九州北部での戦い（きゅうしゅう）

⑰

1358年〜1408年

これはだれ？

ヒント
💡金閣を建てた（きんかく）
💡室町幕府の3代将軍（むろまちばくふ）（しょうぐん）
💡中国（明）との貿易（ちゅうごく）（みん）

⑱

1436年〜1490年

これはだれ？

ヒント
💡銀閣を建てた（ぎんかく）
💡室町幕府の8代将軍（むろまちばくふ）（しょうぐん）
💡書院造（しょいんづくり）

⑲

1420年〜1506年

これはだれ？

ヒント
💡水墨画（すいぼくが）
💡墨の濃淡で絵をえがく（すみ）（のうたん）
💡「天橋立図」（あまのはしだてず）

⑳

1506年〜1552年

これはだれ？

ヒント
💡キリスト教を日本に布教
💡スペイン人
💡鹿児島から上陸した（かごしま）

㉑

1534年〜1582年

これはだれ？

ヒント
💡長篠の戦いに勝った（ながしの）
💡安土城を建てた（あづちじょう）
💡楽市・楽座（らくいち）（らくざ）

㉒

1537年〜1598年

これはだれ？

ヒント
💡大阪城を拠点に天下統一（おおさかじょう）（きょてん）（てんかとういつ）
💡明智光秀をたおした（あけちみつひで）
💡検地と刀狩（けんち）（かたながり）

㉓

足利義満（あしかがよしみつ）

しゃかいかメモ

右の写真は京都北山にある別荘だよ。室町幕府は義満の時代にもっともさかえたんだ。

わたしが建てた別荘の名前は？ ⑱

紫式部（むらさきしきぶ）

しゃかいかメモ

藤原道長のむすめの彰子に仕えたよ。紫式部の小説は、宮中でとても人気だったんだ。

わたしが書いた長編小説は？ ⑫

足利義政（あしかがよしまさ）

しゃかいかメモ

右の写真は京都東山にある別荘だよ。義政の時代に応仁の乱という戦いが起こったんだ。

わたしが建てた別荘の名前は？ ⑲

清少納言（せいしょうなごん）

しゃかいかメモ

藤原道隆のむすめの定子に仕えたよ。紫式部とはライバルだったといわれているんだ。

わたしが書いた随筆（ずいひつ）は？ ⑬

雪舟（せっしゅう）

しゃかいかメモ

中国にわたって、絵の勉強をしたんだ。右の写真の「天橋立図（あまのはしだてず）」は国宝（こくほう）になっているよ。

わたしはどんな絵をえがいた？ ⑳

平清盛（たいらのきよもり）

しゃかいかメモ

平治（へいじ）の乱で勝利し、権力（けんりょく）をにぎった。中国（宋）と貿易（ぼうえき）したよ。右の写真は、厳島神社（いつくしま）。

わたしは武士で初めて何になった？ ⑭

ザビエル

しゃかいかメモ

マラッカでの日本人アンジローとの出会いが来日のきっかけといわれているよ。

わたしが日本に伝えたものは？ ㉑

源頼朝（みなもとのよりとも）

しゃかいかメモ

平治（へいじ）の乱で平清盛（たいらのきよもり）にやぶれた源義朝（みなもとのよしとも）の、三男として生まれた。妻は北条政子（ほうじょうまさこ）だよ。

ここに幕府を開いた

わたしが開いた幕府（ばくふ）は？ ⑮

織田信長（おだのぶなが）

しゃかいかメモ

「鳴かぬなら 殺してしまえ ほととぎす」は激しい気性（きしょう）を表しているね。

安土城（あづちじょう）

わたしが鉄砲（てっぽう）で武田（たけだ）氏に勝った戦いは？ ㉒

源義経（みなもとのよしつね）

しゃかいかメモ

子どものころの名前は牛若丸（うしわかまる）。のちに頼朝（よりとも）と対立し、平泉（ひらいずみ）でなくなったよ。

壇ノ浦の戦い（だんのうら）

わたしがほろぼしたのは何氏？ ⑯

豊臣秀吉（とよとみひでよし）

しゃかいかメモ

「鳴かぬなら 鳴かせてみせよう ほととぎす」知恵（ちえ）を働かせるのが得意だったんだ。

？城

わたしが上の場所に建てた城は？ ㉓

元寇（げんこう）

しゃかいかメモ

表面の絵は熊本（くまもと）の御家人（ごけにん）だった竹崎季長（たけざきすえなが）が、自分の活やくを示すためにえがかせたよ。

ここに来た！

この時の執権（しっけん）はだれ？

江戸時代

1542年〜1616年

これはだれ？

ヒント

💡 関ヶ原の戦いに勝利
💡 江戸幕府を開いた
💡 豊臣氏をほろぼした

24

江戸時代

1745年〜1818年

これはだれ？

ヒント

💡 全国を歩いて測量した
💡 正確な日本地図
💡 地図は死後に完成

30

江戸時代

1635年〜

これはなに？

ヒント

💡 徳川家光が制度化
💡 1年おきに江戸に住む
💡 大名に大きな負担

25

江戸時代

1794年〜1858年

これはだれ？

ヒント

💡 日米和親条約を結んだ
💡 黒船で浦賀に来航
💡 アメリカ人

31

江戸時代

1634年〜

これはなに？

ヒント

💡 長崎につくられた
💡 オランダとの窓口
💡 おうぎ形の人工島

26

江戸時代

1837年〜1913年

これはだれ？

ヒント

💡 江戸幕府15代将軍
💡 政権を朝廷に返した
💡 武士の政治を終わらせた

32

江戸時代

1653年〜1724年

これはだれ？

ヒント

💡 歌舞伎と人形浄瑠璃
💡 約150編の脚本を書く
💡 「曽根崎心中」など

27

江戸時代

1823年〜1899年

これはだれ？

ヒント

💡 坂本龍馬の師
💡 幕府の役人
💡 江戸城の無血開城

33

江戸時代

1797年〜1858年

これはだれ？

ヒント

💡 人気の浮世絵師
💡 「東海道五十三次」
💡 西洋の絵画にもえいきょう

28

明治時代

1827年〜1877年

これはだれ？

ヒント

💡 西南戦争を起こした
💡 薩摩藩の出身
💡 長州藩と同盟を結んだ

34

江戸時代

1733年〜1817年

これはだれ？

ヒント

💡 「解体新書」をほん訳
💡 前野良沢らと協力
💡 医学と蘭学を発展させる

29

明治時代

1830年〜1878年

これはだれ？

ヒント

💡 薩摩藩の出身
💡 明治政府の指導者
💡 政府の実権をにぎった

35

伊能忠敬

しゃかいかメモ

伊能忠敬は千葉県佐原の名主。50才になってから地図の勉強をしたんだよ。

測量に使った道具

きょりをはかる。
方位をはかる。
位置をはかる。

わたしはどうやって地図を作った？ 30

徳川家康

しゃかいかメモ

「鳴かぬなら　鳴くまで待とう　ほととぎす」ねばり強くがまんして天下をとったよ。

江戸城

わたしが1600年に勝った戦いは？

ペリー

しゃかいかメモ

日本に開国をせまるアメリカ大統領からの手紙を持ってやってきたよ。

ここに来た！

わたしが日本と結んだ条約は？ 31

参勤交代

しゃかいかメモ

行列には武器や衣類を運ぶ人や、先頭で行列が来たことを知らせる人などがいるよ。

衣類
鉄砲

これを制度化したのはだれ？

徳川慶喜

しゃかいかメモ

右の絵は、慶喜が政権を朝廷に返すことを大名たちに告げているようすだよ。

わたしは江戸幕府何代目の将軍？ 32

出島

しゃかいかメモ

出島を通して、さまざまなヨーロッパの文化が日本に伝えられたよ。

バドミントン
チョコレート
コーヒー

この人工島はどこにつくられた？

勝海舟

しゃかいかメモ

新政府軍代表の西郷隆盛と話し合って江戸城を明けわたし、江戸の町を戦火から守ったよ。

土佐藩出身の、わたしの弟子は？ 33

近松門左衛門

しゃかいかメモ

町人のいきいきとしたすがたをえがいたよ。作品は今でも上演されているんだ。

わたしは何の脚本を書いた？

西郷隆盛

しゃかいかメモ

大久保利通とは幼なじみ。右の絵の戦いで新政府の軍隊にやぶれ、自害したよ。

わたしが中心となった士族の反乱は？ 34

歌川広重

しゃかいかメモ

「東海道五十三次」は東海道の名所風景をえがいた版画。大量に印刷されたよ。

日本橋

わたしはどんな絵をえがいた？

大久保利通

しゃかいかメモ

廃藩置県、富国強兵、殖産興業など、明治の改革を中心となってすすめたよ。

出身はここ！

わたしはどこの藩の出身かな？ 35

杉田玄白

しゃかいかメモ

「蘭学事始」には、オランダ語の医学書を日本語に訳す苦労などが記されているよ。

わたしたちがほん訳した医学書は？

1833年〜1877年

これはだれ？

ヒント

💡 長州藩の出身

💡 五箇条の御誓文を作成

💡 明治政府の指導者

㊱

1844年〜1897年

これはだれ？

ヒント

💡 イギリスと交渉

💡 領事裁判権の廃止に成功

💡 外務大臣

㊷

明治初期

これはなに？

ヒント

💡 西洋の文化を取り入れた

💡 鉄道・電信の開通

💡 ガス灯がついた

㊲

1852年〜1931年

これはだれ？

ヒント

💡 破傷風の治療法を発見

💡 伝染病の研究所を設立

💡 新しいお札の肖像

㊸

1834年〜1901年

これはだれ？

ヒント

💡「学問のすゝめ」を著す

💡 人間の平等などを説く

💡 慶應義塾大学を設立

㊳

1878年〜1942年

これはだれ？

ヒント

💡 日露戦争に反対する歌

💡 君死にたまふことなかれ

💡 歌集「みだれ髪」

㊹

1864年〜1929年

これはだれ？

ヒント

💡 満6才でアメリカに留学

💡 日本初の女子留学生

💡 女子教育に力をつくす

㊴

1886年〜1971年

これはだれ？

ヒント

💡 雑誌「青鞜」を発刊

💡 女性の地位向上をめざす

💡 新婦人協会

㊺

1837年〜1919年

これはだれ？

ヒント

💡 自由民権運動の中心

💡 国会開設をめざした

💡 土佐藩の出身

㊵

1945年

これはなに？

ヒント

💡 1945年8月6日

💡 広島に原爆が投下された

💡 世界文化遺産

㊻

1841年〜1909年

これはだれ？

ヒント

💡 大日本帝国憲法の草案

💡 初代内閣総理大臣

💡 長州藩の出身

㊶

1964年

これはなに？

ヒント

💡 1964年10月10日

💡 アジア初のオリンピック

💡 高度経済成長

㊼

陸奥宗光

しゃかいかメモ

小村寿太郎（右）がアメリカと交渉して関税自主権を回復し、条約改正が達成されたよ。

◀小村寿太郎

わたし、陸奥宗光が交渉した国は？ ㊷

木戸孝允

しゃかいかメモ

もとの名は桂小五郎。大久保利通、西郷隆盛とともに「明治維新の三傑」と呼ばれるよ。

出身はここ！

わたしはどこの藩の出身かな？ ㊱

北里柴三郎

しゃかいかメモ

熊本県出身の細菌学者。大学卒業後にドイツに留学し、研究にはげんだよ。

この人！

わたしが治療法を発見した病気は？ ㊸

文明開化

しゃかいかメモ

「ざんぎり頭をたたいてみれば　文明開化の音がする」とうたわれたよ。

ちょんまげ　ざんぎり頭

これはどんな風潮のこと？

与謝野晶子

しゃかいかメモ

「君死にたまふことなかれ」には、戦場にいる弟を心配する気持ちがこめられていたよ。

わたしが反対した戦争は？ ㊹

福沢諭吉

しゃかいかメモ

「天は人の上に人を造らず、人の下に人を造らずと言えり。」は有名だね。

◀慶應義塾大学

わたしが書いた本は？

平塚らいてう

しゃかいかメモ

右の雑誌の創刊号でのべた、「元始、女性は実に太陽であった」という言葉が有名だよ。

わたしを中心に発行された雑誌は？ ㊺

津田梅子

しゃかいかメモ

岩倉使節団に同行した留学生の１人。女子英学塾（今の津田塾大学）をつくったよ。

▼岩倉使節団

わたしが留学した国は？

原爆ドーム

しゃかいかメモ

広島の３日後、長崎にも原爆が投下されたんだ。右の像は、それから10年後にできたよ。

▼平和祈念像（長崎）

広島に原爆が投下されたのは何月何日？ ㊻

板垣退助

しゃかいかメモ

国会開設が決まると、板垣退助は自由党を、大隈重信は立憲改進党を結成したよ。

わたしが中心となった運動は？

東京オリンピック

しゃかいかメモ

後に札幌と長野で冬季オリンピックが開かれた。２回目の東京オリンピックは2021年！

初めて開かれたのは何年？ ㊼

伊藤博文

しゃかいかメモ

大久保利通の暗殺後、政治の中心人物になったよ。中国のハルビンで暗殺されたんだ。

わたしを中心につくられた憲法は？

教科書ワーク もくじ

教育出版版 社会6年

▶動画 コードを読みとって、下の番号の動画を見てみよう。

この本のページ

◆は選択学習です。いずれかを選んで学習をしましょう。

写真提供：アフロ、岡山県立博物館、甲斐 善光寺、釜石市、京都国立博物館、近現代PL、久野 武志/JICA（P.109）、古岩井一正、神戸市立博物館（南蛮屏風（右隻）/狩野内膳）、国立国会図書館、国立歴史民俗博物館、国立劇場/人形浄瑠璃文楽座、佐賀県、さっぽろフォトライブラリー、慈照寺、首藤光一、尚古集成館、正倉院宝物、松竹株式会社、田中重樹、東京国立博物館/TNM Image Archives、東京大学法学部付属明治新聞雑誌文庫、東京都江戸東京博物館、唐招提寺（鑑真和上坐像）、東阪航空サービス、徳川美術館イメージアーカイブ（源氏物語絵巻 東屋（一）絵/長篠合戦図屏風/米騒動絵巻_三巻（米屋征伐）/桜井清香）、東京大学史料編纂所（徳川家光画像模写）、富井義夫、長崎歴史文化博物館、縄手英爾、日光東照宮、芭蕉翁顕彰会、福岡市、福岡市博物館（金印「漢委奴国王」（斜め））、藤田美術館、毎日新聞社、御寺泉涌寺、港区立郷土歴史館、本居宣長記念館、読売新聞、ロイター、鹿苑寺、六波羅蜜寺、早稲田大学演劇博物館（近松巣林子像（模写）/00287）、早稲田大学図書館、akg-images、Alamy、Bridgeman Images、Colbase、David Wall、DNPartcom、GRANGER.COM、Mary Evans Picture Library、NISSHA株式会社、PIXTA、The New York Times、TopFoto、U.S. Army、UPI、ZUMAPRESS（順不同・敬称略）

勉強した日　月　日

1　憲法とわたしたちの暮らし①

学習の目標
暮らしと関わる日本国憲法の基本的な考え方を調べよう。

基本のワーク

教科書 8～17ページ　答え 1ページ

1 オリンピック・パラリンピックから学び、社会を考える／だれもが使いやすいまちに

●①（　　　　　）と**パラリンピック**はスポーツの祭典で、４年に一度同じ年に開かれる。

◆**オリンピック**の原則や理想などは『オリンピック憲章』に示されており、スポーツを通して②（　　　　　）な社会を実現することを目ざす。

◆障がいのある選手による③（　　　　　）は「もう一つのオリンピック」とよばれる。

●**公共施設**の設備は、だれもが不自由なく安全に利用できるように「④（　　　　　）法」や「障害者差別解消法」に従って整えられている。

公共施設のスロープ

SDGs

◆年齢や障がいの有無に関係なく利用しやすいものやまちをつくろうとする「⑤（　　　　　）**デザイン**」の考え方もある。

◆**法律**は⑥（　　　　　）の考え方にもとづいてつくられる。

2 国のあり方を示す日本国憲法／学習問題をつくり、学習計画を立てよう

●憲法は、国の⑦（　　　　　）の基本的なあり方を定めたもので、すべての⑧（　　　　　）は憲法にもとづいていなければならない。

発表することが公布、実際に使い始めることが施行だよ。

よみトク！資料

日本国憲法	
	国民主権 国の政治のあり方は国民が決める
	基本的人権の尊重 国民はだれもが人間らしく生きる権利をもつ
	平和主義 戦争を二度とくり返さない

●**日本国憲法**には、三つの原則がある。

◆⑨（　　　　　）**主権**

◆⑩（　　　　　）**の尊重**

◆⑪（　　　　　）**主義**

●1946（昭和21）年11月３日に⑫（　　　　　）、1947年５月３日に⑬（　　　　　）された。

●憲法の**前文**には、二度と⑭（　　　　　）の起こることのないようにすることや、**国民**が政治のあり方を決めることなどが書かれている。

三つの原則と同じような内容が書かれているね。

日本国憲法の前文（一部の要約）

日本国民は、（中略）国内に自由のめぐみをみなぎらせることが、国民を幸福にするものであると信じる。そして、政府の行いによってこれから二度と戦争の起こることのないようにしようと決意するとともに、ここに国の政治のあり方を決める力は、わたしたち国民にあることを宣言して、この憲法をつくった。

●きいた話や資料からわかったことを自分たちの体験とつなげて、気になったことや疑問に思ったことを話し合い、⑮（　　　　　）をつくる。➡学習問題について予想したことが正しいのかどうか、調べることや調べ方を考える。➡調べて、学習をまとめる。

しゃかいか工場　オリンピックのシンボルである五つの輪は、世界の五つの大陸を表していて、輪の５色と白色でほとんどの国の国旗がえがけるといわれているよ。

できた数　／15問中

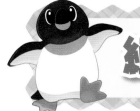

練習のワーク

教科書　8〜17ページ　答え　1ページ

1 次の問いに答えましょう。

(1)　オリンピックとパラリンピックは、何年に一度開催されますか。　（　　　年）

(2)　①オリンピックと②パラリンピックの競技の様子を、右のⒶ・Ⓑからそれぞれ選びましょう。

①（　　）　②（　　）

Ⓐ
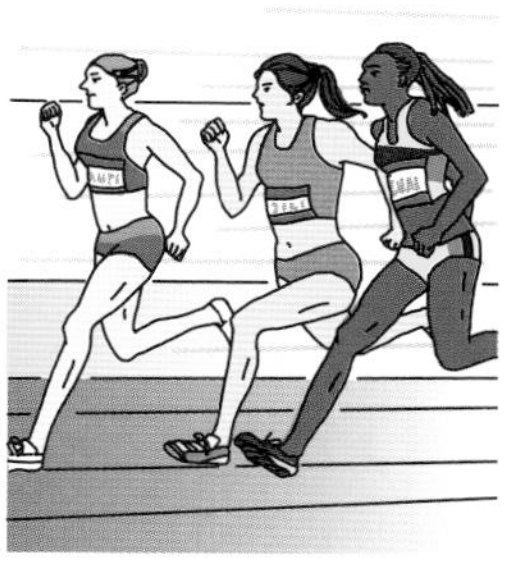

Ⓑ
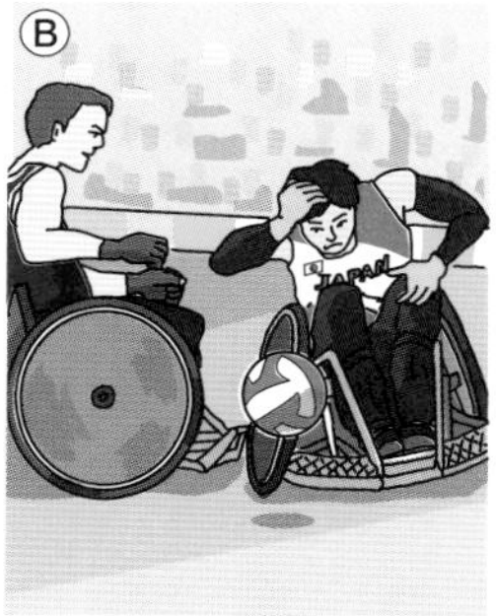

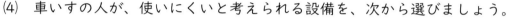

(3)　パラリンピックにあてはまる文を次から選びましょう。　（　　）

㋐　海外の都市でのみ開催される。

㋑　障がいのあるスポーツ選手が競技をする。

㋒　オリンピックの次の年に開かれる。

(4)　車いすの人が、使いにくいと考えられる設備を、次から選びましょう。　（　　）

㋐　スロープ　㋑　バリアフリートイレ　㋒　階段　㋓　自動ドア

(5)　右の**写真**の駐車場は、車いすに乗り移るためのスペースを設けています。このように障がいのある人や高齢者の生活のさまたげになるものを取り除くことを何といいますか。　（　　）

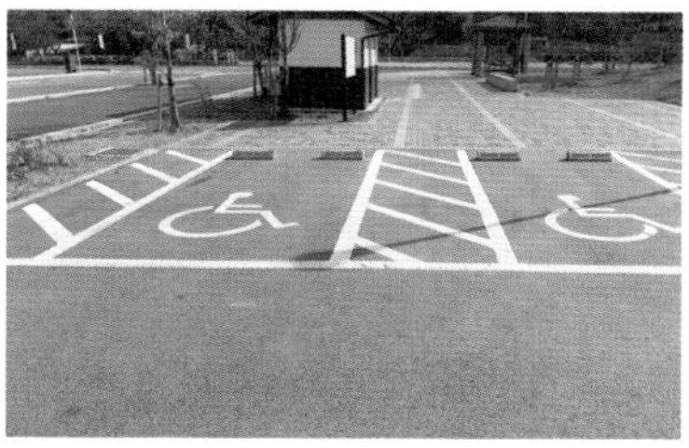

(6)　ユニバーサルデザインは、だれにとって使いやすいことを目的にしていますか。次から選びましょう。　（　　）

㋐　外国人　㋑　子どもや高齢者　㋒　すべての人

2 日本国憲法について、次の問いに答えましょう。

(1)　日本国憲法の三つの原則について、右の**図**の①〜③にあてはまることを、次からそれぞれ選びましょう。

①（　　）　②（　　）　③（　　）

㋐　国民はだれもが人間らしく生きる権利をもつ。

㋑　二度と戦争をくり返さない。

㋒　国の政治のあり方を決めるのは国民である。

日本国憲法	
	①国民主権
	②基本的人権の尊重
	③平和主義

(2)　国民の祝日にもなっている、憲法が公布された日と、施行された日をそれぞれ書きましょう。　公布（1946年　　月　　日）　施行（1947年　　月　　日）

(3)　次の文の①〜③は、憲法の前文に書かれている内容の一部です。□にあてはまる言葉を、[　]から選びましょう。　①（　　）　②（　　）　③（　　）

①　国内に□のめぐみをみなぎらせることが、国民を幸福にするものであると信じる。

②　□の行いによって二度と戦争が起こることのないようにしようと決意する。

③　国の政治のあり方を決める力は、わたしたち□にある。

世界の国々　政府　正義　自由　国家　国民

ポイント　**日本国憲法は、国の政治の基本的なあり方を定めている。**

勉強した日　月　日

1　憲法とわたしたちの暮らし②

基本のワーク

学習の目標
国民主権、基本的人権の尊重、平和主義とは何か調べよう。

教科書 18～23ページ　答え 1ページ

1 国の主人公はわたしたち国民

よみトク！資料

国民主権の例

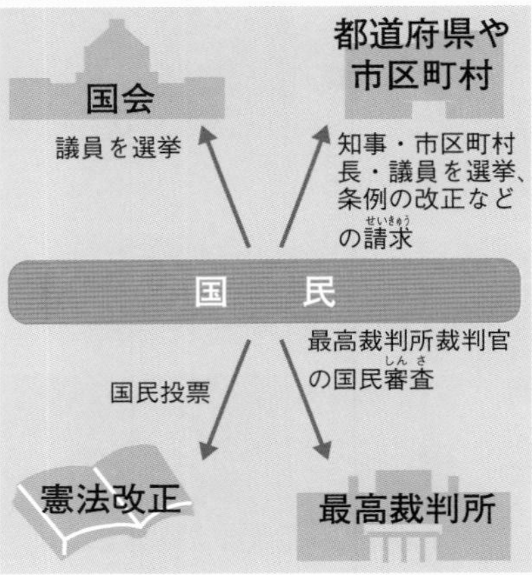

●**18才以上**のすべての国民は①（　　　　）をもつ。
◆日本国憲法に定められた②（　　　　）の代表例であり、国民が政治についての考えを示す権利の一つ。
◆より多くの人が投票できるように、仕事での滞在先や病院などでできる**不在者投票**や郵便による投票、事前に投票できる③（　　　　）の制度がある。
●**天皇**は「日本国の④（　　　　）」とされ、憲法で定められた仕事＝⑤（　　　　）を行う。

・内閣総理大臣、最高裁判所長官の任命
・法律や条約の公布
・国会の召集
・衆議院の解散など

●⑥（　　　　）をするときは**国民投票**が行われる。

2 すべての人が幸せに生きるために

●すべての国民は健康で文化的な生活を送る⑦（　　　　）がある。
●だれもが生命や身体の自由を大切にされ、人間らしく生きる権利＝⑧（　　　　）を生まれたときからもっている。
➡日本国憲法に示されている**基本的人権の尊重**の考え方。
[SDGs] ◆⑨（　　　　）の人たちや在日外国人、障がいのある人などへの差別を解消しなければならない。

民族や国籍、性別などに関係なく尊重し合う必要があるね。

●憲法は、さまざまな**権利**とともに、国民が守るべき⑩（　　　　）も定めている。

憲法で定められている国民の義務
・税金を納める義務
・働く義務
・子どもに教育を受けさせる義務

3 平和を守る

●日本は、1931（昭和６）年から、中国やアメリカなどの国々と、15年にわたる戦争をした。
◆**沖縄**で住民を巻きこんだ戦闘が行われ、**広島**と**長崎**には⑪（　　　　）が投下された。
●日本国憲法は⑫（　　　　）の原則をかかげ、戦争をしないこと、⑬（　　　　）をもたないことを定めている。
●「**核兵器をもたない、つくらない、もちこませない**」という⑭（　　　　）をかかげる。
●日本では、国の防衛や災害派遣、国際協力のために⑮（　　　　）が活動している。

日本国憲法第９条

日本国民は、正義と秩序にたつ国際平和を心から願って、戦争や武力を用いることは、国々の間の争いを解決する手段としては、永久にこれを放棄する。
この目的を達するため、陸海空軍その他の戦力はもたない。国の交戦権は認めない。

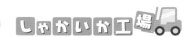

しゃかいか工場
軍隊をもたず、戦争を放棄していることを憲法に明記しているのは、世界の国々の中で日本と中央アメリカにあるコスタリカぐらいなんだよ。

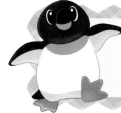

練習のワーク

できた数　／16問中

教科書　18〜23ページ　　答え　1ページ

1 次の問いに答えましょう。

(1) 選挙権が認められるのは、何才以上の国民ですか。　（　　　才以上）

(2) 国民主権の例として正しいものを、次から２つ選びましょう。　（　　）（　　）

㋐ 国会議員は国民が選挙で選ぶ。　㋑ すべての裁判所の裁判官が国民審査を受ける。

㋒ 都道府県の知事は議員が選ぶ。　㋓ 国民（住民）は条例の改正を請求できる。

(3) 右の**資料**の□にあてはまるのはだれですか。　（　　　）

(4) 憲法改正を国民が判断するために行われる手続きを、何といいますか。　（　　　）

日本国憲法第１条

□は、日本国の象徴であり日本国民統合の象徴であって、この地位は、主権をもつ日本国民の総意にもとづく。

2 次の問いに答えましょう。

(1) 次の文の{　}にあてはまる言葉に○を書きましょう。

① すべての国民は、健康で{ 発展　文化 }的な生活を送る権利がある。

② 基本的人権を{ 尊重　回復 }するために、障害者差別解消法が定められた。

(2) 国民の権利と義務にあてはまるものを、次からそれぞれ選びましょう。

国民の権利（　　）（　　）　国民の義務（　　）

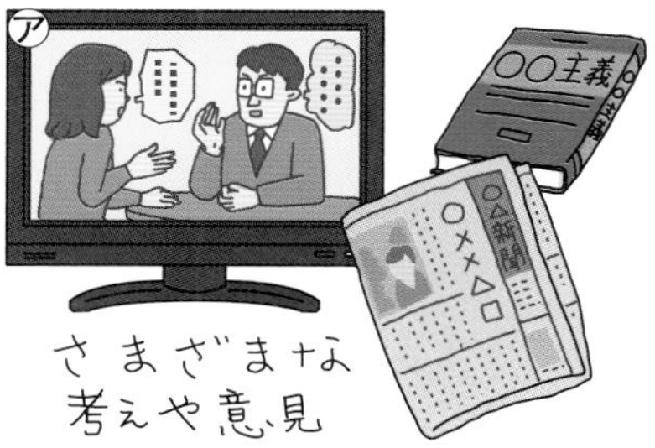

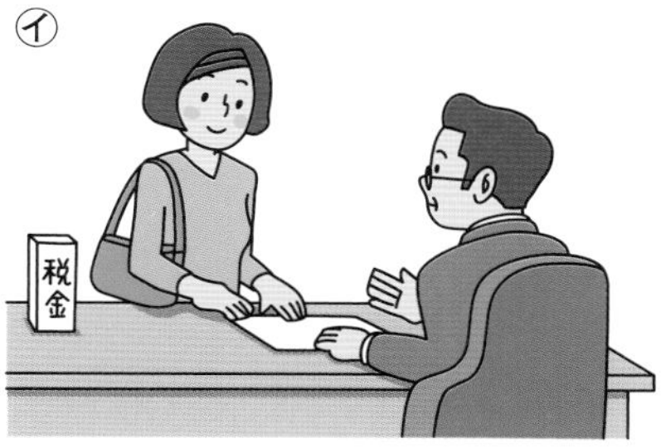

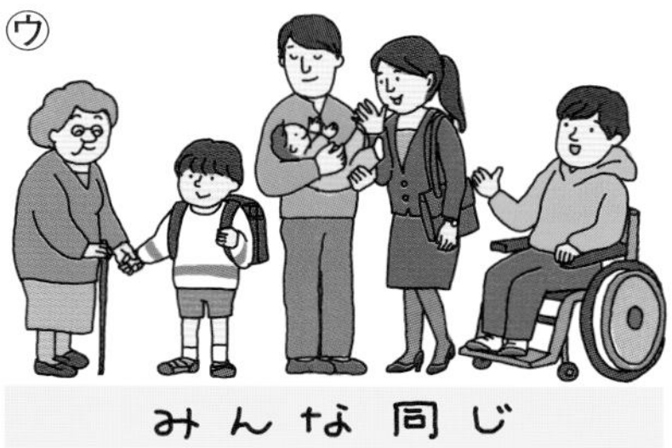

3 次の問いに答えましょう。

(1) 日本が戦った戦争について、次の文にあてはまるのはどこですか。①は１つ、②は２つ書きましょう。　①（　　　）　②（　　　）（　　　）

① 1945年にアメリカ軍が上陸して戦闘が行われ、住民も巻きこまれた。

② 1945年８月に原子爆弾が投下されて、多くの命が奪われた。

(2) 日本が戦争をしないことや、戦力をもたないことは、日本国憲法の第何条に書かれていますか。　（第　　条）

(3) 日本は非核三原則をかかげ、「核兵器をもたない、□、もちこませない」ことを宣言しています。□にあてはまる言葉を書きましょう。　（　　　）

(4) 自衛隊の役割について、次の文の□にあてはまる言葉を漢字２字で書きましょう。　（　　　）

● 自衛隊は、国の□と独立を守るためにつくられ、国を防衛する役割がある。

ポイント 日本国憲法は基本的人権を尊重し、平和を大切にしている。

まとめのテスト

1 憲法とわたしたちの暮らし①②

時間 20分

得点 /100点

教科書 8〜23ページ 答え 2ページ

---

1 オリンピックとパラリンピック 次の問いに答えましょう。 1つ4点〔8点〕

(1) 次の競技が行われるのは、オリンピックとパラリンピックのどちらの大会ですか。 （　　　　　）

● 立って行うものと、車いすで行うものがあるパラバドミントンは、障がいの種類や程度に応じ六つのクラスに分かれている。

(2) オリンピックの説明として正しいものを、次から選びましょう。 （　　　　　）
　㋐ フェアプレーの精神よりも勝敗の方が重視される。
　㋑ 1896年の第1回大会から、戦争などで中断されずに続いている。
　㋒ 国と国の政治の問題を、競技に勝った国が解決する。
　㋓ スポーツを通して、平和な社会の実現を目ざしている。

---

2 暮らしと日本国憲法 次の文を読んで、あとの問いに答えましょう。 1つ4点〔32点〕

> まちでは、さまざまな人が利用する公共施設を㋐バリアフリーにしていく取り組みが進んでいる。また、㋑はじめからだれもが使いやすいようにつくられた設備も多い。人々が暮らしやすいまちづくりは、㋒日本国憲法と結びついていて、憲法には㋓三つの原則がある。

(1) ——線部㋐とはどのようなことですか。{　　　}にあてはまる言葉に○を書きましょう。
　● 障がいのある人や高齢者の生活の{ きまり　さまたげ }になるものを取り除くこと。

(2) ——線部㋑について、このように考えてつくられた形のことを何といいますか。
　（　　　　　　　　　）

(3) ——線部㋒について、正しいものを次から2つ選びましょう。 （　　　）（　　　）
　㋐ 1946年5月3日に公布され、同じ年の11月3日に施行された。
　㋑ 憲法が公布された日と施行された日は、国民の祝日になっている。
　㋒ 前文には、天皇が憲法をつくったことが書かれている。
　㋓ すべての法律は、憲法にもとづいて定められている。

(4) ——線部㋓について、右の**資料**は日本国憲法の三つの原則の内容を表しています。□①〜③にあてはまる原則を、┄┄からそれぞれ選びましょう。
　　①（　　　　　）
　　②（　　　　　）
　　③（　　　　　）

　　平和主義　　国民主権　　基本的人権の尊重

日本国憲法の三つの原則

日本国憲法	① 国の政治のあり方は国民が決める
	② 国民はだれもが人間らしく生きる権利をもつ
	③ 戦争を二度とくり返さない

(5) すべての人が暮らしやすいまちづくりのために定められた「障害者差別解消法」は、右上の**資料**の①〜③のどれと最も関係が深いですか。番号を選びましょう。 （　　　　　）

3 国民の政治参加と人権　右の資料を見て、次の問いに答えましょう。　1つ4点〔40点〕

⑴ **資料1**の□①～③にあてはまる言葉を、□からそれぞれ選びましょう。　①（　　　）
②（　　　）　③（　　　）

公示　国民審査　請求　儀式　国民投票

資料1　国民が政治に参加するしくみ

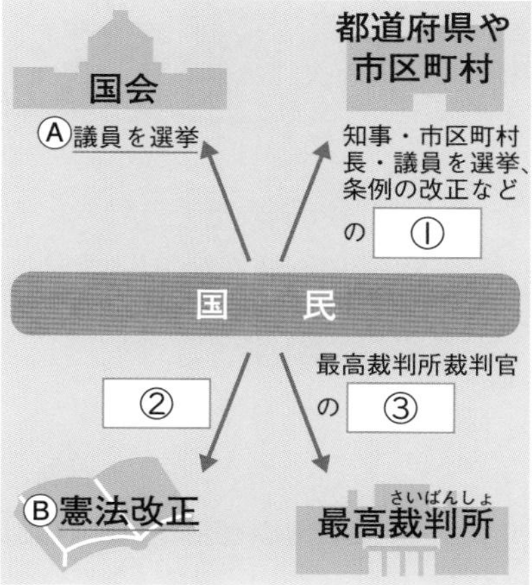

⑵ **資料1**の――線部Ⓐの制度について正しいものを、次から選びましょう。　（　　　）

㋐ 16才以上のすべての国民が投票できる。

㋑ 不在者投票では、本人に代わって家族が投票できる。

㋒ 投票日当日に仕事や用事がある人は期日前投票ができる。

㋓ 障がいのある人も、必ず決められた投票所で投票する。

⑶ ⑵のように、選挙の制度が改善されてきた理由を、簡単に書きましょう。
（　　　　　　　　　　　　　　　　）

⑷ **資料1**の――線部Ⓑの公布は天皇が行います。憲法に定められた、このような仕事を何といいますか。　（　　　）

⑸ 政治に参加することは、国民の権利の一つです。次の①～③は、国民のどの権利にあてはまりますか。あとからそれぞれ選びましょう。　①（　　）　②（　　）　③（　　）

① 自分の意見をもち、物事を判断する。　② 働く人たちがまとまって会社と交渉する。

③ 性別を理由に仕事と家事の役割を決めない。

㋐ 団結する権利　㋑ 思想の自由　㋒ 法のもとの平等

⑹ 国民には権利とともに、守るべき義務もあります。**資料2**の□にあてはまる言葉を書きましょう。　（　　　）

資料2　国民の義務

・□　・税金を納める義務
・子どもに教育を受けさせる義務

4 平和を守る　次の問いに答えましょう。　1つ4点〔20点〕

⑴ 右の**写真**は、世界で初めて原子爆弾が投下された都市で毎年開かれている式典の様子です。この都市に続いて、8月9日には長崎が原子爆弾の被害を受けました。**写真**の都市名と、式典が開かれる、この都市に原子爆弾が投下された日を、それぞれ書きましょう。　都市名（　　　市）
日付（　　月　　日）

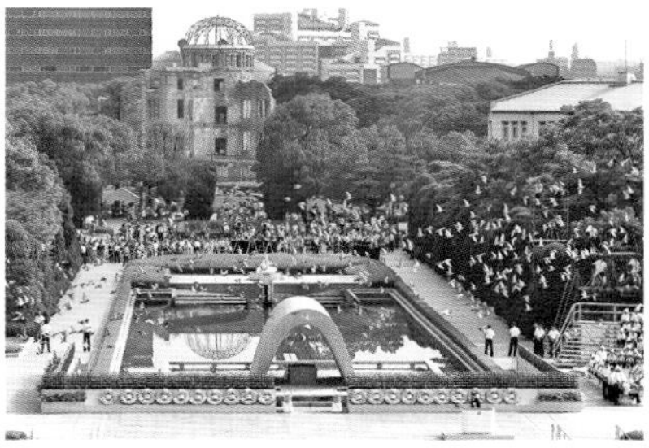

⑵ 右の**資料**の憲法第9条の□①・②にあてはまる言葉を、□からそれぞれ選びましょう。
①（　　　）　②（　　　）

確認　放棄　支持　解散　交戦

日本国憲法　第9条

日本国民は、正義と秩序にたつ国際平和を心から願って、戦争や武力を用いることは、国々の間の争いを解決する手段としては、永久にこれを［①］する。

この目的を達するため、陸海空軍その他の戦力はもたない。国の［②］権は認めない。

⑶ 日本は「核兵器をもたない、つくらない、もちこませない」ことを宣言しています。これを何といいますか。　（　　　）

1　憲法とわたしたちの暮らし③

基本のワーク

教科書　24〜27ページ　　答え　2ページ

1　国会のはたらき

よみトク！資料

法律ができるまで

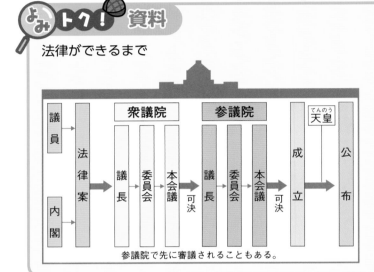

参議院で先に審議されることもある。

● 国会では、国民の中から選挙で選ばれた①（　　　　　　　）が話し合いをする。
　◆ 法律や予算、国と国との間で結ばれる②（　　　　　　　）の承認などについて話し合い、③（　　　　　　　）によって決定する。
● 衆議院と④（　　　　　　　）の二つの議院で審議し、慎重に決定している。
● 市区町村や都道府県、国の政治は、国会で決められた⑤（　　　　　　　）にもとづいて行われる。

● 国会議員を目ざす人は、立候補をして、どのような考えで政治を進めるのかを人々に伝える。
　◆ 議員に立候補できる人は、⑥（　　　　　　　）は25才以上、参議院は⑦（　　　　　　　）才以上。

2　内閣のはたらき

● ⑧（　　　　　　　）で決めた予算を使って、実際の仕事を⑨（　　　　　　　）が行う。
　◆ 最高責任者は⑩（　　　　　　　）（首相）で、国会で⑪（　　　　　　　）される。
　➡ 内閣総理大臣は⑫（　　　　　　　）を任命して内閣をつくる。
　◆ 政治の進め方は、総理大臣と国務大臣たちが⑬（　　　　　　　）を開いて話し合う。
● 内閣のもとに府・省・⑭（　　　　　　　）などが置かれ、各省庁の大臣を務める国務大臣が仕事を指示する。➡内閣による仕事を行政という。
　◆ ⑮（　　　　　　　）省は、病気の予防や子育て支援、薬の安全確認などの仕事を担当している。

各省庁でさまざまな仕事を分担しているんだね。

内閣の主な仕事

・法律や予算をもとに実際の仕事を行う。
・予算案や法律案をつくって、国会に提出する。
・外国と条約を結ぶ。
・天皇の国事行為に助言や承認をあたえる。

内閣と国の主な機関

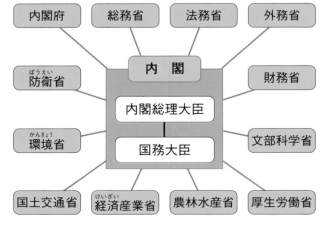

しゃかいか工場　国会では、さまざまな意見を反映させるために、会議を開くのに必要な人数が決められているよ。出席人数が足りないときは、会議を開くこともできないんだ。

練習のワーク

教科書 24〜27ページ　答え 2ページ

1 国会について、次の問いに答えましょう。

(1) 国会議員は、国民の何によって選ばれた人たちですか。（　　　　　）

(2) 国会がつくる法律について正しいものを、次から2つ選びましょう。（　　　）（　　　）

　ア　法律案は議員だけが提出できる。　　イ　法律案は衆議院と参議院の両方で審議する。

　ウ　成立した法律は内閣が公布する。　　エ　法律にもとづいて国や県などが政治を行う。

(3) 法律で定められている国民の祝日の正しい組み合わせを、次から選びましょう。（　　　）

ア	
5月3日	文化の日
11月3日	建国記念の日

イ	
5月3日	建国記念の日
11月3日	憲法記念日

ウ	
5月3日	憲法記念日
11月3日	文化の日

(4) 右の**表**は、衆議院と参議院のちがいを表したものです。Ⓐ・Ⓑにあてはまる議院名を書きましょう。

　Ⓐ（　　　　　）　Ⓑ（　　　　　）

(5) 次の{　}にあてはまる言葉に○を書きましょう。
　●国会に二つの議院があるのは、国の政治の方針を{ 快適　慎重 }に決定するためである。

(6) 右の**表**の□にあてはまる年齢を書きましょう。
　　（　　　　才）

議院	Ⓐ	Ⓑ
任期	4年 （解散がある）	6年 （3年ごとに半数改選）
投票できる人	18才以上	18才以上
立候補できる人	□才以上	30才以上

2 内閣について、次の問いに答えましょう。

(1) 内閣が行う仕事を、次から2つ選びましょう。（　　　）（　　　）

　ア　予算案を審議し、予算を決定する。　　イ　国会が結んだ条約を承認する。

　ウ　天皇の国事行為に助言や承認をあたえる。　　エ　法律案をつくる。

(2) 国会で指名される内閣の最高責任者を何といいますか。（　　　　　）

(3) 右の**写真**は、内閣による会議の様子です。政治の進め方を話し合うこの会議を何といいますか。（　　　　　）

(4) 内閣のもとで仕事を行うところを、┊┈┈┊から3つ選びましょう。
　（　　　　）（　　　　）（　　　　）

┊┈┈┈┈┈┈┈┈┈┈┈┈┈┈┈┈┈┈┈┈┈┈┈┈┈┈┈┈┈┈┈┈┈┈┈┊
　　内閣府　　裁判所　　文部科学省　　都道府県　　復興庁
┊┈┈┈┈┈┈┈┈┈┈┈┈┈┈┈┈┈┈┈┈┈┈┈┈┈┈┈┈┈┈┈┈┈┈┈┈┊

(5) 厚生労働省はどのような仕事をしていますか。次から選びましょう。（　　　）

　ア　農業や漁業をさかんにしたり、農家が飼っている牛や豚などの病気を防いだりする。

　イ　働きたい人に仕事を紹介したり、高齢者や障がいのある人を支援したりする。

　ウ　道路を建設したり、鉄道や航空機が安全に利用できるように整備をしたりする。

ポイント　**国会**がつくった法律をもとに、**内閣**が実際の政治を行う。

9

勉強した日 月 日

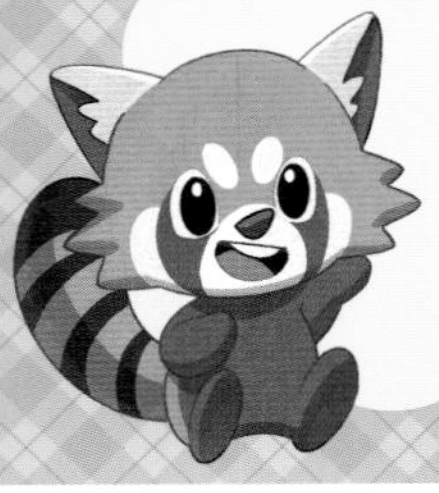

1 憲法とわたしたちの暮らし④

基本のワーク

教科書 28〜33ページ　答え 2ページ

学習の目標
国会・内閣・裁判所の役割と、おたがいの関係を調べよう。

1 裁判所のはたらき

●人々の間で争いごとや①（　　　　）が起きたとき、憲法や法律にもとづいて②（　　　　）が解決をする。

●国民は裁判を受ける③（　　　　）をもっており、裁判は公正で慎重に行われなければならない。

◆判決に納得できないとき、上級の**裁判所**にうったえて3回まで裁判を受けられる④（　　　　）のしくみがある。

◆国民が裁判に参加する⑤（　　　　）**制度**が始まった。

裁判員裁判の様子（模擬裁判）

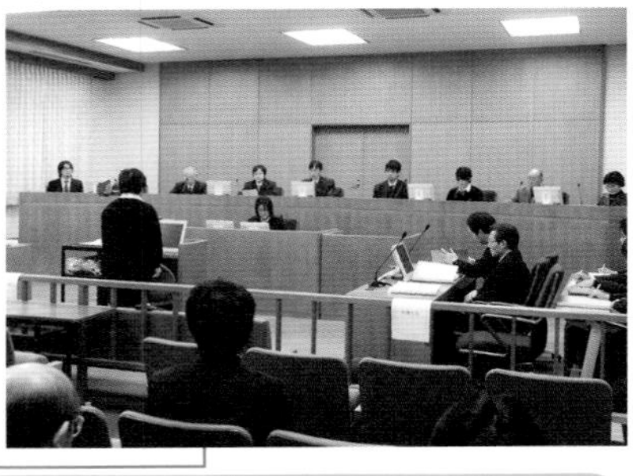

よみトク！資料

三権分立のしくみ・国民と政治のつながり

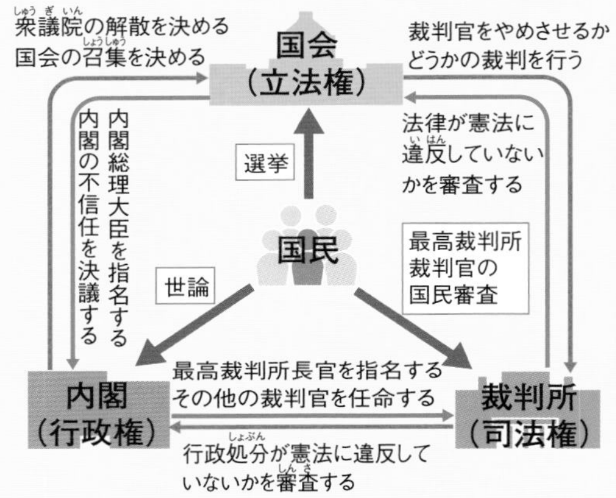
衆議院の解散を決める
国会の召集を決める
国会（立法権）
裁判官をやめさせるかどうかの裁判を行う
内閣総理大臣を指名する
内閣の不信任を決議する
選挙
法律が憲法に違反していないかを審査する
国民
最高裁判所裁判官の国民審査
世論
内閣（行政権）
最高裁判所長官を指名する
その他の裁判官を任命する
裁判所（司法権）
行政処分が憲法に違反していないかを審査する

●日本は、政治の役割を立法・⑥（　　　　）・司法に分けている。

◆**国会**➡⑦（　　　　）**権**をもつ。

◆**内閣**➡**行政権**をもつ。

◆**裁判所**➡⑧（　　　　）**権**をもつ。

●仕事を分担するとともに、おたがいに役割を実行できているか調べる役割をもつ。

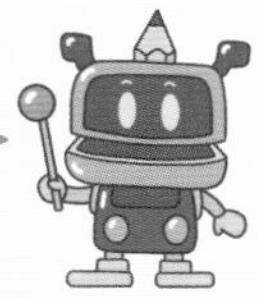
政治や社会に対して多くの人々がもっている意見が世論だよ。

●一つの機関に権力が⑨（　　　　）しないようにするしくみを⑩（　　　　）という。

2 税金のはたらき

●国が行う国民のための仕事には、国民が納める⑪（　　　　）が使われる。

◆店などで品物を買ったときは、品物の代金と⑫（　　　　）をはらう。

●**税金**には国税と地方税があり、使いみちは議会が決めている。

税金の集められ方

・品物を買った人から
・会社に勤めたり商売をしたりしている人から
・まちに住んでいる人から
・⑬（　　　　）や建物を所有している人から

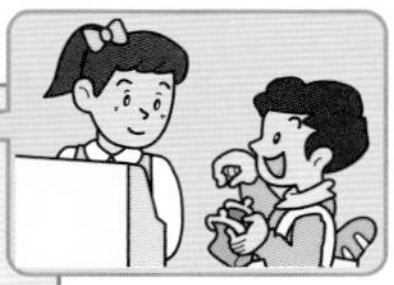

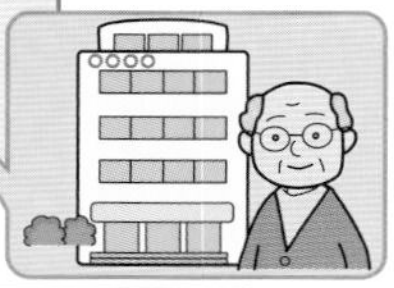

⬇

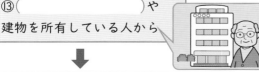

国に　都道府県に　市区町村に

税金の使われ方

・⑭（　　　　）施設や道路などの整備
・安全で健康な暮らしを守る
・高齢者や障がいのある人の支援
・平等に⑮（　　　　）を受ける権利の保障

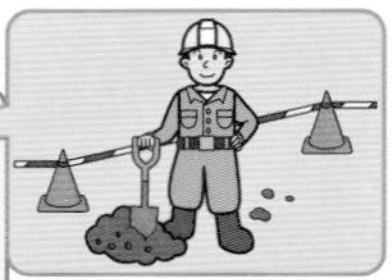

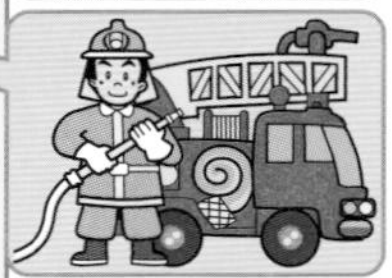

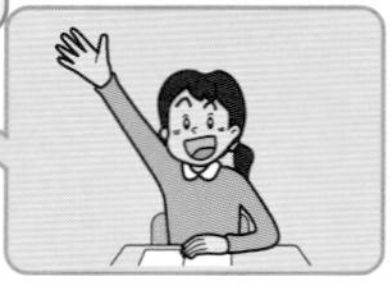

⬇

健康で文化的な生活のために

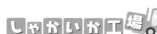

しゃかい工場
市（区町村）長や市（区町村）議会の議員、公立の学校の先生・警察・消防の人などのお給料は、すべて税金でまかなわれているよ。みんなのための仕事をしているからだね。

練習のワーク

教科書　28〜33ページ　　答え　2ページ

1 次の問いに答えましょう。

(1) 資料1の④〜ⓒにあてはまる裁判所を、次の　　から
それぞれ選びましょう。　　　　　④（　　　　　　　）
　　　　　　　Ⓑ（　　　　　　　）　ⓒ（　　　　　　　）

> 地方裁判所　　高等裁判所　　家庭裁判所

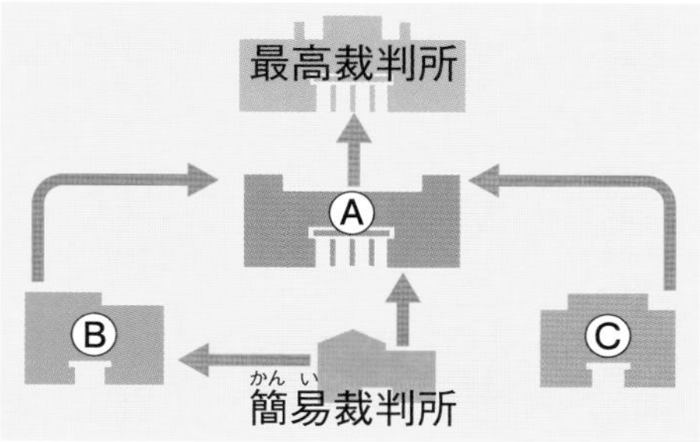

(2) 判決に納得できない場合は、上級の裁判所にうったえ
ることができます。裁判は、何回まで受けることができ
ますか。　　　　　　　　　　　（　　　　　回）

(3) 国の政治の役割のうち、国会がもつ資料2の　　にあ
てはまる権限を何といいますか。　（　　　　　権）

(4) 資料2の裁判所について、国民がやめさせたほうがよ
いと思う最高裁判所裁判官に投票することを何といい
ますか。　　　　　　　　　　　（　　　　　　　　）

(5) 次の①・②を行うことを表す矢印を、資料2のⓐ〜ⓞ
からそれぞれ選びましょう。　①（　　　）②（　　　）
① 法律が憲法に違反していないかどうかを審査する。
② 裁判官をやめさせるかどうかの裁判をする。

(6) 資料2で示した国会・内閣・裁判所に国の仕事を分担させ、一つの機関に権力を集中させ
ないようにするしくみを何といいますか。　　　　　　　　　（　　　　　　　　　　）

資料1　裁判所のしくみ

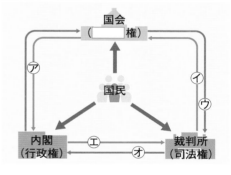

資料2　国会・内閣・裁判所の関係

2 税金について、次の問いに答えましょう。

(1) 右の図の消費税をはらうのは、どのような人ですか。
次から選びましょう。　　　　　　　　　　（　　　）
ⓐ　品物を買った人　　④　品物を売った人
ⓒ　店に勤める人　　　ⓞ　建物を所有する人

(2) 右の図の──線部①・②が集める税を、それぞれ何と
いいますか。　　　　　　　　　　①（　　　　　　　）
　　　　　　　　　　　　　　　　②（　　　　　　　）

(3) 国が集めた税金の使いみちは、どこが決めていますか。　　　　　（　　　　　　　）

(4) 税金は、どのようなことに使われていますか。次から2つ選びましょう。（　　）（　　）
ⓐ　小・中学校で使われる教科書を買うための費用。
④　会社が新しい商品を売るための広告費。
ⓒ　人々の安全な暮らしを守る消防や警察の仕事。
ⓞ　政治の動きを国民に伝えるニュース番組をつくる仕事。

消費税のしくみ

ポイント　日本は、立法・行政・司法を分ける三権分立をとっている。

11

まとめのテスト

1　憲法とわたしたちの暮らし③④

時間20分

得点　/100点

教科書　24〜33ページ　答え　3ページ

1 [国会と内閣] **右の資料を見て、次の問いに答えましょう。**　1つ4点〔48点〕

(1) **資料1**は、法律ができるまでの流れを示したものです。Ⓐにあてはまる言葉を、次から2つ選びましょう。（　　）（　　）

㋐ 天皇　㋑ 国会議員　㋒ 省・庁
㋓ 内閣　㋔ 裁判所

資料1

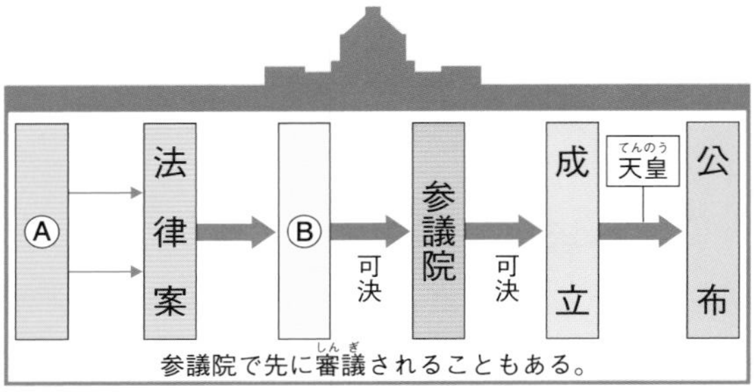

Ⓐ
法律案
Ⓑ
可決
参議院
可決
成立
天皇
公布
参議院で先に審議されることもある。

よく出る
(2) **資料1**のⒷにあてはまる議院名を書きましょう。（　　）

(3) **資料1**の参議院の説明として正しいものを、次から2つ選びましょう。（　　）（　　）

㋐ 議員には30才から立候補することができる。
㋑ 任期の途中で解散することがある。
㋒ 任期は6年で、3年ごとに半数が改選される。
㋓ 議員定数は、Ⓑの議院より多い。

記述
(4) 国会に二つの議院が置かれている理由を、簡単に書きましょう。
（　　）

(5) 国民の祝日は、法律で決められています。2月11日は何という祝日ですか。次の[　]から選びましょう。（　　）

[建国記念の日　憲法記念日　こどもの日　文化の日]

(6) **資料1**の法律の公布について、次の文の｛　｝にあう言葉に○を書きましょう。

●天皇の国事行為である法律の公布は、内閣が｛ 保障　助言 ｝と承認をあたえて行われる。

(7) **資料2**の内閣総理大臣は、ほかに何とよばれますか。（　　）

(8) 内閣を構成する人を示す、**資料2**の[　]にあてはまる言葉を書きましょう。（　　）

(9) 内閣や各省庁が仕事を行うために必要な費用を計算したものを何といいますか。（　　）

(10) 府・省・庁の仕事について、正しいものを次から選びましょう。（　　）

㋐ 内閣総理大臣が各省庁の大臣を務める。
㋑ 法律にもとづいて仕事を行う。
㋒ それぞれが閣議を開いて仕事の方針を決める。
㋓ すべての省庁が同じ仕事をする。

資料2

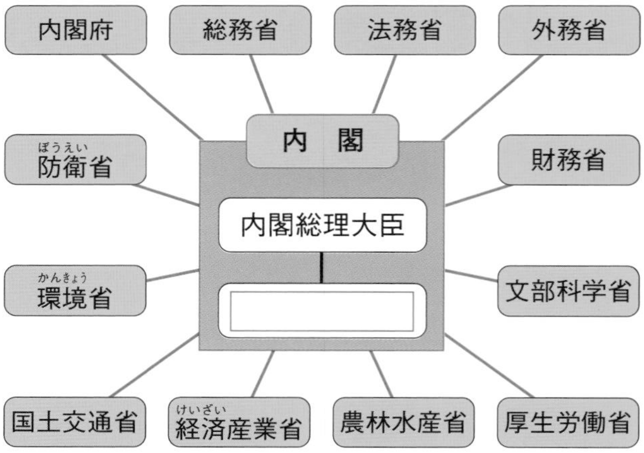

内閣府
総務省
法務省
外務省
防衛省
内　閣
財務省
内閣総理大臣
環境省
文部科学省
国土交通省
経済産業省
農林水産省
厚生労働省

2 国の政治のしくみ 次の問いに答えましょう。　　　　　　　　　　1つ3点〔36点〕

(1) 裁判所のしくみについて、正しいものを次から2つ選びましょう。　（　　　）（　　　）

　㋐　裁判は、判決に納得できるまで何度でも受けることができる。

　㋑　家庭裁判所の判決に納得できないときは、地方裁判所へうったえる。

　㋒　高等裁判所より上級の裁判所は、最高裁判所だけである。

　㋓　国民の中から選ばれた裁判員が参加するのは、重大な犯罪に関わる裁判である。

(2) 次の①～③の国の政治の役割を何といいますか。□□□からそれぞれ選びましょう。

国会・内閣・裁判所と国民の関係

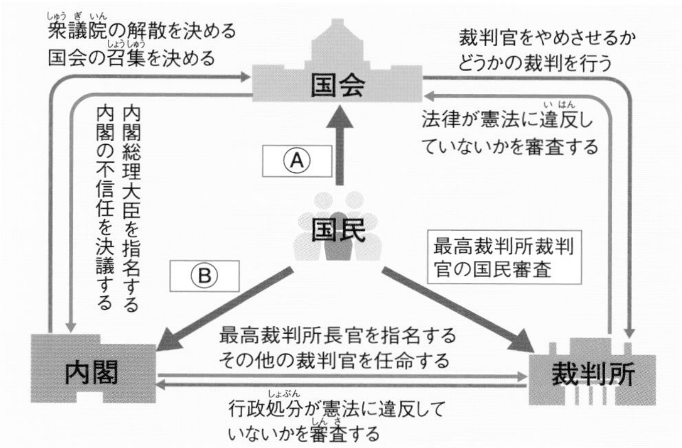

　　①（　　　　　　　　）
　　②（　　　　　　　　）
　　③（　　　　　　　　）

　①　法律をつくる。

　②　憲法や法律をもとに争いを解決する。

　③　実際に国民の生活に関わる仕事をする。

　　　　　行政　　　立法　　　司法

(3) (2)の①～③の役割を担当する機関を、右上の図からそれぞれ選びましょう。

　　①（　　　　　　　）　②（　　　　　　　）　③（　　　　　　　）

(4) 次の文を参考に、図中の□Ⓐ・Ⓑにあてはまる言葉をそれぞれ書きましょう。

　　　　　　　　　　　　　　　Ⓐ（　　　　　　　　）　Ⓑ（　　　　　　　　）

　Ⓐ　国民が自分たちの代表者を選ぶ。

　Ⓑ　多くの国民が、政治や社会に対してもっている意見。

(5) 図中の国民審査について、次の文の{　　　}にあてはまる内容に〇を書きましょう。

　●国民審査は、国民が{ 任命したほうがよい　やめさせたほうがよい }と思う裁判官を選ぶ。

(6) 図中の国会・内閣・裁判所が仕事を分担して、おたがいの役割がきちんと実行されているかどうか調べる役割をもつのはなぜですか。「集中」という言葉を用いて書きましょう。

（　　　　　　　　　　　　　　　　　　　　　　　　　　　　　　　　　　　　　　）

3 税金 次の問いに答えましょう。　　　　　　　　　　1つ4点〔16点〕

(1) 右の絵は、店にある商品の様子です。値札にある「税込」とは、商品の値段に何という税がふくまれたものですか。

　　　　　　　　　　　　　　　（　　　　　　　　　　　）

「新鮮キャベツ」
¥100
1個（税込 ¥108）

(2) 税金が納められるところとしてあてはまらないものを、次から選びましょう。　（　　　）

　㋐　国　　㋑　県　　㋒　町　　㋓　自治会

(3) 税金について、あてはまることを次から2つ選びましょう。　（　　　）（　　　）

　㋐　税金は、大人だけが納めている。

　㋑　納められた税金の使い道は、議会が決めている。

　㋒　税金を使って、道路の建設やごみ処理などが行われている。

　㋓　税金を納めることは、国民の権利である。

勉強した日 月 日

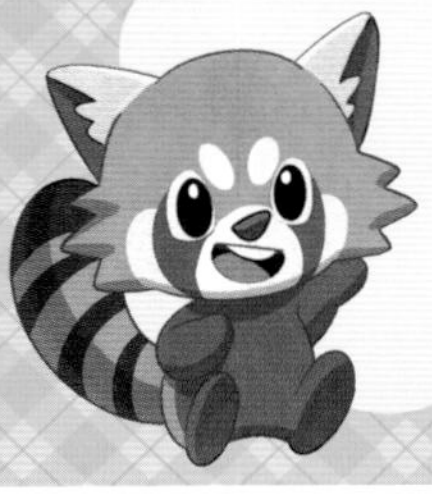

2 わたしたちの暮らしを支える政治①

学習の目標
昔と今の家族構成や人口を比べて、変化の様子を調べよう。

基本のワーク

教科書 34～39ページ　答え 3ページ

1 わたしたちの暮らしと社会の課題

●家族の構成は、時代が移り変わるにつれて変わってきた。
◆以前は子・親・祖父母の３世代が暮らす①（　　　　　）が多かった。
◆今は夫婦や親・子の２世代で暮らす「②（　　　　　）」が約55%をしめる。
◆③（　　　　　）暮らしの割合も増えてきている。

よみトク！ グラフ

生まれた子どもの数と人口にしめる高齢者の割合

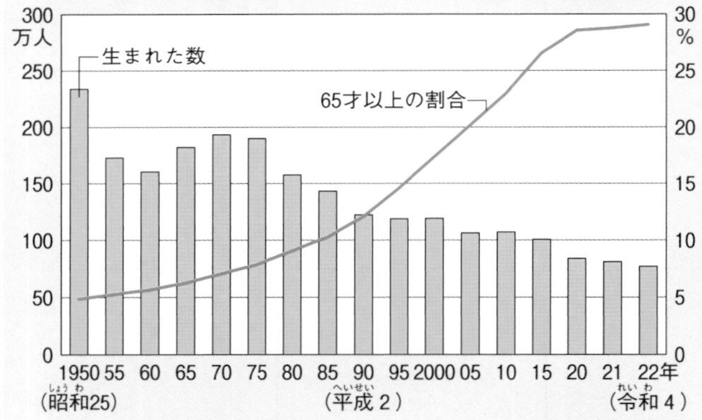

300 万人
250
200
150
100
50
0
30 %
25
20
15
10
5
0
生まれた数
65才以上の割合
1950 55 60 65 70 75 80 85 90 95 2000 05 10 15 20 21 22年
（昭和25）
（平成２）
（令和４）

（総務省、厚生労働省）

●50年ほど前、日本は子どもや若者が多く、お年寄りの割合はそれほど高くなかった。
●年々、生まれる④（　　　　　）の数が減少する一方、医療の進歩などで日本人の⑤（　　　　　）がのびる。
➡高齢者の割合が増えていき、今後も、少子化・⑥（　　　　　）が進む。
●現在は生まれる子どもの数より、なくなる人の数のほうが⑦（　　　　　）く、人口⑧（　　　　　）社会をむかえている。

2 人々の暮らしの願い／子どもは未来への希望

●静岡県浜松市でも⑨（　　　　　）化・高齢化が進んでいる。
◆お年寄りの⑩（　　　　　）や⑪（　　　　　）などで困っている人々がいる。
➡だれもが暮らしやすい社会をつくるために、政治はさまざまな役割を果たしている。

まちで暮らす人々の願い
・高齢者の介護の相談にのってもらったり、手伝いをたのめる制度がほしい。
・子育てをしながら安心して働ける環境にしてほしい。

●浜松市は子ども育成条例を定めたり、「子育て支援ひろば」を整備したりした。また「浜松市子ども・若者支援プラン」という計画をつくってさまざまな取り組みをしている。
◆⑫（　　　　　）…都道府県や市区町村が、議会で話し合って決めるきまりのこと。
●働きながら安心して子育てができるように、⑬（　　　　　）で、預かる子どもの人数を増やす努力をしている。
●小学校では、小学生が⑭（　　　　　）の時間も安心して過ごせる場所をつくっている。
●「子育て支援ひろば」では、子育てをする親が情報交換したり、気軽に⑮（　　　　　）したりできる。

安全な環境で子どもを預かってくれる施設が必要だね。

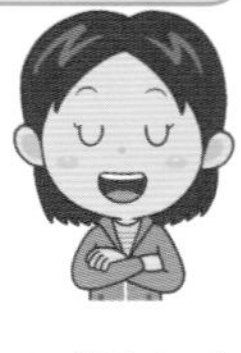

しゃかいか工場
条例の中には、和歌山県みなべ町の「梅干しでおにぎり条例」や青森県板柳町の「りんごまるかじり条例」などの、かわった条例もあるよ。

勉強した日　　月　　日

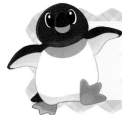

練習のワーク

教科書 34〜39ページ　答え 3ページ

できた数　　／13問中

1 次の問いに答えましょう。

(1) 現代で多く見られる家族の様子を、右のⒶ・Ⓑから選びましょう。（　　）

Ⓐ
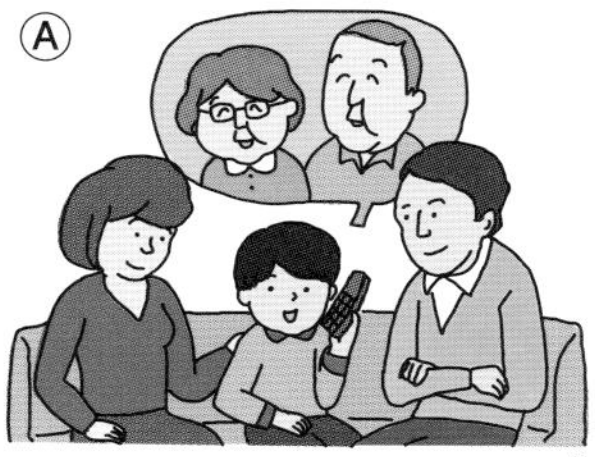

Ⓑ
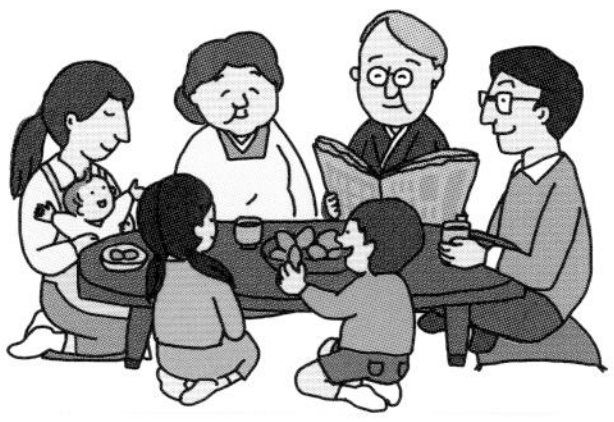

(2) 「核家族」にあてはまる家族の構成を、次から2つ選びましょう。（　　）（　　）

㋐ 夫婦　㋑ 子・親・祖父母　㋒ 子・親　㋓ 一人暮らし

(3) 現代の日本の世帯で、核家族は約何％をしめていますか。[　]から選びましょう。

15%　35%　55%　85%

（約　　　）

(4) 核家族化が進んだときに起こる変化として、正しいほうに○を書きましょう。

㋐（　　）家族が多いため、家事や子育てはすべて家族で分担できるようになる。

㋑（　　）家庭内の仕事を、少ない家族で分担するのが難しくなる。

(5) 次の①・②のように人口が変化していくことを、それぞれ何といいますか。

① 生まれてくる子どもの数が減っていく。（　　　）

② 総人口にしめる65才以上の人口の割合が増えていく。（　　　）

(6) 今後の日本の人口はどのように変化していくと考えられていますか。次から選びましょう。（　　）

㋐ 日本人の平均寿命がのびて、人口が増えていく。

㋑ なくなる人の数が生まれてくる子どもの数を上回り、人口が減っていく。

㋒ 人口にしめる年齢の構成は変わっても、全体の数はほとんど変わらない。

2 次の問いに答えましょう。

(1) 次の①〜③の人が社会に対してもっている願いを、それぞれ線で結びましょう。

① 子育てをしている人 ・		・ ㋐ 日本語以外でも、情報が得られるまちづくり。
② 外国から日本に来た人 ・		・ ㋑ 子どもを預けて安心して働ける環境づくり。
③ 介護をしている人 ・		・ ㋒ 高齢者の世話を手伝ってもらえる制度づくり。

(2) 都道府県や市区町村の議会で話し合って決めている、その地域のきまりを何といいますか。（　　　）

「妊婦支援」の様子

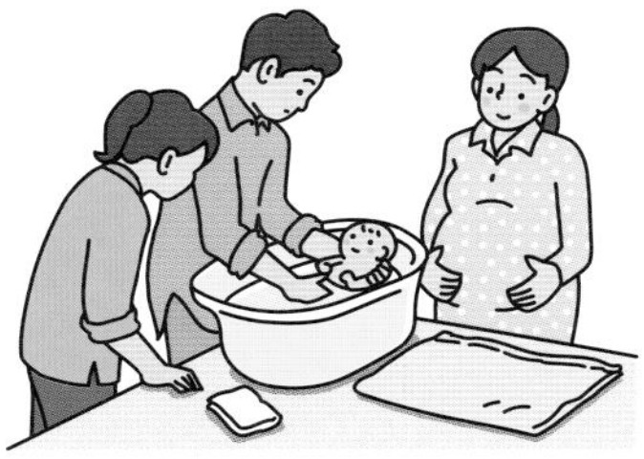

(3) 右の絵にあてはまる取り組みを、次から選びましょう。（　　）

㋐ 医師が、赤ちゃんの健康診断をする。

㋑ 出産や子育てについて助産師が助言をする。

㋒ 働いている親の子どもを預かる。

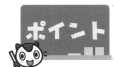

ポイント 日本では、少子化・高齢化が進んでいる。

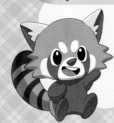

2 わたしたちの暮らしを支える政治②

学習の目標
住民の暮らしを支える市役所や市議会の役割を調べよう。

基本のワーク

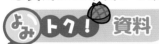

教科書 40～49ページ　答え 3ページ

1 「子育て支援ひろば」ができるまで

「子育て支援ひろば」ができるまで

- **市役所**は、計画を立てて①(　　　　　　)案をつくった。
- 計画と**予算案**が②(　　　　　　)で決定され、取り組みが進められた。
  - ◆取り組みは、子ども・子育て支援法など国の③(　　　　　　)にもとづいて行われる。
- 費用には市民から集めた④(　　　　　　)や国からの⑤(　　　　　　)が使われた。

よみトク！資料

市（区町村）の政治と住民のつながり

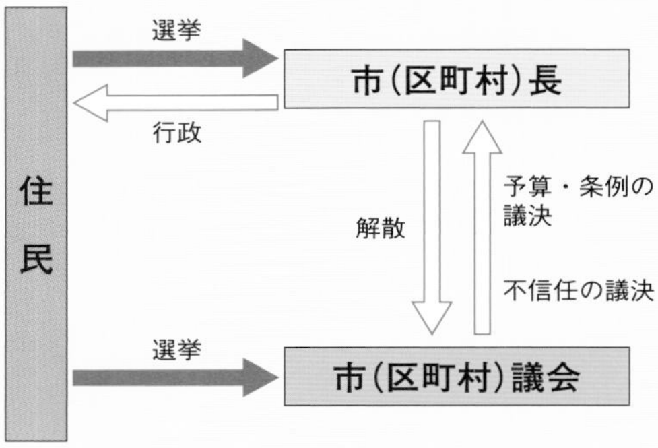

- **市議会**には、新しい仕事を決めるだけでなく、仕事がうまく進んでいるかを確認する役割もある。
- ⑥(　　　　　　)や**市議会議員**は、住民による⑦(　　　　　　)で選ばれる。
  - ◆住民は代表を選ぶことで市政の進め方を決める。
- 市や県の政治は、飲み水やごみ処理、福祉、防災など住民の⑧(　　　　　　)に直接関わっている。
- 政治を住民の意思にもとづいて進める**地方自治**では、市区町村や都道府県（⑨(　　　　　　)または**地方公共団体**）の役所や議会が大切な役割をになう。

2 たがいに助け合う社会／社会の課題の解決とわたしたち

- みんなで出した資金をもとに、介護が必要な人が支援を受けられる⑩(　　　　　　)**制度**がある。
  - ➡40才以上の人が支はらう介護保険料や税金で資金をまかなう。
- けが、病気、高齢などで助けを必要とする人を社会全体で支えるしくみ＝⑪(　　　　　　)は、安心して生きがいのある生活を送るのに欠かせない。
  - ◆**社会保障**の取り組みに必要な⑫(　　　　　　)を、社会全体でどのように負担していくのかも考えなければならない。

日本国憲法第25条より

> すべての国民は、健康で文化的な最低限度の生活を営む権利をもつ。
> 国は、生活の支えを必要とする人の援助や、社会保障および国民の健康の向上と増進に努めなければならない。

- 会社などで働いている人が子育てや介護のための休暇をとりやすくするため、⑬(　　　　　　)**法**が整えられた。

法律をつくって、国も支援をしているよ。

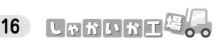

- 都市…子どもを預かる施設やサービスが⑭(　　　　　　)している問題。
- 地方…急速に**少子化・高齢化**が進み、人口が減り続けている問題。
  - ◆若い人が⑮(　　　　　　)などで都市へ移り住むことなどが原因。
    - ➡魅力あるまちづくりや、その魅力を発信する取り組みが進められている。

しゃかいか工場
住民の意見や苦情を受け付けて、住民の立場から市区町村や都道府県の仕事をチェックする制度もあるよ。外国の制度を取り入れて、神奈川県川崎市などが始めたんだ。

勉強した日　　月　　日

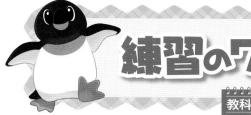

練習のワーク

教科書　40～49ページ　答え　3ページ

できた数　／16問中

1 右の図を見て、次の問いに答えましょう。

(1) 「子育て支援ひろば」の計画を立てたのは、どこですか。
（　　　　　）

(2) 立てた計画や予算案は、どこへ提出されますか。（　　　　　）

(3) 次の文の□にあてはまる言葉を、**図**の中から選んで書きましょう。

①（　　　　　）
②（　　　　　）
③（　　　　　）

子育て支援ひろばができるまで

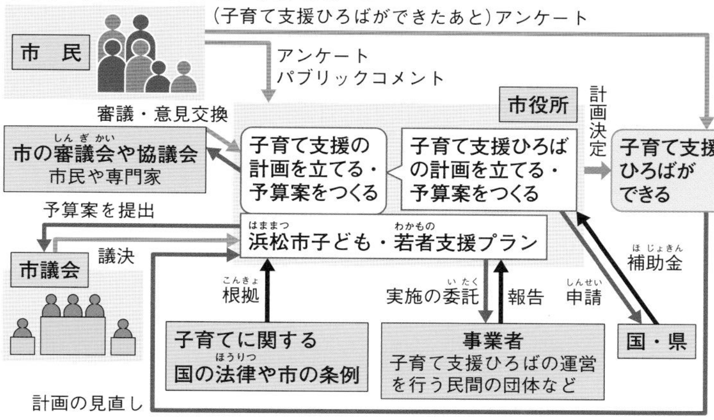
(子育て支援ひろばができたあと)アンケート
市　民
アンケート
パブリックコメント
審議・意見交換
市役所
計画決定
市の審議会や協議会
市民や専門家
子育て支援の計画を立てる・予算案をつくる
子育て支援ひろばの計画を立てる・予算案をつくる
子育て支援ひろばができる
予算案を提出
浜松市子ども・若者支援プラン
市議会
議決
補助金
根拠
実施の委託
報告
申請
子育てに関する国の法律や市の条例
事業者
子育て支援ひろばの運営を行う民間の団体など
国・県
計画の見直し

① 計画は、子育てに関する国の法律や市の□をもとに立てられた。
② 市は、アンケートやパブリックコメントで□の意見を集めた。
③ 計画を実施するために、国や県へ□の申請が行われた。

(4) 市議会でできることを、次から２つ選びましょう。（　　）（　　）

㋐ 市長を選挙で選ぶ。　㋑ 条例や予算案を決める。
㋒ 市長の不信任を議決する。　㋓ 市議会を解散する。

(5) 市や県が行う政治の内容を、次から２つ選びましょう。（　　）（　　）

㋐ ごみ処理　㋑ 国土の防衛　㋒ 貿易の交渉　㋓ 災害対策

(6) 住民の考えのもとで地方の政治を行うことを何といいますか。漢字４字で書きましょう。
（　　　　　）

2 次の問いに答えましょう。

(1) 介護保険制度では、どのような人が支援を受けられますか。次から選びましょう。（　　）

㋐ 保険料を支はらっている人　㋑ 介護をする人
㋒ 介護が必要になった人　㋓ 高齢になった人

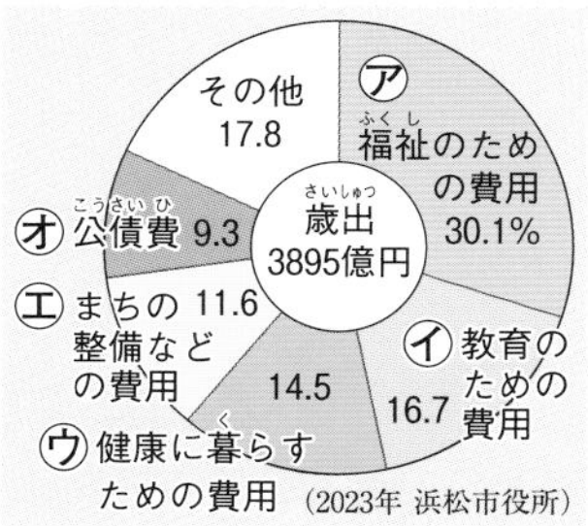
その他 17.8
㋐ 福祉のための費用 30.1%
㋔ 公債費 9.3
歳出 3895億円
㋓ まちの整備などの費用 11.6
㋑ 教育のための費用 16.7
14.5
㋒ 健康に暮らすための費用
(2023年 浜松市役所)

(2) 右の**グラフ**は、浜松市の予算を表したものです。社会保障の費用にあてはまるものを、㋐～㋔から選びましょう。（　　）

(3) 社会保障などの財源になる市が住民から集めるお金を何といいますか。（　　　　　）

(4) 次の文の{　}にあてはまる言葉に○を書きましょう。

●生まれてくる子どもの数が{ 増え続ける　減り続ける }のを防ぐための法律がつくられたが、都市では{ 学校　保育園 }などの施設やサービスが不足している。

(5) 次の取り組みが行われているのは、都市と地方のどちらですか。（　　　　　）

●空き家を利用して移住を体験できる施設をつくり、ためしに住んでもらう。

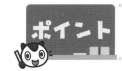

ポイント 市の仕事は、市役所が計画を立てて市議会で決定している。

1 日本の人口　右のグラフを見て、次の問いに答えましょう。

1つ4点〔24点〕

(1) 2022年現在の人口にしめる65才以上の割合を、次から選びましょう。　（　　）

　㋐　約10%　　㋑　約15%

　㋒　約20%　　㋓　約30%

(2) グラフを見てわかることを、次から2つ選びましょう。　（　　）（　　）

　㋐　生まれる子どもの数は減ってきている。

　㋑　1990年に生まれた子どもが最も多い。

　㋒　高齢者の割合が増え続けている。

　㋓　日本人の平均寿命が短くなっている。

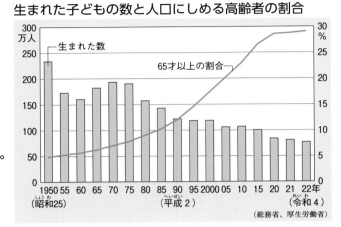
生まれた子どもの数と人口にしめる高齢者の割合

（総務省、厚生労働省）

(3) (2)のような変化が、同時に進んでいることを何といいますか。　（　　　　　　　　　）

(4) 現在の日本の家族で最も多く見られる様子を、次から選びましょう。　（　　　　）

　㋐　家族が多く、家の仕事をみんなで分担している。

　㋑　夫婦2人や親と子どもの少人数で暮らしている。

　㋒　子どもは兄弟や姉妹の数が多い。

　㋓　祖父母と孫が一緒に暮らしている。

記述 (5) グラフの変化から、今後の日本の人口はどのように変化していくと考えられますか。簡単に書きましょう。　（　　　　　　　　　　　　　　　　　）

2 願いを実現する政治　右の図を見て、次の問いに答えましょう。

(1)完答、1つ4点〔24点〕

(1) 次の㋐〜㋒の仕事を、行われた順に並べましょう。

　　（　　➡　　➡　　）

　㋐　働く人を確保する。

　㋑　施設の建設を決定する。

　㋒　「子育て支援ひろば」を計画する。

(2) 図中の□㋐〜㋒にあてはまる言葉をそれぞれ書きましょう。

　　㋐（　　　　　　）

　　㋑（　　　　　　）

　　㋒（　　　　　　）

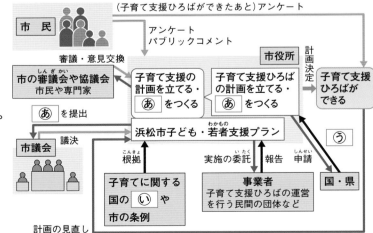
子育て支援ひろばができるまで

思考 (3) 市の取り組みについてあてはまることを、次から2つ選びましょう。　（　　）（　　）

　㋐　すべて市議会が提案して進められる。　　㋑　専門家の意見だけを取り入れている。

　㋒　市民の要望にもとづいて行われる。　　㋓　国の政治とも関わりながら進められる。

3 地域の政治 次の問いに答えましょう。 1つ4点〔28点〕

(1) 住民の暮らしに直接結びつく政治を進めている、市区町村や都道府県のことを何といいますか。
（　　　　　　　　）

(2) 右の**グラフ**は、浜松市の歳入と歳出を示したものです。次の問いに答えましょう。

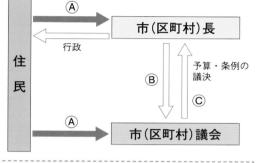

(2023 浜松市役所)

① 市の収入で最も多いものは何ですか。
（　　　　　　　　）

② 市の収入が最も多く使われるのは、何のための仕事ですか。 （　　　　　　　　）

③ 市のお金の使い道を決定しているのは、どこですか。
（　　　　　　　　）

(3) 右の**図**中のⒶ〜Ⓒについて、次の文の□□にあてはまる言葉を、┈┈┈┈からそれぞれ選びましょう。
　　Ⓐ（　　　　　　　）　Ⓑ（　　　　　　　）
　　　　　　　　　　　　Ⓒ（　　　　　　　）

Ⓐ 住民は、市長や市議会議員を□□で選んでいる。

Ⓑ 市長は市議会を□□する権限がある。

Ⓒ 市議会では、市長の□□の議決ができる。

┈┈┈┈┈┈┈┈┈┈┈┈┈┈┈┈┈┈┈┈┈┈┈┈┈┈
　　選挙　　指名　　不信任　　裁判　　国民審査　　解散
┈┈┈┈┈┈┈┈┈┈┈┈┈┈┈┈┈┈┈┈┈┈┈┈┈┈

4 日本の社会の課題 次の問いに答えましょう。 1つ4点〔24点〕

(1) 社会の課題への取り組みについて、次の文の{　　}にあてはまる言葉に○を書きましょう。
　●高齢や病気などで生活の助けが必要になったときに備える{ 医療　介護 }保険制度がつくられ、{ 40才　60才 }以上の人が支はらう保険料や税金をもとに支援が行われている。

(2) 自分の力だけで生活することがむずかしくなった人を、社会全体で支援していくしくみを何といいますか。
（　　　　　　　　）

(3) 右の**地図**は、都道府県別の人口の増減を示したものです。人口が最も増えている都道府県名を**地図**中の──線部から選びましょう。
（　　　　　　　　）

2015年～2020年の人口増減率
2%以上〕増加
0%～2%未満
0%～2%未満
2%～4%未満〕減少
4%以上
北方領土は資料なし

青森県
岡山県
東京都
愛知県

(2020年 総務省)

(4) (3)で答えた都道府県の主な課題を、次から選びましょう。 （　　　　）
　㋐ 若い人が就職などのために転出している。
　㋑ 地域の店や病院、学校が減っている。
　㋒ 保育園などの子どもを預かる施設やサービスが不足している。
　㋓ 路線バスが廃止されて移動が不便になっている。

(5) 地方では、空き家を利用した、ためしに住むことができる施設や、住民の働く場所をつくる取り組みを行っています。このような取り組みをする目的を、簡単に書きましょう。
（　　　　　　　　　　　　　　　　　　　　　　　　）

勉強した日　月　日

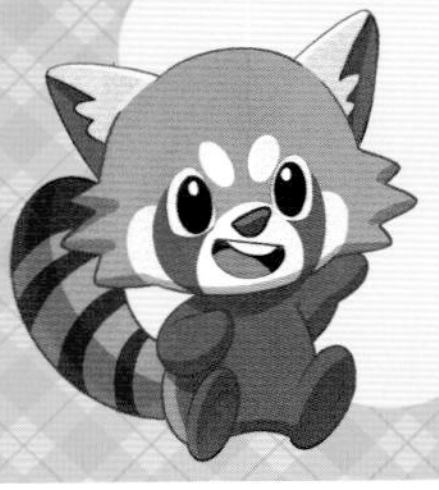

2 ◆災害からわたしたちを守る政治

学習の目標
災害が起きたときの政治のはたらきを調べよう。

基本のワーク

教科書 50〜57ページ　答え 4ページ

1 突然の大地震と津波／緊急の支援

●2011（平成23）年３月11日、東北地方を中心に①(　　　　　　　)が発生した。
◆10ｍをこえる②(　　　　　　　)が沿岸のまちをおそい、多くの人が家族や家を失った。
◆福島第一③(　　　　　　　)**発電所**では事故が起こり、有害な放射性物質が放出された。

よみトク！資料

被災した地域を支援する政治のしくみ

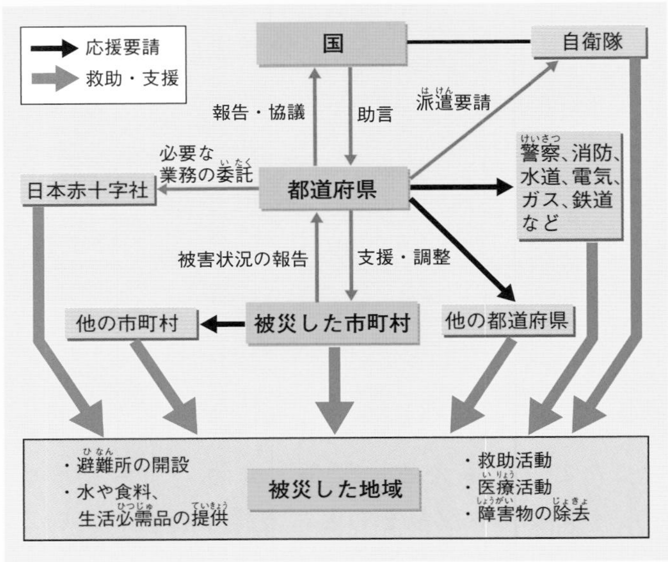

応援要請
救助・支援
国
自衛隊
報告・協議
助言
派遣要請
必要な業務の委託
日本赤十字社
都道府県
警察、消防、水道、電気、ガス、鉄道など
被害状況の報告
支援・調整
他の市町村
被災した市町村
他の都道府県
・避難所の開設
・水や食料、生活必需品の提供
被災した地域
・救助活動
・医療活動
・障害物の除去

●岩手県釜石市も大きな被害を受けた。
◆市は④(　　　　　　　)を設置して被害状況を調べ、⑤(　　　　　　　)や他の市町村に協力を要請した。
◆県は**災害救助法**にもとづいて国などに協力を求め、⑥(　　　　　　　)の派遣を要請した。
◆**警察**や**消防**、**自衛隊**などが被災した人の捜索や救護を行い、**日本赤十字社**の⑦(　　　　　　　)活動も始まった。
◆被災地に入った⑧(　　　　　　　)は、たき出しなどの支援活動を行った。
●震災の８日後には仮設住宅の建設が始まり、のちに電気や水道も**復旧**した。

2 復興に向けて動き出す／命を守るまちづくり

●市は「復興まちづくり基本計画」をつくることを決め、完成した計画は⑨(　　　　　　　)で検討されて決定した。
●住民の意思にもとづいて、よりよい暮らしにつながる政治を進めていく**地方自治**では、市区町村や都道府県（⑩(　　　　　　　)または**地方公共団体**）の役所や議会が大切な役割をもつ。
◆市が進める仕事は国が定めた⑪(　　　　　　　)にもとづいて行われ、費用には⑫(　　　　　　　)が使われる。
●国は2011年に**東日本大震災**⑬(　　　　　　　)**法**をつくり、翌年に**復興庁**を発足させて復興に向けた**予算**を確保した。
●災害から命や暮らしを守るために、国や都道府県、市区町村が進める**公助**、地域の人々が助け合う⑭(　　　　　　　)、自分や家族を守る⑮(　　　　　　　)を組み合わせていくことが必要である。

さまざまな立場の人々の意見を、計画づくりに生かしたよ。

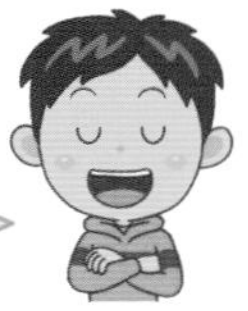

津波からの避難訓練

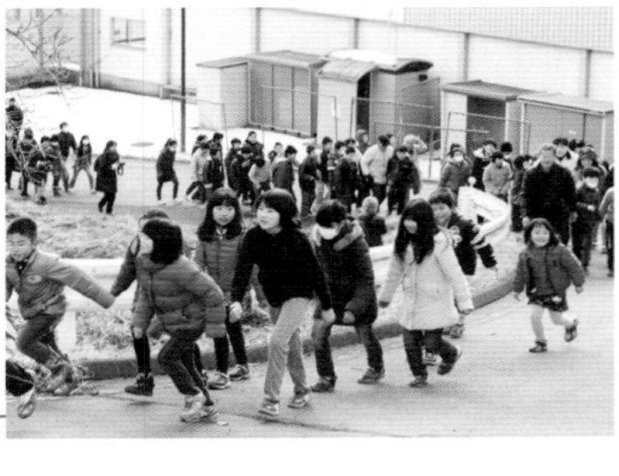

しゃかい工場　東日本大震災のときに救助活動をした緊急消防援助隊は、1995年に起きた阪神・淡路大震災をきっかけにつくられたよ。大きな災害に備えて全国の消防機関が協力しているんだ。

練習のワーク

❶ 次の問いに答えましょう。

(1) 東日本大震災が起きたのはいつですか。西暦を使って年月日を書きましょう。

（　　　　　年　　　月　　　日）

(2) (1)の震災で津波の被害が最も大きかった地方はどこですか。　（　　　　　　地方）

(3) 地震と津波の影響で事故を起こした原子力発電所があった県の名前を書きましょう。

（　　　　　　　　県）

(4) 次の①・②の活動を行ったところを、右の　　　からそれぞれ選びましょう。

① 災害対策本部を設置し、県に被害状況を報告した。

（　　　　　　　　）

② 県の委託を受けて医療活動を行った。（　　　　　　　　）

市　　　　　自衛隊
警察　　日本赤十字社

(5) 災害が起きたときに、国や都道府県などが協力して救助活動を行うためにつくられた法律を何といいますか。

（　　　　　　　　）

(6) 被災して自宅にもどれない人のために建設された、右の**写真**のような施設を何といいますか。　（　　　　　　　　）

❷ 次の問いに答えましょう。

(1) 新しい仕事を行うとき、市が計画案とともに作成するものは何ですか。

（　　　　　　　　）

(2) 右の**図**中の①・②にあてはまる言葉を、次の　　　からそれぞれ選びましょう。

①（　　　　　　　）
②（　　　　　　　）

助言　補助金　議決　税金

復興に向けた市の計画ができるまで

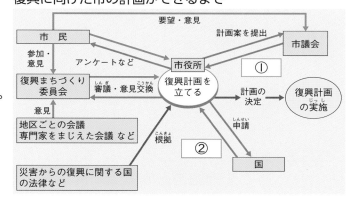

(3) 住民の意思にもとづいて、地域のよりよい暮らしにつながる政治を進めるしくみを何といいますか。漢字４字で書きましょう。　（　　　　　　　　）

(4) 2012年に国が発足させた、東日本大震災で被災した地域の復興に関する仕事を専門的に行う国の機関を何といいますか。　（　　　　　　　　）

(5) 次の①〜③にあてはまる取り組みを、あとからそれぞれ選びましょう。

① 自助（　　　）　② 公助（　　　）　③ 共助（　　　）

㋐ 近所の人と声をかけ合って避難する。

㋑ 学校や公民館などの耐震工事を行う。

㋒ 家に防災用品を備えておく。

ポイント 復興のまちづくりは地方自治体の役所を中心に行われた。

勉強した日　月　日

2◆雪とともに生きる暮らしを支える政治

学習の目標
札幌市の冬の暮らしを支える政治のはたらきを調べよう。

基本のワーク

教科書 58〜67ページ　答え 4ページ

1 まちで暮らす人々の願い／雪対策で暮らしが変わった

札幌市は日本の北の方にある都市だね。

● 2月ごろに「さっぽろ雪まつり」が行われる①(　　　　　　)札幌市は、約197万人が暮らす大きな都市。
- ◆本格的な開発は②(　　　　　　)時代に始まり、約150年で大都市となった。
- ◆ひと冬の降雪量が約5mにもなる、人口約200万人の大都市は、世界でもほとんど例がない。
- ◆1972年に開催された冬季③(　　　　　　)札幌大会が発展のきっかけの一つ。
- ◆冬の暮らしを大きくさまたげる道路の**積雪**の課題を解決するため、④(　　　　　　)の取り組みを強める要望が高まっていった。

よみトク！資料

●市は「札幌市冬のみちづくりプラン」をつくり、プランをもとに除雪と⑤(　　　　　　)を中心とする雪対策を進める。

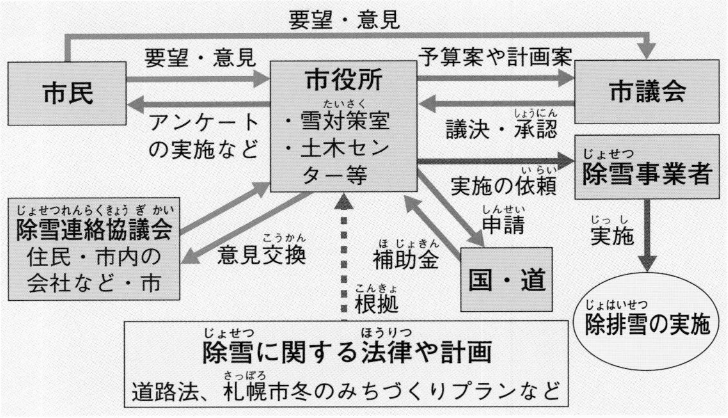

要望・意見
市民
要望・意見
アンケートの実施など
市役所
・雪対策室
・土木センター等
予算案や計画案
市議会
議決・承認
実施の依頼
除雪事業者
申請
補助金
国・道
実施
除排雪の実施
除雪連絡協議会
住民・市内の会社など・市
意見交換
根拠
除雪に関する法律や計画
道路法、札幌市冬のみちづくりプランなど

●仕事は国の⑥(　　　　　　)や市のきまりにもとづいて進められ、市が行う仕事には、市民から集めた⑦(　　　　　　)が使われる。

●市が行う仕事やそのための費用は、⑧(　　　　　　)が決定する。
- ◆費用は市の⑨(　　　　　　)だけでなく都道府県や国からの⑩(　　　　　　)が使われることもある。

●住民の意思にもとづき、よりよい暮らしにつながる政治を進めていく**地方自治**では、市区町村や都道府県(**地方自治体**または⑪(　　　　　　))の役所や議会が重要な役割をもつ。

2 雪を生かす

●1950年に始まった「⑫(　　　　　　)」は、新聞やテレビなどで紹介され、広く知られるようになった。

●全国からたくさんの⑬(　　　　　　)がおとずれるようになり、日本の冬を代表する行事の一つに発展している。

●北海道や札幌市は、夏の間はたくさんの**観光客**でにぎわうが、⑭(　　　　　　)になると少なくなるため、より多くの人に来てもらうための取り組みに力を入れている。

●国際雪像コンクールが開かれ、雪を通した国際的な⑮(　　　　　　)も行われている。

「さっぽろ雪まつり」の来場者数

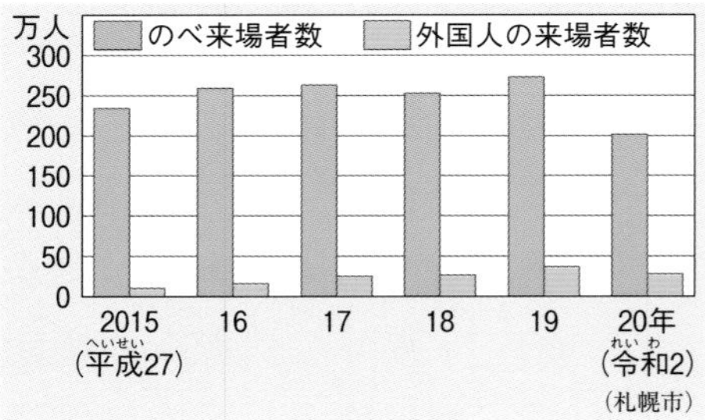

万人
のべ来場者数
外国人の来場者数
300
250
200
150
100
50
0
2015 (平成27)
16
17
18
19
20年 (令和2)
(札幌市)

しゃかいか工場
現在の「さっぽろ雪まつり」は3つの会場で行われているよ。約200基もの雪氷像をつくるために、5トントラック約6000台分もの雪が使われるんだ。

勉強した日　月　日

練習のワーク

できた数　／15問中

教科書 58～67ページ　答え 4ページ

1 次の問いに答えましょう。

(1) 北海道札幌市の現在の人口は約何万人ですか。次から選びましょう。（　　）

㋐ 50万人　㋑ 100万人　㋒ 150万人　㋓ 200万人

(2) 明治時代に札幌のまちの本格的な開発が始まったのは、今から約何年前のことですか。

㋐ 100年前　㋑ 150年前　㋒ 200年前　㋓ 250年前（　　）

(3) 冬季オリンピックの開催が決定したころの札幌市の課題を、次から選びましょう。

㋐ 冬は道路が凍結する。　㋑ 大雨が降ると道路が水没する。（　　）（　　）

㋒ 雪で道路が渋滞する。　㋓ 道路工事をする人が不足している。

(4) 右の**グラフ**を見て、次の問いに答えましょう。

① 除雪費など仕事にかかるお金がいくらになるか、あらかじめ計算したものを何といいますか。

（　　）

② 除雪に国費が使えるよう、国に申請するのはどこですか。（　　）

除雪の費用のうち国費の割合（札幌市）

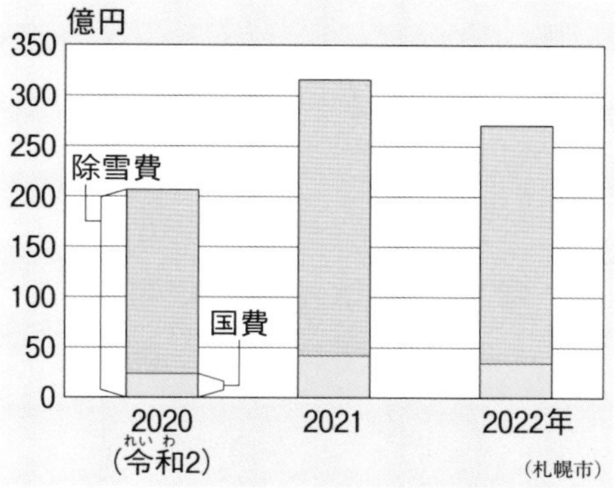
億円
350
300
250
200
150
100
50
0
除雪費
国費
2020
（令和2）
2021
2022年
（札幌市）

(5) 市議会の仕事を、次から選びましょう。（　　）

㋐ 計画の作成　㋑ 事業者への依頼

㋒ 除雪や排雪の実施　㋓ 計画案の議決

(6) 市民の暮らしにつながる政治を、住民の意思にもとづいて行うしくみを何といいますか。漢字４字で書きましょう。（　　）

2 次の問いに答えましょう。

(1) 右の**図**を見て、次の問いに答えましょう。

① [あ]にあてはまる言葉を、次の□から選びましょう。（　　）

選挙　補助　管理

② 市や実行委員会が協力を要請しているところを３つ書きましょう。

（　　）（　　）

（　　）

「さっぽろ雪まつり」を支える政治のしくみ

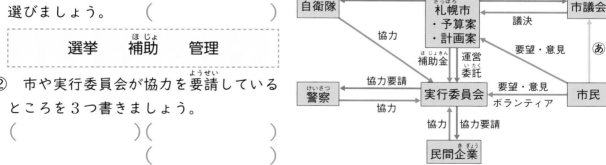

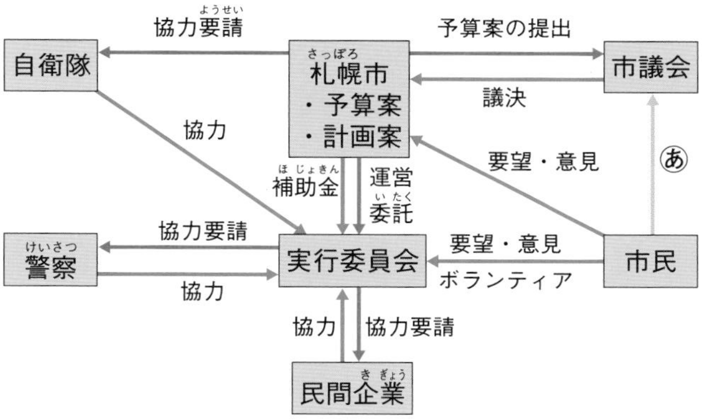
協力要請
予算案の提出
自衛隊
札幌市
・予算案
・計画案
市議会
議決
協力
要望・意見
あ
補助金
運営
委託
協力要請
警察
協力
実行委員会
要望・意見
ボランティア
市民
協力
協力要請
民間企業

(2) 「さっぽろ雪まつり」で行われている取り組みを、次から２つ選びましょう。

㋐ 除雪する手間を減らす。　㋑ 冬の観光客を増やす。（　　）（　　）

㋒ 国際的な交流を深める。　㋓ 外国でも雪まつりを行う。

(3) 除雪や排雪が「雪をなくす」取り組みであるのに対し、「さっぽろ雪まつり」はどんな取り組みであるといえますか。　●雪を（　　）取り組み

ポイント　除雪の取り組みは地方自治体の役所を中心に行われている。

まとめのテスト

2◆災害からわたしたちを守る政治

時間 **20**分

得点 /100点

教科書 **50〜57ページ** 答え **5ページ**

1 緊急の支援 **東日本大震災について、次の問いに答えましょう。**　　　　1つ8点〔40点〕

(1) 東日本大震災の被害を大きくした原因を、次から選びましょう。（　　）

　ア 火災　　　　　　イ 津波
　ウ 土砂くずれ　　　エ 火山の噴火

(2) 被災地で支援活動を行った、右の図中のあにあてはまる組織を何といいますか。
（　　　　　　　　）

(3) 次の文の　①・②にあてはまる言葉を、図中からそれぞれ選びましょう。

①（　　　　　　）
②（　　　　　　）

●市町村は、他の市町村に　①　を要請し、被災地では　②　を開設した。

被災した地域を支援するしくみ

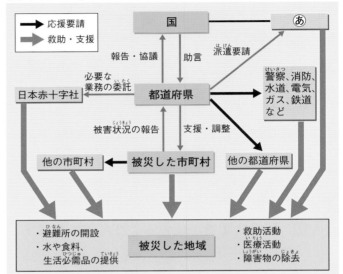

(4) 図中の日本赤十字社の活動としてあてはまるものを、次から選びましょう。（　　）
　ア 被災者の捜索　　イ たき出し　　ウ けが人の手当て　　エ がれきの撤去

2 復興の取り組み **次の①〜③の写真を見て、あとの問いに答えましょう。**　　　1つ10点〔60点〕

①復興まちづくり委員会

②完成した新しい校舎

③避難訓練の様子

　ア 新しいまちづくりには、国の機関である　　が投入した資金も使われた。
　イ 災害に備えて、自らの安全を守る　　の取り組みが大切である。
　ウ 住民の意見を取り入れて、　　は復興の計画案をつくった。

(1) ア〜ウの文中の　　にあてはまる言葉を、次の　　からそれぞれ選びましょう。
ア（　　　　　　）　イ（　　　　　　）　ウ（　　　　　　）

　　市役所　　市議会　　厚生労働省　　復興庁　　共助　　公助　　自助

(2) ①〜③の写真と関係の深い文を、上のア〜ウからそれぞれ選びましょう。
①（　　）　②（　　）　③（　　）

まとめのテスト

2◆雪とともに生きる暮らしを支える政治

時間 20分

得点 /100点

教科書 58〜67ページ　答え 5ページ

---

1 **雪の対策** 次の問いに答えましょう。 1つ8点〔40点〕

(1) 札幌市で除雪の取り組みが始まったきっかけを、次から選びましょう。（　　）

　　㋐ 「さっぽろ雪まつり」の開始　　㋑ 地下鉄の開通　　㋒ 冬季オリンピックの開催

(2) 図中の㋑にあてはまる言葉を書きましょう。（　　　　　）

(3) 次の文の ①〜③にあてはまる言葉を、右の図中からそれぞれ選びましょう。

　　　①（　　　　　）
　　　②（　　　　　）
　　　③（　　　　　）

●除雪や排雪の計画は ① の要望・意見を取り入れて、道路法などの ② を根拠につくられた。

●除雪の作業は、 ③ から実施を請け負った事業者が行っている。

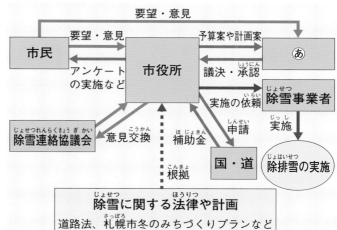

除雪や排雪が実施されるまで

---

2 **札幌市の取り組み** 次の①〜③の文を読んで、あとの問いに答えましょう。 1つ10点〔60点〕

① 札幌市は、冬の□□□という課題を解決しながら世界的な大都市として発展してきた。
② 除雪にかかる費用は、市の□□□のほかに、国などからの補助金でもまかなわれている。
③ 「さっぽろ雪まつり」は毎年行われ、多くの□□□を集める行事となっている。

(1) ①〜③の文中の□□□にあてはまる言葉を、次の⬚⬚⬚からそれぞれ選びましょう。

　　　①（　　　　　）　②（　　　　　）　③（　　　　　）

　　　　警備　　積雪　　水不足　　観光客　　予算　　民間企業

(2) ①〜③のことがわかる資料を、次からそれぞれ選びましょう。

　　　①（　　）　②（　　）　③（　　）

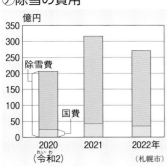

㋐除雪の費用

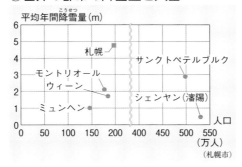

㋑世界の都市の降雪量と人口

㋒「さっぽろ雪まつり」の来場者数

勉強した日 月 日

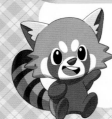

1 国づくりへの歩み①

基本のワーク

学習の目標
大昔の人々が、どのように暮らしていたのかを調べよう。

教科書 68～79ページ　答え 5ページ

1 人々の願いの今と昔～日本列島歴史の旅に出かけよう

歴史の学び方

●今も残されている①(　　　　)や史跡、文化財、昔の人が記録した文書などを調べる。
●遺跡などに関して展示している②(　　　　)を見学する。
◆事前に本やインターネットで情報を集め、現地へ行って調べる。

遺跡
古い時代の建物や物など暮らしのあとがまとまって残されているもの。

よみトク！資料 ●年表は、時間軸の長さや前後のつながりをつかむのに役立つ。

時代	縄文	弥生	古墳	飛鳥	奈良	平安	鎌倉	室町	安土桃山	室町(戦国)	江戸	明治	大正	昭和	平成	令和
西暦		1 100	500			1000			1500							2000年
世紀		1	5			10			15					20		

●時代…文化の特色や③(　　　　)の中心地などをもとにした時代の区切り方。
●年（④(　　　　)）…イエス＝⑤(　　　　)が生まれたとされる年を西暦1年とする。
●⑥(　　　　)…100年間を一つの単位とした表し方。
➡21世紀は2001年から⑦(　　　　)年まで。

「鎌倉」や「江戸」は幕府が置かれた場所だね。

●国宝や重要文化財、世界遺産、日本遺産などの⑧(　　　　)に注目する。

2 大昔の暮らしをさぐろう

●⑨(　　　　)遺跡…今から5500年ほど前から1500年間にわたって人々が暮らしていたあと。

三内丸山遺跡(青森県)

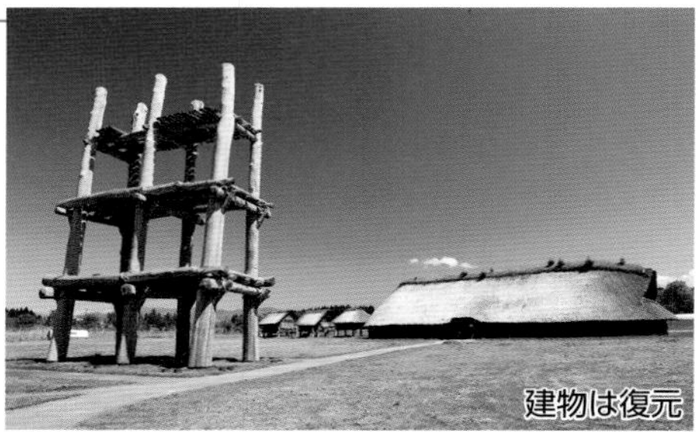

大昔の人々の暮らし

●人々は⑩(　　　　)住居に住んでいた。
●人々は食べ物を、⑪(　　　　)や漁をしたり、木の実などを⑫(　　　　)したりして得ていた。

矢じり

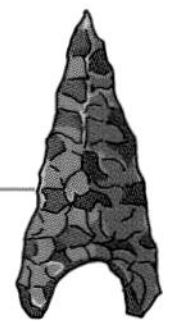

◆豊かなめぐみを願ってつくられたと考えられている⑬(　　　　)が見つかっている。
◆食べ物をにたり、たくわえたりするのに⑭(　　　　)土器が使われた。➡土器は縄目の文様がつけられたものが多い。

縄文土器

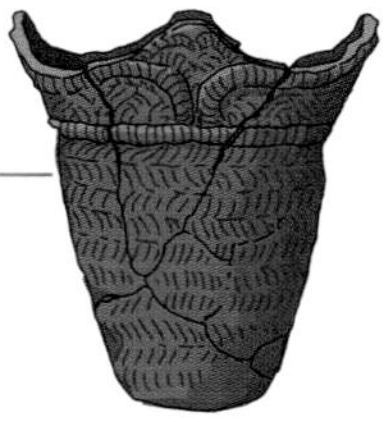

⑮(　　　　)時代…人々が狩りや漁・採集をして、縄文土器を使って暮らした時代。今から1万数千年前に始まり、1万年近く続いた。

しゃかいか工場
三内丸山遺跡では、くりの木を植えていたことや、エゴマ、ヒョウタン、マメなどといった植物を栽培していたことが、発掘によってわかってきたよ。

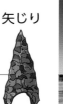

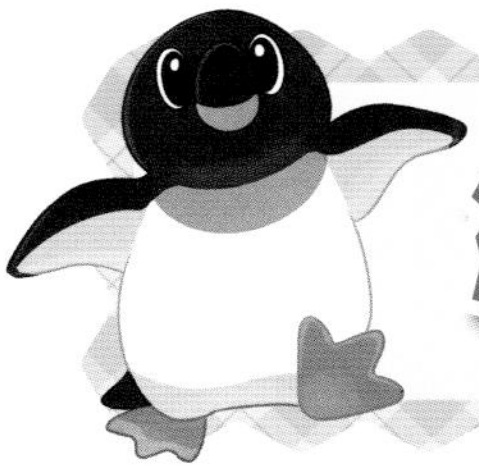

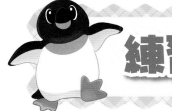

練習のワーク

教科書　68～79ページ　答え　5ページ

できた数　／16問中

1 次の問いに答えましょう。

(1) 歴史の学び方として正しいものを、次から2つ選びましょう。　(　　)(　　)

㋐ 遺跡(いせき)をさがして自由に発掘(はっくつ)してみる。　㋑ 新しい新聞記事で情報を集める。

㋒ 当時の人々が記録した文書を調べる。　㋓ 博物館の展示(てんじ)物を見学する。

(2) 次の**年表**を見て、あとの問いに答えましょう。

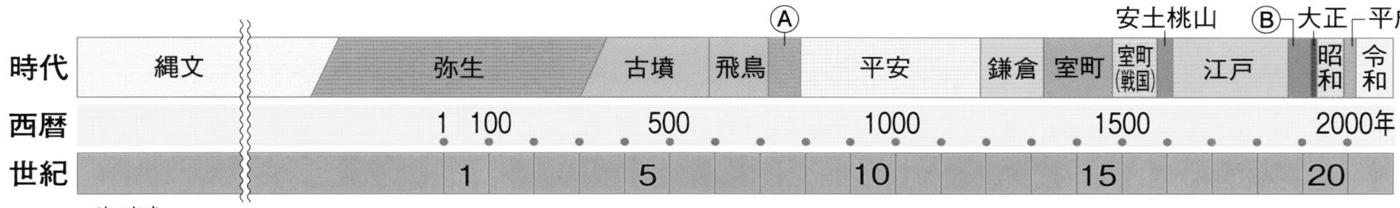

時代
縄文
弥生
古墳
飛鳥
Ⓐ
平安
鎌倉
室町
室町(戦国)
安土桃山
江戸
Ⓑ
大正
昭和
平成
令和
西暦
1　100
500
1000
1500
2000年
世紀
1
5
10
15
20

① 西暦(せいれき)1年は、だれが生まれたとされる年ですか。　(　　)

② 西暦645年は、何世紀ですか。　(　　世紀)

③ 13世紀は西暦何年から何年までですか。　(　　年から　　年まで)

④ 「古墳(こふん)時代」は、何をもとにした表し方ですか。次から選びましょう。　(　　)

㋐ 政治の中心地　㋑ 文化の特色　㋒ 外国との関係

⑤ **年表**中のⒶ・Ⓑにあてはまる時代名を、それぞれ書きましょう。

Ⓐ(　　時代)　Ⓑ(　　時代)

2 次の問いに答えましょう。

(1) 縄文(じょうもん)時代の様子がわかる三内丸山(さんないまるやま)遺跡は、どこの県にありますか。　(　　県)

(2) 三内丸山遺跡は、今から何年前にできた集落のあとですか。次から選びましょう。

㋐ 2万年ほど　㋑ 1万年ほど　㋒ 5500年ほど　㋓ 2000年ほど　(　　)

(3) 右の**図**は、縄文時代の人々の食べ物を示したものです。これを見て、次の問いに答えましょう。

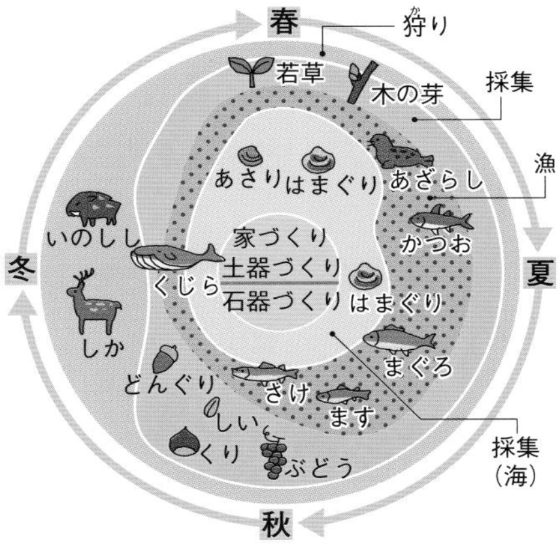

春
狩り
若草
木の芽
採集
漁
あさり
はまぐり
あざらし
かつお
夏
いのしし
家づくり
土器づくり
石器づくり
くじら
はまぐり
冬
しか
まぐろ
どんぐり
さけ
ます
しい
くり
ぶどう
採集(海)
秋

① 冬に狩(か)りをして食べていたものを2つ書きましょう。

(　　)(　　)

② 夏には、かつおやまぐろをとる何を行っていましたか。　(　　)

③ 採集をして最も多くの種類の食べ物がとれたのは、どの季節ですか。　(　　)

(4) **図**中の――部について、当時つくられていた土器を何といいますか。　(　　)

(5) 右の**絵**の土偶(どぐう)は、何を目的につくられたと考えられていますか。次から選びましょう。　(　　)

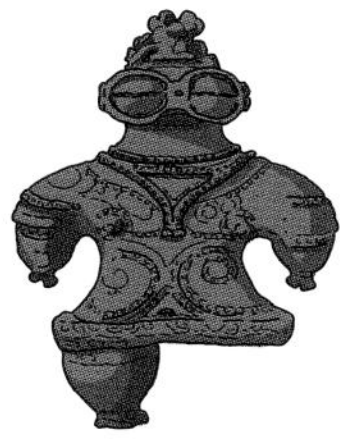

㋐ 食べ物をたくわえる。　㋑ 竪穴(たてあな)住居にかざる。

㋒ えものをとる。　㋓ 豊かなめぐみを願う。

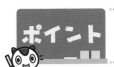

ポイント　縄文時代の人々は、狩りや漁・採集をして生活していた。

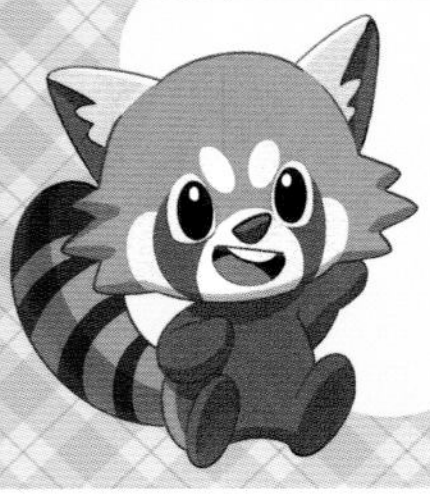

1 国づくりへの歩み②

基本のワーク

学習の目標
米づくりが伝わったあとの暮らしの変化を調べよう。

教科書 80～87ページ　答え 5ページ

1 米づくりが始まる

●今から2500年ほど前、中国や朝鮮半島から移り住んだ人々が日本列島に①(　　　　)の技術を伝え、しだいに広がった。
◆福岡県の②(　　　　)遺跡からは約2300年前の水田のあとが見つかった。

米づくりが伝わった経路

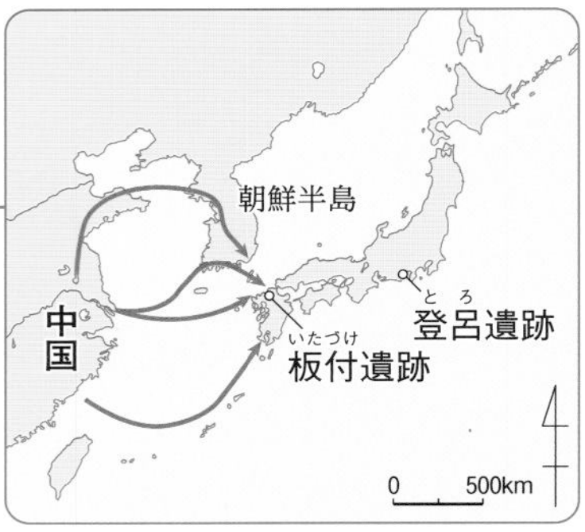
朝鮮半島
中国
登呂遺跡
板付遺跡
0
500km

●**米づくりの様子**…人々は集まって住み、協力して作業をした。
◆**春から夏**…木のくわやすきで耕し、③(　　　　)をはいて水田に種もみをじかにまいたり、苗を育てて田植えをしたりした。
◆**秋**…稲の穂を④(　　　　)でかり取り、**高床の倉庫**にたくわえた。

⑤(　　　　)**時代**…米づくりのほかに、大陸から**青銅器**や⑥(　　　　)が伝わり、うすくてかたい**弥生土器**がつくられるようになった。

2 むらからくにへ

●米づくりがさかんになり、安定して食料が得られるようになるとむらの⑦(　　　　)が増えた。
●集落の周りに⑧(　　　　)をめぐらせた**環濠集落**がつくられた。

吉野ヶ里遺跡(佐賀県)

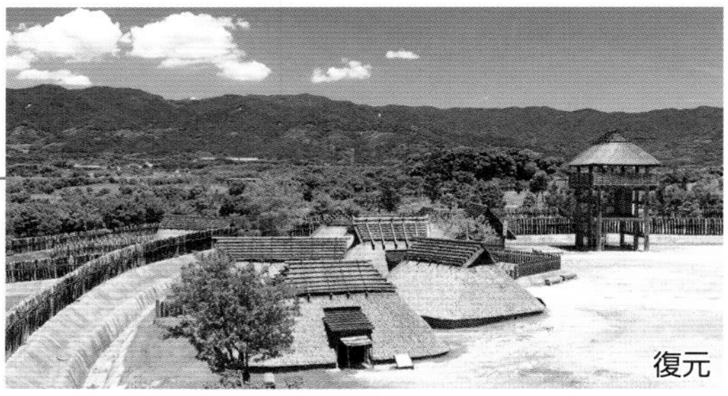

復元

むらの様子
●指導者となる⑨(　　　　)が現れた。
◆米づくりの命令や豊作をいのる⑩(　　　　)を行った。➡祭りには**銅たく**が使われたと考えられている。
◆土地や⑪(　　　　)をめぐって、他のむらとの争いが起こると、人々をまとめて戦いを指揮した。

首のない人骨

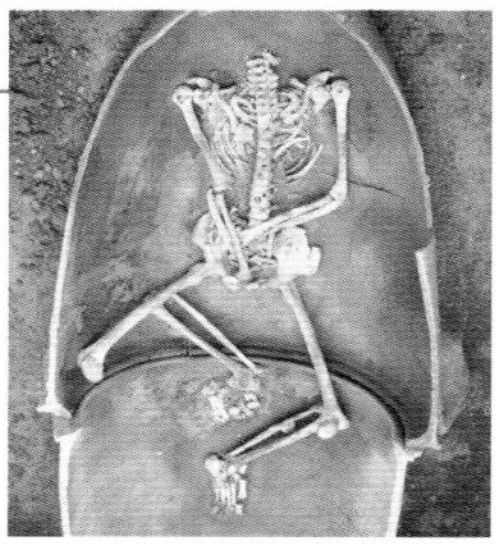

●人々の間にも⑫(　　　　)の差が広がっていった。
●**首長**の中から他のむらを従えるほどの力をもつ者も現れ、地域の支配者(⑬(　　　　))は小さな⑭(　　　　)をつくり、**王**とよばれるようになった。

よみトク！ 人物

卑弥呼

●3世紀ごろに⑮(　　　　)の女王の**卑弥呼**が30ほどのくにを従え、**倭**(当時の日本)を治めていた。

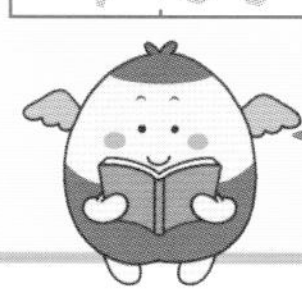

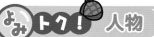

中国の「魏志」の倭人伝に記録があるよ。

「倭では、もとは男子が王であったが、くにぐにの間で争いが続いた。そこで、王たちが相談して、一人の女子を王にした。それが卑弥呼である。」(一部)

しゃかいか工場
中国の古い歴史の本「魏志」の倭人伝には邪馬台国への道順が書かれているよ。でも、この道順の読み方がまちまちで、九州地方か近畿地方か、どちらにあったかわからないんだ。

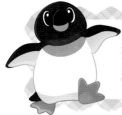

練習のワーク

できた数　／16問中

教科書 80～87ページ　答え 5ページ

1 右の絵は米づくりをしているむらの様子です。これを見て、次の問いに答えましょう。

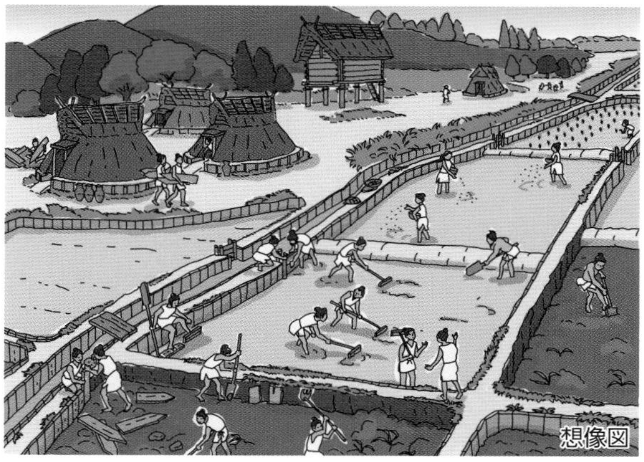
想像図

(1) 米づくりを伝えた人々は、どこから日本列島に来ましたか。２つ書きましょう。
(　　　　)(　　　　)

(2) 右の**絵**は、いつの季節の様子ですか。次から選びましょう。(　　)

㋐ 春から夏　㋑ 秋
㋒ 秋から冬　㋓ 冬

(3) **絵**の様子の説明として正しいものを、次から２つ選びましょう。(　　)(　　)

㋐ 田げたをはいて水田に入っている。　㋑ 鉄のくわやすきで田を耕している。
㋒ 石包丁を使って種もみをまいている。　㋓ 協力してさまざまな作業をしている。

(4) 次の文の□にあてはまる言葉を、漢字２字で書きましょう。(　　　　)

●人々は米を収穫すると、湿気を防ぐことができる□の倉庫に保存した。

(5) 米づくりが始まった時代につくられるようになった、うすくてかたい土器を何といいますか。
(　　　　)

2 次の問いに答えましょう。

(1) 米づくりが広まったあとの社会の変化を、次から２つ選びましょう。(　　)(　　)

㋐ 狩りや漁が行われなくなった。　㋑ 米づくりを命じる指導者が現れた。
㋒ むらに住む人の数が増えた。　㋓ 以前より食料がとれない期間が長くなった。

(2) むらで祭りを行うときに使われたと考えられている、右の**絵**の道具を何といいますか。(　　　　)

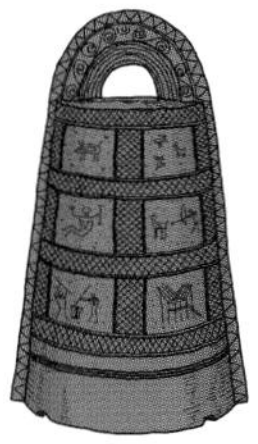

(3) 当時のむらの様子について、次の文の□①・②にあてはまる言葉をあとの□からそれぞれ選びましょう。
①(　　　　)
②(　　　　)

●土地や水をめぐるむらどうしの[①]が増えると、[②]で囲まれた集落がつくられた。

協力	交易	争い	海	ほりやさく	湿地

(4) 当時のむらのあとが見つかった、佐賀県にある遺跡を何といいますか。(　　　　)

(5) 次の文の{　}にあてはまる言葉に○を書きましょう。

●人々の間には身分の差が{ なくなり　広がり }、ほかのむらを支配してくにをつくった豪族は{ 首長　王 }とよばれるようになった。

(6) ３世紀ごろ、30ほどのくにを従えていた邪馬台国の女王を何といいますか。
(　　　　)

ポイント 米づくりが広まるとむらの争いが増え、くにができていった。

勉強した日　月　日

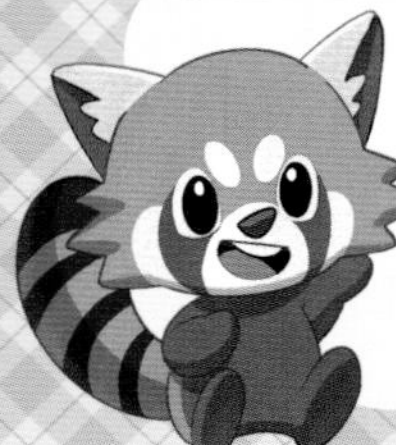

1　国づくりへの歩み③

基本のワーク

学習の目標
古墳の広がりと大和朝廷の支配との関係を調べよう。

教科書 88～93ページ　答え 6ページ

1 古墳をつくった人々

●大阪府堺市には、日本最大の①(　　　　　)である**大仙(仁徳陵)古墳**がある。

◆**古墳**は、その地域を支配していた②(　　　　　)の墓。

◆3世紀の終わりごろに近畿から瀬戸内海沿岸の地域でつくられ、各地に広がった。

◆鏡や剣、よろいなどの出土品や、古墳の周りにかざられた③(　　　　　)から当時の暮らしや社会の様子がわかる。

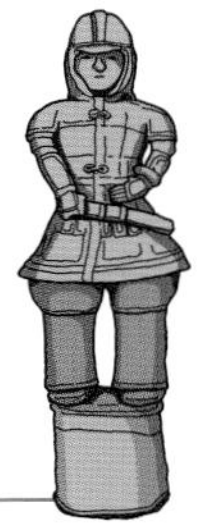

●古墳をつくるには多くの人々が④(　　　　　)い期間働かなければならない。➡豪族の**大きな権力と富**を示している。

●土木工事、金属加工などに、高度な技術をもつ⑤(　　　　　)が活躍した。

◆5世紀ごろから⑥(　　　　　)や朝鮮半島の国々から多くの人が移り住んだ。

◆新しい技術を日本に伝える。➡建築、鍛冶、絹織物など。

◆**漢字**や⑦(　　　　　)**教**などの文化を伝える。

2 古墳の広がりと大和朝廷

よみトク！ 地図

前方後円墳の分布と大規模な古墳の数

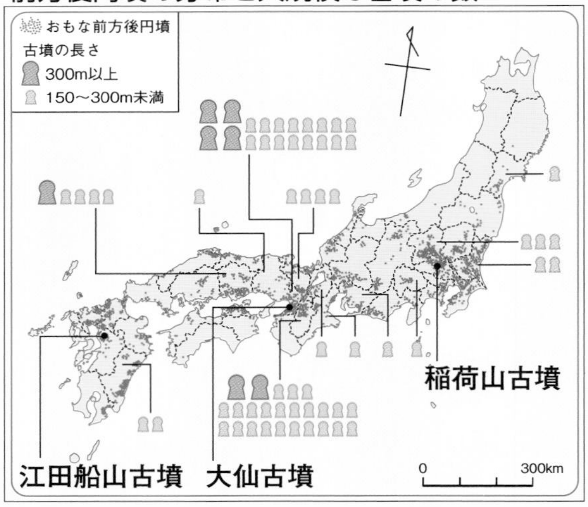

おもな前方後円墳
古墳の長さ
300m以上
150～300m未満
稲荷山古墳
江田船山古墳
大仙古墳
0
300km

●巨大な**前方後円墳**は⑧(　　　　　)(奈良県)や**河内**(大阪府)に多い。➡この地域の豪族が強い勢力をもっていたため。

●豪族たちは連合して、⑨(　　　　　)(**大和政権**)という政府をつくった。

◆中心となった人物は⑩(　　　　　)(後に**天皇**)とよばれた。

●5世紀には、**大和朝廷**は⑪(　　　　　)から関東までの豪族を従えた。

◆江田船山古墳(熊本県)から出土した鉄刀と稲荷山古墳(埼玉県)から出土した鉄剣に「ワカタケル大王」の文字がきざまれている。

●**渡来人**も記録をつけたり、外国への手紙を書くなど朝廷で重要な仕事をした。

●「**古事記**」と「⑫(　　　　　)」…8世紀の初めに、日本の成り立ちを示すためにつくられた歴史書。

古代中国の歴史書が示す日本

●**後漢書**…1世紀の中ごろに九州北部の支配者の一人が漢に使いを送り、皇帝から⑬(　　　　　)をあたえられたと記されている。

金印

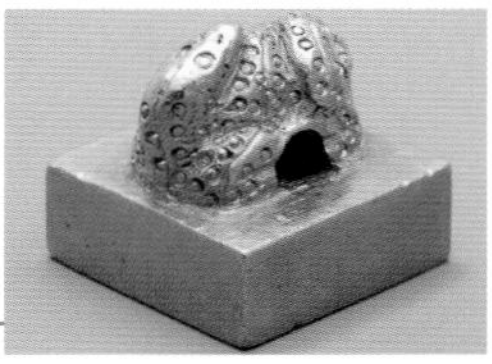

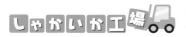

しゃかい工場
古墳は全国で16万基以上あるといわれているんだ。前方後円墳だけでなく、丸い形の円墳や四角い形の方墳などの種類があるよ。

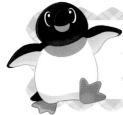

できた数　／15問中

練習のワーク

[教科書] 88〜93ページ　[答え] 6ページ

1 次の問いに答えましょう。

(1) 右の**資料1**の古墳は、日本最大の前方後円墳です。この古墳を何といいますか。（　　　）

(2) 日本で古墳がつくられ始めたのは、いつごろからですか。（　　　）世紀の終わりごろ

(3) 古墳の周りに置かれていたものを、次から選びましょう。（　　）

㋐ 剣　㋑ よろい　㋒ 鏡　㋓ はにわ

(4) 右の**資料2**は古墳づくりの様子を示したものです。古墳は、豪族の何を表していましたか。次から2つ選びましょう。（　　）（　　）

㋐ 名前　㋑ 宗教　㋒ 権力　㋓ 富

(5) 渡来人が伝えた次の技術のうち、古墳づくりに役立てられたものを2つ選びましょう。（　　）（　　）

㋐ 織物　㋑ 土木工事
㋒ 養蚕　㋓ 金属加工

(6) 渡来人によって伝えられた文字を何といいますか。（　　　）

資料1

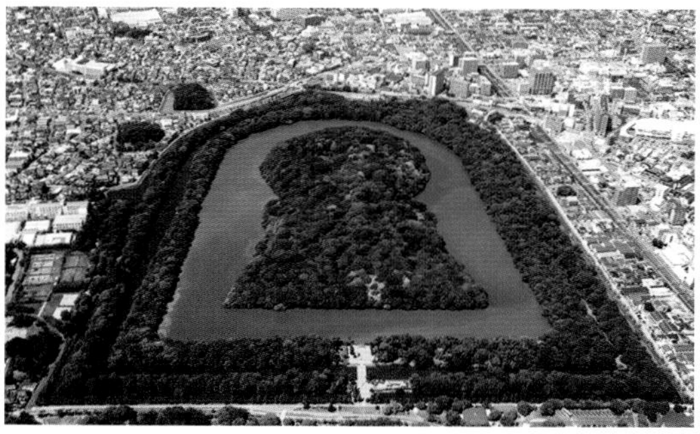

資料2

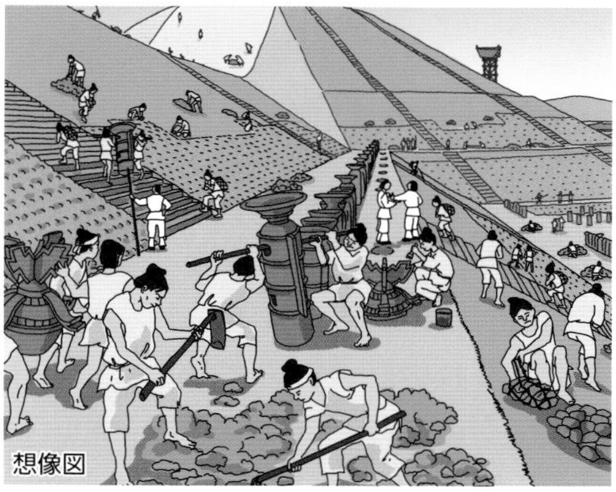

想像図

2 次の問いに答えましょう。

(1) 規模の大きい古墳が多くつくられた大和や河内は、どの府県にありますか。次の[　]からそれぞれ選びましょう。　大和（　　　）　河内（　　　）

宮城県　新潟県　大阪府　奈良県　鳥取県　鹿児島県

(2) 大和や河内の豪族たちによってつくられた政府を何といいますか。（　　　）

(3) 次の**資料**は、埼玉県と熊本県にある2つの古墳から出土した鉄刀と鉄剣に記されていた文字で、「□□」には(2)の中心人物を示す言葉が入ります。あてはまる言葉を書きましょう。（　　　）

「獲□□□鹵□□」
ワカタケル

「獲加多支鹵□□」
ワカタケル

(4) 5世紀に、(2)の政府は九州からどこまで支配しましたか。次から選びましょう。（　　）

㋐ 東北　㋑ 関東　㋒ 近畿　㋓ 四国

(5) 8世紀の初めに、日本の国の成り立ちを示すためにつくられた歴史書は、「日本書紀」ともう一つは何ですか。（　　　）

(6) 1世紀の中ごろに、九州北部の支配者が使いを送った中国の国の名前を書きましょう。（　　　）

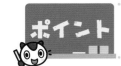

ポイント **大和朝廷は、5世紀には九州から関東まで支配を広げた。**

まとめのテスト

1 国づくりへの歩み

時間 20分

得点 /100点

教科書 68〜93ページ 答え 6ページ

1 大昔の暮らし　次の2枚の絵（想像図）を見て、あとの問いに答えましょう。　1つ4点〔48点〕

(1) 次のことがわかる大昔の暮らしの様子を、**絵**の中の㋐〜㋖からそれぞれ選びましょう。

① 食料は、狩りをしてとっていた。　　　　　　　　　　　　　　　　　（　　　　）

② 土器を使って、食べ物をにていた。　　　　　　　　　　　　　　　　（　　　　）

③ 高床の倉庫に食べ物をたくわえていた。　　　　　　　　　　　　　　（　　　　）

(2) 2枚の**絵**の両方で見られる、大昔の人々の家を何といいますか。　（　　　　　　　　）

(3) 右の**絵**の①〜③は、Ⓐ・Ⓑのどちら
の時代に使われましたか。それぞれ選
びましょう。

①（　　　　）
②（　　　　）
③（　　　　）

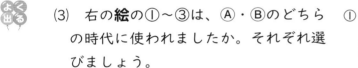

(4) 次の文の□①〜③にあてはまる言葉を、それぞれ書きましょう。

①（　　　　　　　）②（　　　　　　　）③（　　　　　　　）

●Ⓐの時代に、人々は　①　土器をつくり、木の実などを保存していた。

●Ⓑの時代には　②　土器がつくられ、豊作をいのる　③　が行われていた。

(5) 右の**図**は、人々の一年の食べ物を示したものです。
図の正しい説明を、次から選びましょう。　（　　　　）

㋐ 水田が広がったⒶの時代の様子を表している。

㋑ 指導者が現れたⒷの時代の様子を表している。

㋒ 大陸から青銅器が伝わる前の様子である。

㋓ 三内丸山遺跡で暮らしていた人々の様子である。

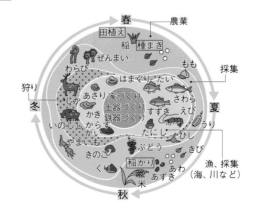

記述 (6) 右の**図**の生活が行われていたころ、むらの人口が増
えました。その理由を、「安定」の言葉を用いて書き
ましょう。

（　　　　　　　　　　　　　　　　　　　　　　　　　　　）

2 国づくりの歩み　次の資料を見て、あとの問いに答えましょう。

(3)完答、1つ4点〔32点〕

資料1

復元

資料2

資料3

大仙古墳

稲荷山古墳（いなりやま）

江田船山古墳（えたふなやま）

0　200km

(1) 佐賀県（さが）にある、**資料1**の弥生時代（やよい）の遺跡を何といいますか。（　　　　）

(2) **資料1**のように集落の周りをほりやさくで囲んだ目的を、次から選びましょう。（　　　）

　　⑦　洪水（こうずい）などの自然災害を防ぐため。　　　⑦　むらから人がにげないようにするため。

　　⑦　人が住む場所と農地を分けるため。　　　　⑦　敵の攻撃（こうげき）からむらを守るため。

(3) **資料1**の集落がつくられたころの次の⑦〜⑦のむらの変化はどのような関係にありますか。
右の**図**を完成させましょう。

　　⑦　王が支配する小さなくにがつくられる。

　　⑦　技術や富をもつ者ともたない者の差が生まれる。

　　⑦　土地や水をめぐるむらどうしの争いが起こる。

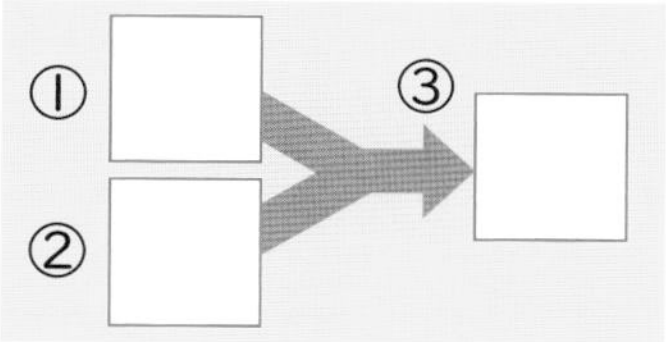

①　□　　③　□

②　□

(4) **資料2**の大仙（だいせん）（仁徳陵（にんとくりょう））古墳（こふん）のような形の古墳を何といいますか。（　　　　　）

(5) 古墳について、次の文の{　　}にあてはまる言葉に〇を書きましょう。

●古墳は豪族（ごうぞく）の{ 住居　墓 }であり、古墳の大きさは豪族の{ 年齢（ねんれい）　権力（けんりょく） }を表している。

(6) 大仙古墳は、大和朝廷（やまとちょうてい）の中心人物のものといわれています。大和朝廷の中心となった人物
は、当時、何とよばれましたか。（　　　　　）

(7) **資料3**は、5世紀に(6)となったワカタケルの名がきざまれた2本の刀剣（とうけん）が出土した古墳の
位置を示したものです。**資料3**から5世紀の大和朝廷の支配はどのようになっていたと考え
られますか。（　　　　　　　　　　　　　　）

3 大陸との関わり　次の文を読んで、あとの問いに答えましょう。

1つ4点〔20点〕

　日本は古くから中国（ちゅうごく）と交流し、1世紀半ばに九州（きゅうしゅう）北部の支配者が漢（かん）の皇帝（こうてい）から ⓐ をあ
たえられたことや、ⓑ239年にⓒ邪馬台国（やまたいこく）の女王が魏（ぎ）の皇帝に使いを送ったことが中国の
歴史書に記録されている。また、ⓓ中国や朝鮮（ちょうせん）半島から日本に移り住んだ人々は、日本に
とってⓔ大きな役割（やくわり）を果たした。

(1) ⓐ にあてはまる言葉を、漢字2字で書きましょう。　　　（　　　　　）

(2) ──線部ⓑは、何世紀にあたりますか。　　　　　　（　　　　世紀）

(3) ──線部ⓒについて、この女王を何といいますか。　　（　　　　　）

(4) ──線部ⓓの人々を何といいますか。　　　　　　　（　　　　　）

(5) ──線部ⓔについて、(4)の人々が果たした役割としてあてはまらないものを、次から選び
ましょう。　　　　　　　　　　　　　　　　　　　　　　　（　　　）

　　⑦　古墳をつくる土木工事の指導をした。　　　⑦　朝廷で記録をつける仕事をした。

　　⑦　日本の絹織物（きぬ）の技術を中国に伝えた。　　⑦　漢字を日本に伝えた。

勉強した日　　月　　日

2　大陸に学んだ国づくり①

学習の目標
聖徳太子が目ざした政治とその内容を調べよう

基本のワーク

教科書 94〜97ページ　答え 6ページ

1 大陸にわたった人々

●7世紀から9世紀にかけて、日本から中国（**唐**）へ①（　　　　　）とよばれる使節団が海をわたった。

◆大使の他に②（　　　　　）や**留学僧**など、多いときには600人をこえた。

◆当時は造船や③（　　　　　）の技術が発達しておらず、難破や漂流する船も多かった。

◆中国の進んだ④（　　　　　）のしくみや大陸の⑤（　　　　　）を学ぶ。➡法律や歴史の書物、⑥（　　　　　）**の経典**などを日本に持ち帰った。

◆894年、菅原道真の意見で派遣が停止された。

遣唐使の派遣

回数	出発年	船の数	
1	630		
2	653	2	1せきは遭難
3	654	2	
4	659	2	1せきは南の島に漂着
⋮			⋮
10	733	4	1せきは行方不明
11	746		中止
⋮			⋮
18	804	4	1せきは遭難
19	838	4	1せきは遭難
20	894		遣唐使が停止される

2 聖徳太子の理想

よみトク！人物

聖徳太子
(574 ~ 622)

●もとの名を厩戸王という。

●6世紀末に⑦（　　　　　）を助ける地位につく。

◆そのころ朝廷では豪族たちがたがいに争っていた。

●朝廷で大きな力をもつ豪族の⑧（　　　　　）**氏**とともに、**天皇中心の国づくり**を進めた。

奈良県の飛鳥地方で政治を行ったよ。

●**冠位十二階**…役人の位を12に分けて、⑨（　　　　　）の色で区別した。

◆家がらにとらわれずに、⑩（　　　　　）のある者を役人に取り立てようとした。

●⑪（　　　　　）…政治を行う役人の心構えを示した。

十七条の憲法（一部）

第一条　人の和を大切にしなさい。
第二条　仏の教えを厚く敬いなさい。
第三条　天皇の命令には、必ず従いなさい。

●当時、力が強かった中国（**隋**）に**小野妹子**らを⑫（　　　　　）として送った。

◆国交を開き、進んだ政治のしくみや文化を取り入れるため。

●国づくりのよりどころとして**仏教**を重んじる。

◆奈良県にある⑬（　　　　　）などの寺を建てた。

■大きな寺の建築や仏像をつくる技術は⑭（　　　　　）やその子孫から伝わった。

法隆寺の金堂や五重塔は現存する世界最古の木造建築とされるよ。

●聖徳太子の死後は**蘇我氏**の力がさらに強くなり、天皇をしのぐほどになった。

しゃかいか工場　小野妹子が持参した国書には「日がのぼる国の天子が、日がしずむ国の天子に手紙を送ります」と書かれていて、隋の皇帝が怒ったといわれているよ。

練習のワーク

勉強した日 〉　月　日

できた数

／16問中

1 次の問いに答えましょう。

(1) 右の**地図**は、７世紀から十数回にわたって中国に送られた日本の使節団の航路を示したものです。Ⓐにあてはまる国名を漢字１字で書きましょう。　（　　　　）

(2) 使節団に参加して、**地図**中のⒶの国に留学した人たちを、次から２つ選びましょう。　（　　）（　　）

　㋐ 学生　　㋑ 農民　　㋒ 僧　　㋓ 渡来人

(3) 日本が使節団を送った目的を、次から選びましょう。　（　　）

　㋐ 中国に日本の特産物を輸出するため。

　㋑ 中国の政治のしくみや大陸の文化を取り入れるため。

　㋒ 中国の皇帝に朝鮮半島の支配を認めてもらうため。

(4) 使節団の派遣は、７世紀から何世紀まで行われましたか。　（　　　　世紀）

2 次の問いに答えましょう。

(1) 聖徳太子が政治を始めたころの様子を、次から２つ選びましょう。　（　　）（　　）

　㋐ 天皇が豪族たちを強力に支配していた。　　㋑ 大和朝廷の大王が大仙古墳をつくった。

　㋒ 豪族たちがたがいに争っていた。　　㋓ 蘇我氏が強い力をもっていた。

(2) 聖徳太子が定めた、冠の色で役人の位を分ける制度を何といいますか。（　　　　　）

(3) (2)について、次の文の{　　}にあてはまる言葉に〇を書きましょう。

　●この制度では、役人となる人の{ 家がら　能力 }が重視された。

(4) 次の①〜③は、十七条の憲法の一部です。□にあてはまる言葉を、右の□からそれぞれ選びましょう。　①（　　　　）②（　　　　）③（　　　　）

　① 人の□を大切にしなさい。

　② □の教えを厚く敬いなさい。

　③ 天皇の□には必ず従いなさい。

| 命令 | 仏 | 裁判 |
| 法律 | 和 | 朝廷 |

(5) 中国との国交を開くために、遣隋使として聖徳太子が派遣した人物はだれですか。

　（　　　　　　　　）

(6) 右の**写真**は、聖徳太子が建てた寺の現在の様子です。この寺を何といいますか。　（　　　　　）

(7) 聖徳太子の政治についてあてはまるものを、次から２つ選びましょう。　（　　）（　　）

　㋐ 仏教を重んじた。

　㋑ 古くからの伝統やしきたりを最も重んじた。

　㋒ 天皇中心の国づくりを目ざした。

　㋓ 巨大な古墳をつくり、大きな権力と富を示そうとした。

ポイント　聖徳太子は天皇を中心とする国づくりを目ざした。

35

勉強した日 月 日

2 大陸に学んだ国づくり②

基本のワーク

学習の目標
日本が大陸との交流から受けた影響について調べよう。

教科書 98～103ページ　答え 7ページ

1 大化の改新と新しい政治のしくみ

●**大化の改新**…645年、①(　　　　)(後の天智天皇）と②(　　　　)(後の藤原鎌足）が、蘇我氏をたおして進めた政治の改革。

●すべての土地と人民を③(　　　　)が治める政治のしくみや、農民が納める税のしくみが整えられていった。

木簡

●８世紀初め、中国（**唐**）にならい④(　　　　)とよばれる法律がつくられた。

●天皇を中心に、天皇の一族や有力豪族などの⑤(　　　　)が政治を行った。

●農民は、**律令**で定められた税や労役などを負担した。

木簡から、都に運ばれたものがわかるよ。

◆**租**…収穫した⑥(　　　　)の約３％を納める。

◆⑦(　　　　)…地方の特産物を納める。

◆**庸**…都で働くか、布を納める。

◆土木工事をする**雑徭**や都や⑧(　　　　)を警備する**兵役**もあった。

■都に運ばれる品物には⑨(　　　　)が付けられていた。

●710年、唐の都にならってつくられた⑩(　　　　)(奈良県)に都が移された。

2 聖武天皇と大仏づくり／海をこえた人やもの

●平城京には役所や寺院、貴族の屋しきが建ち、にぎわった。一方で農民の負担は大きかった。

◆８世紀につくられた「万葉集」に、当時の暮らしをよんだ防人のうたが収められた。

●８世紀の中ごろ、伝染病やききんが広がる。地方では貴族の反乱が起こり、世の中が混乱。

よみトク！ 人物

聖武天皇

(701 ～ 756)

●仏教の力で人々の不安をしずめ、国を守ろうとした。

●全国に**国分寺**を建て、都には国分寺の中心となる**東大寺**を建てて、⑪(　　　　)をつくることを決めた。

➡全国から大量の物資と作業にあたる大勢の農民を集めた。

●仏教の教えを広めながら、ため池や道路、橋などをつくり、人々からしたわれていた⑫(　　　　)に協力をよびかけた。

東大寺の大仏

●８世紀、朝廷の願いに応じて⑬(　　　　)が唐から日本にわたった。

鑑真

◆６度めの航海でようやく日本にたどり着き、奈良に⑭(　　　　)を開いて仏教の発展に貢献した。

●当時、中国はヨーロッパにつながる交易路を通して広い地域と交流していた。

●日本は中国から、遣唐使などを通して、政治のしくみや**大陸の文化**を取り入れており、東大寺の⑮(　　　　)の宝物にも影響が見られる。

しゃかいか工場　日本で使われている年号（元号）で最初に定められたのが「大化」だよ。現在の「令和」は、このときから数えて248個めになるんだ。

練習のワーク

教科書 98〜103ページ　答え 7ページ

できた数　／16問中

1 次の問いに答えましょう。

(1) 中大兄皇子と中臣鎌足が、蘇我氏をたおして始めた政治の改革を何といいますか。
（　　　　）

(2) 次の文の｛　｝にあてはまる言葉に○を書きましょう。
●(1)の改革のあと、天皇が｛ すべて　貴族 ｝の土地と人民を治める政治のしくみが整えられていった。

(3) ８世紀初めに定められた律令は、どこの国にならってつくられましたか。漢字１字で書きましょう。（　　　　）

(4) 右の表は、律令で定められた農民の負担の内容を示したものです。①〜③にあてはまるものを、次からそれぞれ選びましょう。①（　）②（　）③（　）
㋐ 調　㋑ 庸　㋒ 租

①	収穫した稲の約３％を納める。
②	地方の特産物を納める。
③	都で働くか、布を納める。
兵役	都や九州などの警備をする。
雑徭	土木工事をする。

(5) 710年につくられた平城京は、現在のどこの県につくられましたか。（　　　　県）

2 次の問いに答えましょう。

(1) 右の資料の命令を出して、都に大仏をつくらせたのはだれですか。（　　　　）

743年に出された命令（一部）

仏教をますますさかんにし、人々を救うために、大仏をつくる決心をした。国じゅうの銅を使って大仏をつくり、大きな山をくずして大仏殿を建てる。そうすることで、人々とともに、仏のめぐみを受けたいと思う。

(2) 全国の国分寺の中心として都につくられ、大仏が置かれたのは何という寺ですか。（　　　　）

(3) 大仏をつくった目的を、次から選びましょう。（　）
㋐ 朝廷の力の大きさを全国の人々に知らせるため。
㋑ 仏教以外の宗教を禁止するため。
㋒ 仏教の力を借りて国を安定させるため。

(4) 次の①・②の人物にあてはまることがらを、あとから２つずつ選びましょう。
① 鑑真（　）（　）　② 行基（　）（　）
㋐ 朝廷の願いに応じて来日した。
㋑ 仏教を広めながらため池や道路などをつくった。
㋒ 大仏づくりに協力した。
㋓ 唐招提寺を開いて仏教の正しい教えを広めた。

(5) 防人のうたなども収められている、８世紀につくられた歌集を何といいますか。
（　　　　）

(6) 右の写真の２つの品物を見て、次の文の□にあてはまる言葉を□から選びましょう。（　　　　）
●正倉院には□の影響を受けた品物も収められた。

渡来人の技術　大陸の文化　中国の法律

ポイント 日本は中国の政治のしくみや大陸の文化を取り入れていた。

勉強した日　月　日

2　大陸に学んだ国づくり③

学習の目標
貴族の暮らしとその中から生まれた文化の特色を調べよう。

基本のワーク

教科書 104～109ページ　答え 7ページ

1 藤原道長と貴族の暮らし

●８世紀末に都が京都に移され、794年に①(　　　　　)がつくられた。

●都では有力な貴族が勢力を争い、その中で中臣鎌足の子孫の②(　　　　　)氏が力をのばした。

よみトク！ 人物

藤原道長
(966 ～ 1027)

●11世紀の初めごろに大きな権力をもち、天皇に代わって政治を動かした。

●むすめを天皇の③(　　　　　)にして、天皇とのつながりを強め、力をのばしていった。

◆「この世は自分のもので、満月のように何も欠けているものはない」という意味のうたをよんだ。

自分のむすめが天皇のきさきになったときによんだうただよ。

道長がよんだ和歌

この世をば
わが世とぞ思う
もち月の
欠けたることも
なしと思えば

●都の貴族たちは、朝廷の役所へ出かけて仕事をした。

●都では④(　　　　　)とよばれる広い屋しきに住んでいた。

●囲碁やけまりを楽しんだり、⑤(　　　　　)をよんだりした。

◆「古今和歌集」などの歌集も数多くつくられた。

●季節ごとにさまざまな⑥(　　　　　)や儀式を行っていた。

七草がゆや七夕は、平安時代から続く行事なんだね。

2 日本独自の文化が生まれる

⑦(　　　　　)**文化**…大陸の影響に学びながら、日本の風土や生活に合った文化。

●⑧(　　　　　)の屋しきの中は、日本の風景などをえがいたあざやかな⑨(　　　　　)でかざられた。

●漢字をもとにした**かな文字**がつくられた。

◆漢字をくずした⑩(　　　　　)と漢字の一部をとった⑪(　　　　　)がつくられた。

◆日本古来の言葉や日本人の感情の表現がより自由になった。

◆朝廷に仕え、豊かな教養や文章の才能をもつ女性たちがかな文字で書いた文学作品が生まれた。

■⑫(　　　　　)…「**源氏物語**」

■**清少納言**…「⑬(　　　　　)」

●貴族の女性は、着物を何枚も重ねた⑭(　　　　　)が正装。男性は儀式の際に頭に冠を付け、手に笏を持った。

ひらがなとかたかな

安	以	宇	衣	於
↓	↓	↓	↓	↓
あ	い	う	え	お
↓	↓	↓	↓	↓
あ	い	う	え	お
阿	伊	宇	江	於
↓	↓	↓	↓	↓
ア	イ	ウ	エ	オ

しゃかいか工場
紫式部は藤原道長のむすめ・彰子に仕え、清少納言は道長の兄のむすめ・定子に仕えていたんだ。彰子と定子はいとこどうしだけれど、同じ一条天皇のきさきだったよ。

練習のワーク

教科書 104～109ページ　答え 7ページ

できた数　／14問中

1 次の問いに答えましょう。

(1) 平安京は、現在のどの都道府県につくられましたか。（　　）

(2) 平安京がつくられたのは、西暦何年ですか。（　　年）

(3) 藤原氏の先祖である、大化の改新で活躍した人物はだれですか。（　　）

(4) 11世紀初めに天皇に代わって政治を動かすほどの力をもち、自分の気持ちを満月にたとえたうたをよんだのはだれですか。（　　）

(5) 右の絵は寝殿造の屋しきの様子です。ここに暮らしていた人の身分を、次から選びましょう。（　　）

㋐ 僧　㋑ 貴族　㋒ 兵士　㋓ 農民

(6) この時代に、すぐれた和歌を集めてつくられた歌集を、次から選びましょう。（　　）

㋐ 古事記　㋑ 万葉集

㋒ 古今和歌集　㋓ 日本書紀

(7) 右の絵で◯の人々が楽しんでいる遊びを、次から選びましょう。（　　）

㋐ 舟遊び　㋑ 和歌　㋒ 囲碁　㋓ けまり

想像図

2 次の問いに答えましょう。

(1) 右の資料は、紫式部が書いた物語の一場面をえがいた大和絵です。この物語を何といいますか。（　　）

(2) 紫式部と同じころに、「枕草子」という文学作品を書いたのはだれですか。（　　）

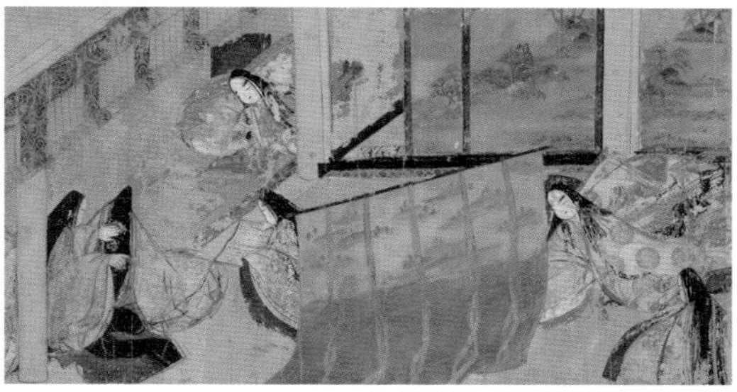

(3) 右上の資料からわかることを、次から2つ選びましょう。（　　）（　　）

㋐ 都の貴族の服装。　㋑ 都の農民の服装。

㋒ 平安時代の屋しきの様子。　㋓ 平安時代の食事の様子。

(4) 次の①・②は、何という文字がつくられた様子ですか。それぞれ書きましょう。

①（　　）②（　　）

① 阿 → ア

② 安 → あ → あ

(5) 平安時代の文化について、次の文の{　}にあてはまる言葉に◯を書きましょう。

● 風土や貴族の生活に合った、{ 日本　中国 }ふうの文化が発展した。

ポイント 平安京では、日本の風土や生活に合った国風文化が生まれた。

まとめのテスト

2　大陸に学んだ国づくり

時間20分

得点　/100点

教科書 94〜109ページ　答え 7ページ

1 日本の国づくり　**次の人物カードを見て、あとの問いに答えましょう。**　1つ3点〔42点〕

[あ]
蘇我氏とともにⒶ政治改革を行った。その政治の理想はⒷ中大兄皇子らに引きつがれた。

[い]
仏教を厚く信仰し、全国に国分寺を建てるとともにⒸ都に東大寺とⒹ大仏をつくらせた。

[う]
11世紀の初めに政治の実権をにぎり、天皇に代わりⒺ思いのままに政治を動かした。

(1) **カード**の□[あ]〜[う]にあてはまる人物名を、それぞれ書きましょう。
[あ]（　　）[い]（　　）[う]（　　）

(2) ——線部Ⓐについて、次の問いに答えましょう。

よく出る

① 右の**資料**のきまりを何といいますか。（　　）

> 第一条　人の和を大切にしなさい。
> 第二条　仏の教えを厚く敬いなさい。
> 第三条　天皇の命令には、必ず従いなさい。
>
> （一部）

② **資料**のきまりは、だれに対して出されたものですか。次から選びましょう。（　　）
㋐ 天皇　㋑ 僧　㋒ 役人　㋓ 農民

③ 改革の中でつくられた冠位十二階の目的を、次から選びましょう。（　　）
㋐ 仏教を広め、仏教を重んじた政治を行う。
㋑ 身分を重視して、役人の地位を決める。
㋒ 豪族の勢力に順位をつけて、たがいに競わせる。
㋓ 家がらに関係なく、有能な者を役人に取り立てる。

(3) ——線部Ⓑについて、次の文の□①・②にあてはまる言葉をそれぞれ書きましょう。
①（　　）②（　　）

●中大兄皇子は、蘇我氏をたおして[①]とよばれる改革を始め、[②]を中心とする国づくりを進めた。

(4) ——線部Ⓒについて、奈良につくられたこの都を何といいますか。（　　）

(5) ——線部Ⓓについて正しいものを、次から2つ選びましょう。（　　）（　　）
㋐ 世の中が安定しているときに行われた。
㋑ 僧の行基に協力をよびかけた。
㋒ 大量の材料が全国から集められた。
㋓ すべての作業を渡来人が行った。

記述

(6) ——線部Ⓔについて、[う]の人物は、どのようにして力をのばしましたか。「天皇」の言葉を用いて簡単に書きましょう。
（　　）

(7) 次の文にあてはまる人物を、右の□から選びましょう。（　　）

●国書を持って隋にわたり、隋の皇帝に国交を開くことを求めた。

> 菅原道真
> 鑑真
> 小野妹子

(8) (7)の人物と関係が深いのは、上の[あ]〜[う]のだれですか。（　　）

2 奈良時代の人々の暮らし 次の問いに答えましょう。 1つ3点〔18点〕

(1) 奈良時代の農民が負担した次の①～③の内容を、あとからそれぞれ選びましょう。

① 租（　　　）　② 調（　　　）　③ 庸（　　　）

㋐ 都で働くか、布を納める。

㋑ 収穫した稲の約3％を納める。

㋒ 地方の特産物を納める。

(2) 都に運ぶ特産物などに付けられていた木の札を何といいますか。（　　　　　）

(3) 右の**資料**の防人は、どこの防衛にあたった兵士ですか。次から選びましょう。（　　　）

㋐ 都　㋑ 北海道　㋒ 東北　㋓ 九州

> 防人のうた
> 着物のすそに取り付いて泣く子をおいてきてしまった。母もいないのに、今ごろどうしているだろうか。

(4) 奈良時代の農民の暮らしの様子としてあてはまるものを、次から選びましょう。（　　　）

㋐ 特産物を納めること以外の負担は軽かった。

㋑ 都から運ばれた産物をさかんに取り引きしていた。

㋒ 負担の重さにたえられず、他の土地へにげ出す人がいた。

3 飛鳥～平安時代の文化 次のカードを見て、あとの問いに答えましょう。 (4)完答、1つ5点〔40点〕

Ⓐ 貴族は広い屋しきに住み、庭でけまりなどをして楽しんだ。

Ⓑ 正倉院には、[①]が中国から持ち帰った品物が収められている。

Ⓒ 朝廷には教養のある女性が集まり、紫式部は②「源氏物語」を書いた。

Ⓓ 渡来人やその子孫がもつ技術を生かして、大きな寺がつくられた。

(1) **カード**Ⓐ～Ⓓの[ ]には、写真や絵の資料が入ります。あてはまるものを、次からそれぞれ選びましょう。 Ⓐ（　　　）Ⓑ（　　　）Ⓒ（　　　）Ⓓ（　　　）

㋐

㋑

㋒

㋓

想像図

(2) [①]にあてはまる使節団の名前を書きましょう。（　　　　　）

(3) ――線部②などに用いられた、漢字を変形させたり、一部をとったりしてつくられた文字を何といいますか。（　　　　　）

(4) 都が平安京に置かれたころの文化を表す**カード**を、すべて選びましょう。（　　　　　）

(5) (4)で選んだ**カード**を見て、この時代の文化の特徴を、「風土や生活」の言葉を用いて簡単に書きましょう。

（　　　　　　　　　　　　　　　　　　　　）

勉強した日　月　日

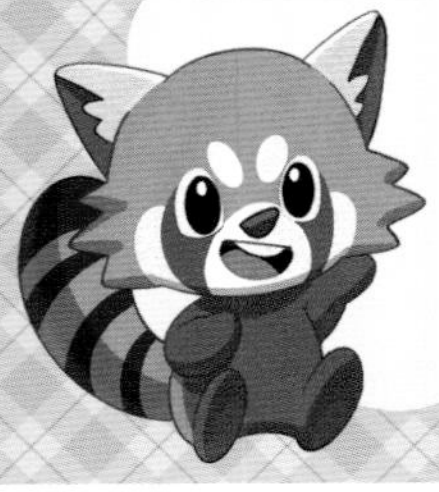

3　武士の政治が始まる①

基本のワーク

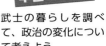

学習の目標
武士の暮らしを調べて、政治の変化について考えよう。

教科書 110〜113ページ　答え 8ページ

1 武士が現れる

武士の館

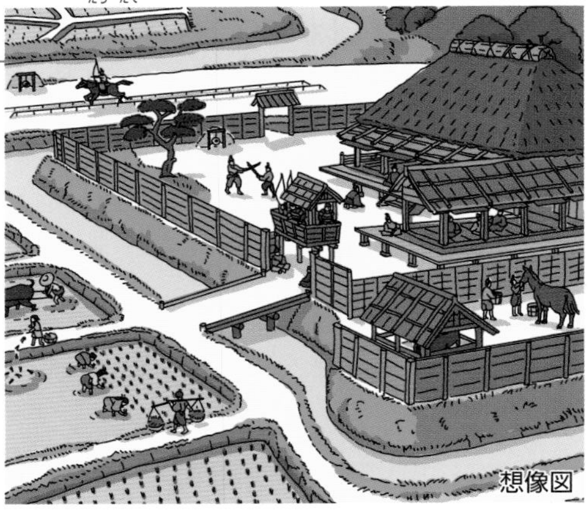
想像図

●①(　　　　)…平安時代の中ごろ、都から派遣された役人やそのもとで税を集めるなどしていた人々が武力を背景に領地を広げた。

●自分の領地に②(　　　　)をつくり、周りを③(　　　　)やへいで囲んだ。

戦いに備えていたんだね。

●領地でつくられた米などを納めさせた。

●馬を飼い、④(　　　　)にはげんだ。

●天皇や貴族の安全を守ったり、⑤(　　　　)の警護をしたりする武士もいた。

2 源氏と平氏が戦う

●武士たちは朝廷や貴族の勢力争いに関わって力をのばした。源氏と⑥(　　　　)が特に大きな力をもった。

➡都で起こった平治の乱で勝利した平氏が、貴族をおさえて政治の実権をにぎった。

よみトク！人物

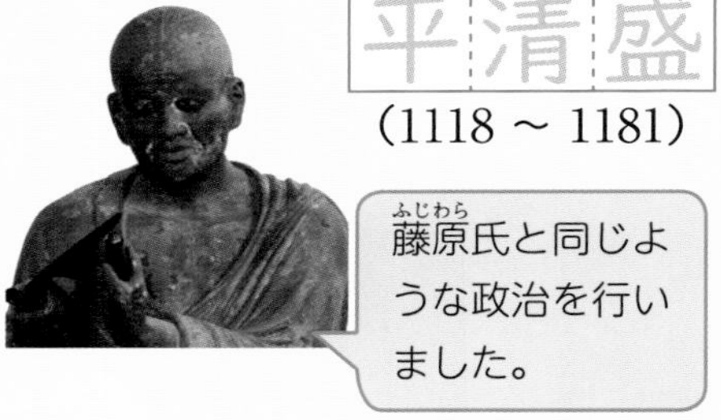
藤原氏と同じような政治を行いました。

平清盛
(1118 ~ 1181)

●平氏の中心となり、一族で朝廷の重要な地位をおさえ、勢力をふるった。

●武士で初めて⑦(　　　　)になり、むすめを天皇のきさきにした。➡不満をもつ貴族や武士が増える。

●瀬戸内海の航路や摂津（兵庫県）の港を整え、中国(⑧(　　　　))との貿易をさかんにした。

●⑨(　　　　)(広島県)を厚く敬った。

厳島神社
航海の守り神として敬われる神社。世界遺産に登録されている。

●平治の乱に敗れ伊豆（静岡県）に流されていた⑩(　　　　)が、⑪(　　　　)の有力な武士たちを味方につけて平氏と戦いを始めた。

よみトク！人物

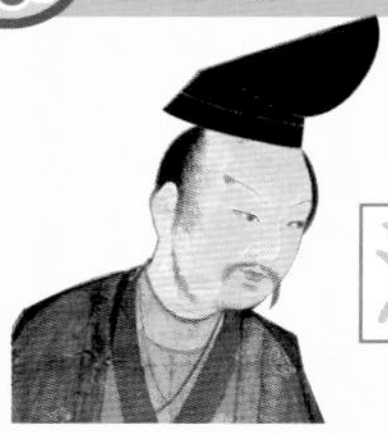

源義経
(1159 ~ 1189)

●源頼朝の弟。

●平氏との戦いで活躍し、⑫(　　　　)(現在の関門海峡)の戦いで平氏をほろぼした。

●後に頼朝と対立して追われ、東北の⑬(　　　　)(岩手県)でなくなった。

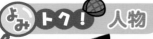

しゃかい工場
源氏と平氏の戦いを臨場感たっぷりにえがいた「平家物語」は、軍記物語の最高傑作とされているよ。琵琶法師が各地を回って、人々に語り聞かせたんだって。

練習のワーク

1 武士について、次の問いに答えましょう。

(1) 武士の暮らしや武士の館（やかた）の様子として正しいものを、次から３つ選びましょう。　　（　　）（　　）（　　）

⑦ 武器の手入れをしたり、馬の世話をしたりしていた。

⑦ 役所に行かないときは、けまりをして遊んでいた。

⑦ 館は農村につくられることも多かった。

⑨ 庭には池があり、舟（ふね）を浮かべて和歌をよむ会が開かれた。

⑦ 移動に使うための、牛が引く乗り物（牛車（ぎっしゃ））が置かれていた。

⑦ 館の周りはほりやへいで囲まれ、出入り口には見張りの番をする人がいた。

(2) 次の文の{　}にあてはまる言葉に〇を書きましょう。

●武士は{ 防人（さきもり）　戦い }に備えて武芸にはげみ、{ 領地　仏教 }を守ろうとした。

2 次の問いに答えましょう。

(1) 武士の中で特に力をのばした一族は、平氏（へいし）ともう一つは何ですか。　（　　　　　　　　）

(2) 武士で初めて太政大臣（だいじょうだいじん）になった平氏の中心人物はだれですか。　（　　　　　　　　）

(3) (2)の人物が貿易を行った国を、次から選びましょう。　　　　　（　　）

⑦ 漢（かん）　⑦ 隋（ずい）　⑦ 唐（とう）　⑨ 宋（そう）

(4) 平氏一族が敬（うやま）っていた右の**写真**の神社は、現在の何県にありますか。　　（　　　　　　県）

厳島神社（いつくしまじんじゃ）

(5) 平氏の政治に不満をもつ者が増えた理由について、次の□①・②にあてはまる言葉を、あとの□□□から選びましょう。　①（　　　　　　）②（　　　　　　）

●朝廷（ちょうてい）の重要な地位を独占（どくせん）し、むすめを□①□のきさきにするなど、□②□をおさえて政治の実権（じっけん）をにぎったから。

> 大王（おおきみ）　貴族（きぞく）　役人　天皇（てんのう）

(6) 右の**地図**を見て、次の問いに答えましょう。

① 源氏（げんじ）が勢力をもっていた地域（ちいき）を、次から選びましょう。　　（　　）

⑦ 東北（とうほく）　⑦ 関東（かんとう）　⑦ 四国（しこく）　⑨ 九州（きゅうしゅう）

② 源 頼朝（みなもとのよりとも）が平氏をたおそうとした戦いは、何という戦いから始まりましたか。（　　　　　　）

③ 源氏と平氏の最後の戦いが行われた場所はどこですか。　　（　　　　　　）

(7) 平氏をほろぼしたあと、兄の頼朝と対立して平泉（ひらいずみ）でなくなったのはだれですか。（　　　　　　）

源氏と平氏が戦った場所

平泉
倶利伽羅峠（くりからとうげ）の戦い
壇ノ浦（だんのうら）の戦い
京都
木曽（きそ）
鎌倉
大宰府（だざいふ）
石橋山（いしばしやま）の戦い
富士川（ふじかわ）の戦い
一ノ谷（いちのたに）の戦い
屋島（やしま）の戦い

1183年ごろの勢力範囲（はんい）
源氏　　←源氏の進路
平氏
0　　100km

ポイント 平氏の政治に不満が高まり、源氏が平氏をほろぼした。

勉強した日 月 日

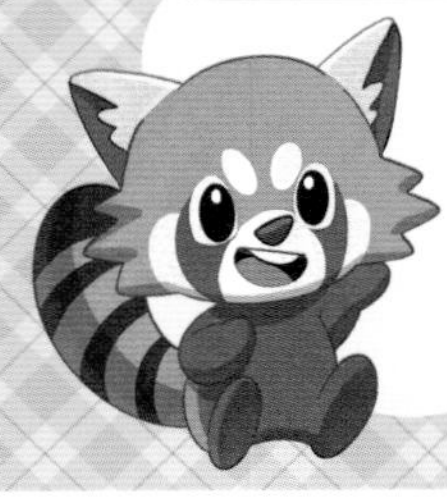

3 武士の政治が始まる②

基本のワーク

学習の目標

鎌倉幕府と御家人の結びつきについて調べよう。

教科書 114～119ページ　答え 8ページ

1 幕府を開いた源頼朝

よみトク！ 人物

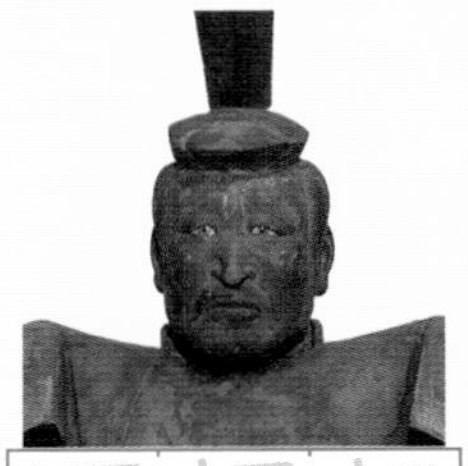

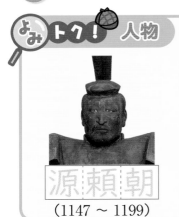

源頼朝

(1147 ～ 1199)

- 平氏に勝ち、多くの武士を①(　　　　　)として従えた。
- **御家人**を**守護**や②(　　　　　)に任命して全国に配置し、武士による政治の体制を整えていった。
  - ◆③(　　　　　)…軍事や警察の仕事をして、戦いのときには武士団を率いた。
  - ◆**地頭**…村で、年貢の取り立てや犯罪の取りしまりを行った。
- 1192年に武士のかしらである④(　　　　　)に任命された。
  - ◆頼朝が**鎌倉**に開いた政府を⑤(　　　　　)という。

- 幕府は御家人の領地の支配を認め、手がらを立てたときは新しい領地をあたえた。➡「⑥(　　　　　)」
- 御家人は、戦いのときは家来を率いて「いざ鎌倉」とかけつけて、将軍のために戦った。➡「⑦(　　　　　)」
  - ◆「**ご恩と奉公**」という⑧(　　　　　)を仲立ちとした関係で結ばれていた。

ご恩と奉公の関係

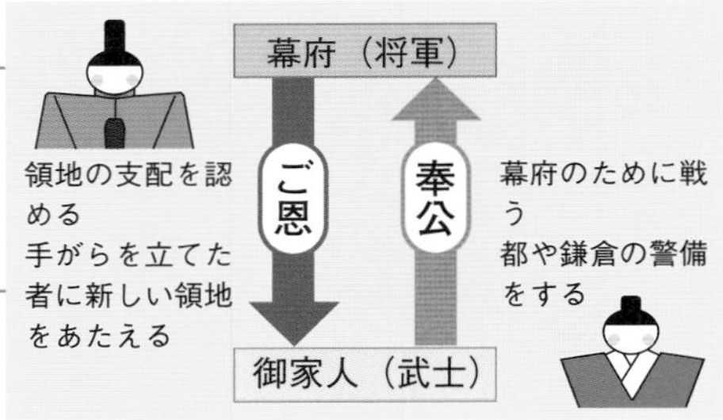
幕府（将軍）
ご恩
奉公
領地の支配を認める
手がらを立てた者に新しい領地をあたえる
幕府のために戦う
都や鎌倉の警備をする
御家人（武士）

- 源氏の将軍は３代でとだえ、政治は⑨(　　　　　)の役職についた**北条氏**が中心となって進めた。➡武士の法律や制度も整えられた。
- 朝廷が幕府をたおそうと兵を挙げる。➡頼朝の妻の**北条政子**が、頼朝のご恩をうったえて御家人を団結させ、朝廷の軍を破った。

2 元との戦い

- ユーラシア大陸では、チンギス・ハンが統一した⑩(　　　　　)が大帝国を築いていた。
- 13世紀、中国を支配したモンゴル人は国号を⑪(　　　　　)と定め、朝鮮半島の高麗を従える。日本も従えようとして、２度にわたって九州北部にせめてきた。
- **執権**の⑫(　　　　　)は、九州に御家人を集めて元軍と戦った。
- 御家人たちは、元軍の⑬(　　　　　)戦法や新兵器に苦しんだ。
- 幕府は元の攻撃に備え、⑭(　　　　　)湾に防塁を築いた。

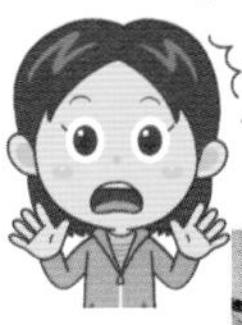
元軍は「てつはう」という火薬を用いた兵器を使ったよ。

元軍との戦い

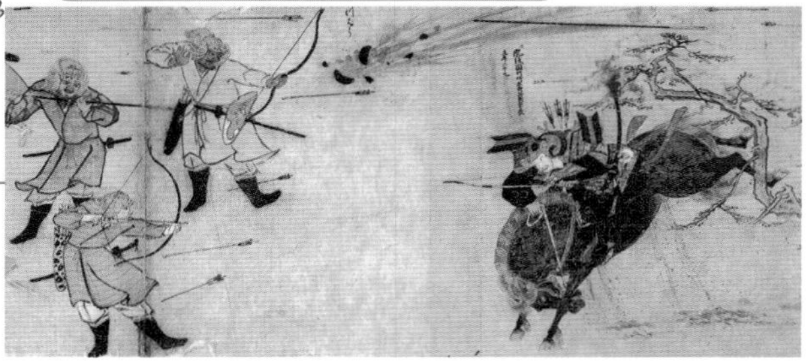

- 元軍は暴風雨などの被害を受けて引き上げたが、御家人は⑮(　　　　　)の土地をもらえず、幕府に不満をもった。➡幕府と御家人との関係がくずれ、幕府の力はおとろえていった。

しゃかいか工場

「泣く子と地頭には勝てない」ということわざには、「地頭の厳しい取り立てにはどうしようもない」という、農民の気持ちが表れているよ。

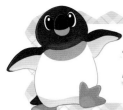

練習のワーク

できた数　／15問中

教科書　114〜119ページ　　答え　8ページ

1 次の問いに答えましょう。

(1) 1192年に征夷大将軍に任命されたのはだれですか。（　　　）

(2) (1)の人物が幕府を開いた場所はどこですか。（　　　）

(3) 御家人が任命された、年貢の取り立てを行う役職を何といいますか。（　　　）

(4) 右の図は、幕府と御家人の関係を示したものです。次の①・②の内容は、図のⒶ・Ⓑのどちらにあてはまりますか。

①（　　）　②（　　）

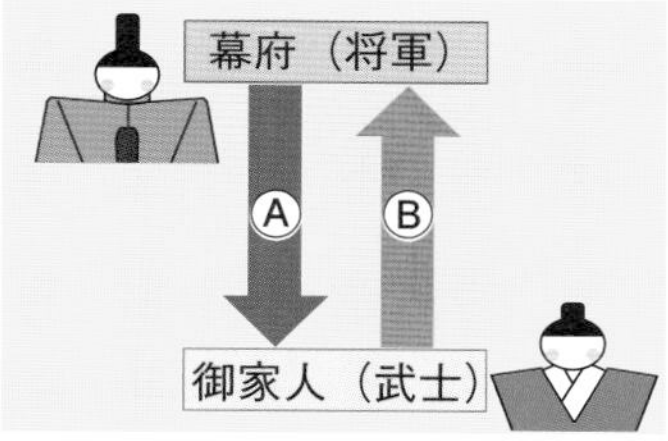

① 戦いが起きたら、家来を率いて命がけで戦う。

② 領地の支配を認め、手がらがあれば新しい領地をあたえる。

(5) 土地を仲立ちとして結ばれていた、図の関係を何といいますか。（　　　）

(6) 幕府で執権の役職について政治を行った一族を、次から選びましょう。（　　）

㋐ 藤原氏　㋑ 北条氏　㋒ 源氏　㋓ 蘇我氏

(7) 次の文は、朝廷が幕府をたおそうと兵をあげたときに、ある人物が御家人たちにうったえた言葉です。この人物はだれですか。（　　　）

> 今はなき頼朝どのが平氏をほろぼして幕府を開いてから、あなたたちにあたえたご恩は山よりも高く、海よりも深いものである。その恩にむくいようと思う者は、力を合わせて敵軍をうち、幕府を守りましょう。

2 次の問いに答えましょう。

(1) 13世紀に、モンゴル人が中国につくった国を何といいますか。（　　　）

(2) (1)の国が従えた朝鮮半島の国を何といいますか。（　　　）

(3) 元軍がせめてきたとき、北条時宗は何という役職についていましたか。（　　　）

(4) 元軍が使った「てつはう」とは、何を爆発させる新兵器ですか。（　　　）

(5) 元軍の攻撃を防ぐために、幕府が博多湾につくらせた**資料1**の石垣を何といいますか。（　　　）

資料1

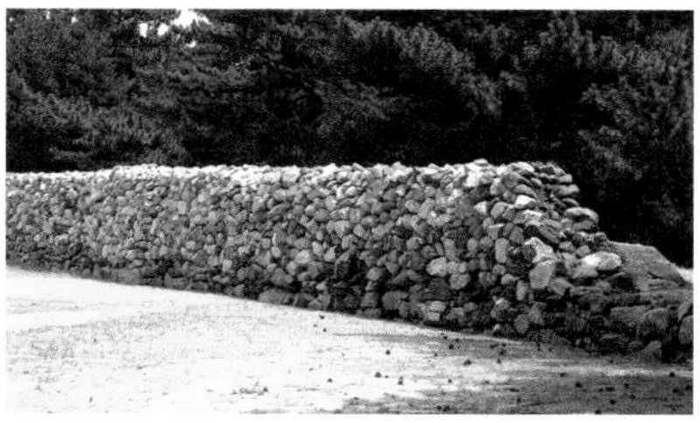

(6) **資料2**は、元との戦いのあとに御家人の竹崎季長が自分の手がらを幕府の役人にうったえている様子です。竹崎季長の目的を、次から選びましょう。（　　）

㋐ もう一度戦いに出るため。

㋑ 都での仕事につくため。

㋒ ほうびの土地をもらうため。

資料2

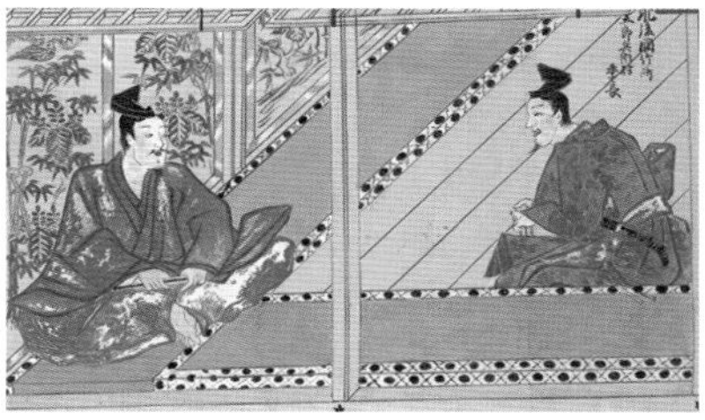

(7) 次の文の｛　　｝にあてはまる言葉に○を書きましょう。

●元との戦いのあと、幕府と御家人の関係は｛ 強くなった　くずれた ｝。

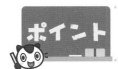

ポイント　幕府と御家人はご恩と奉公の関係で結ばれていた。

勉強した日　　月　　日

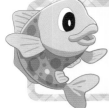

まとめのテスト

3　武士の政治が始まる

時間 20分

得点　　/100点

教科書 110〜119ページ　答え 8ページ

1 源氏と平氏の戦い　次の問いに答えましょう。　1つ4点〔48点〕

資料1　平治の乱

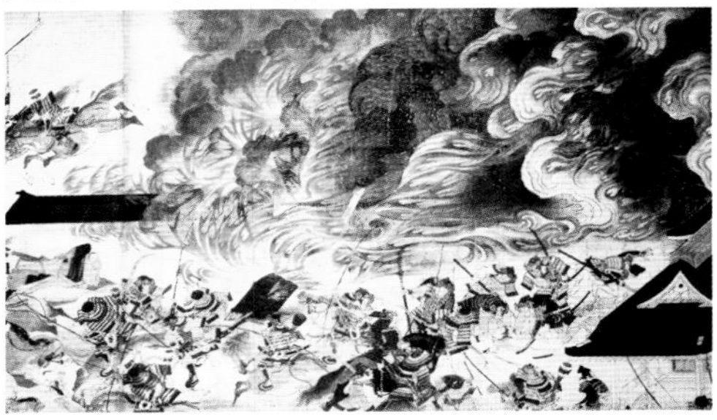

(1)　武士たちが戦った**資料1**の戦いが起きた場所を、次から選びましょう。（　　）

㋐　九州　　㋑　四国　　㋒　都　　㋓　関東

(2)　次の文の{　　}にあてはまる言葉に○を書きましょう。

①　戦いに勝った平氏は、朝廷で{ 貴族　源氏 }をおさえて政治の実権をにぎった。

②　平清盛は武士で初めて{ 征夷大将軍　太政大臣 }となった。

よく出る

(3)　平清盛が行ったこととして正しいものを、次から2つ選びましょう。（　　）（　　）

㋐　朝廷の重要な地位を一族でおさえた。

㋑　中国（唐）に使いを送って中国の政治や文化を学ばせた。

㋒　みずから天皇の位について政治を行った。

㋓　むすめを天皇のきさきにして、天皇とのつながりを深めた。

(4)　平氏一族が敬った、広島県にある神社を何といいますか。（　　）

(5)　源氏と平氏の戦いについて、次の**資料2**と**年表**を見て、あとの問いに答えましょう。

資料2　源氏と平氏が戦った場所

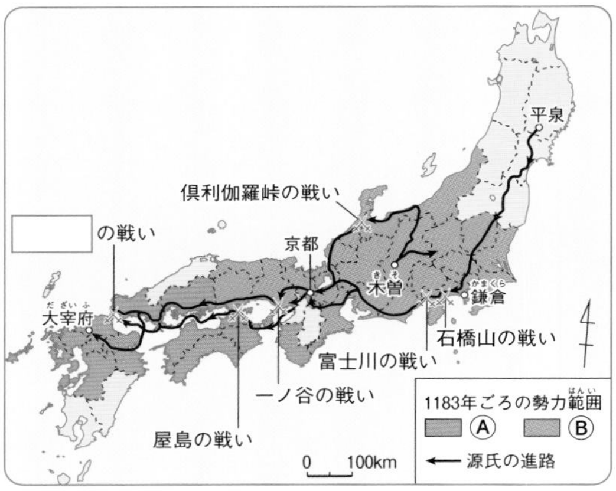

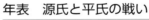

年表　源氏と平氏の戦い

年	できごと
1180	石橋山の戦いで、源頼朝が平氏に敗れる
	富士川の戦いで、源頼朝が平氏を破る
1183	倶利伽羅峠の戦いで、源義仲が平氏を破る
1184	一ノ谷の戦いで、源義経が平氏を破る
1185	屋島の戦いで、源義経が平氏を破る
	□の戦いで、平氏が源義経に敗れ、ほろびる

①　源氏の勢力範囲にあてはまるほうを、**資料2**のⒶ・Ⓑから選びましょう。（　　）

思考

②　**資料2**と**年表**からわかることを、次から2つ選びましょう。（　　）（　　）

㋐　源氏はすべての戦いで平氏を破った。　㋑　源義経は平氏との戦いで活躍した。

㋒　京都を出た源義仲は、倶利伽羅峠で平氏を破った。

㋓　源氏は、平氏を西のほうへと追いつめた。

③　**資料2**と**年表**の□に共通してあてはまる言葉を書きましょう。（　　）

④　源義経がなくなった場所を、**資料2**の地名から選びましょう。（　　）

チャレンジ!

⑤　**資料2**の平泉で力をもっていた藤原氏が建てた、金色堂があり、世界文化遺産にも登録されている寺を何といいますか。（　　）

2 [鎌倉幕府] 次の問いに答えましょう。

1つ4点〔28点〕

(1) 右の**写真**は、鎌倉の様子です。ここに幕府を開いたのはだれですか。　（　　　　　）

復元模型

朝比奈の切通し

(2) 鎌倉の地形の特徴を、次から選びましょう。　（　　　）

㋐ 田畑を広げやすい。

㋑ 敵からせめこまれにくい。

㋒ 大きな道で都と結ばれている。

(3) 次の文の[　　]①・②にあてはまる言葉を、あとの[　　]からそれぞれ選びましょう。

①（　　　　　）　②（　　　　　）

> 幕府から軍事や警察の仕事にあたる[①]などに任命された武士は、ふだんは自分の領地に住み、戦いが起こると「いざ[②]」と武士団を率いてかけつけた。

[防人　　地頭　　守護　　鎌倉　　京都]

幕府と御家人の関係

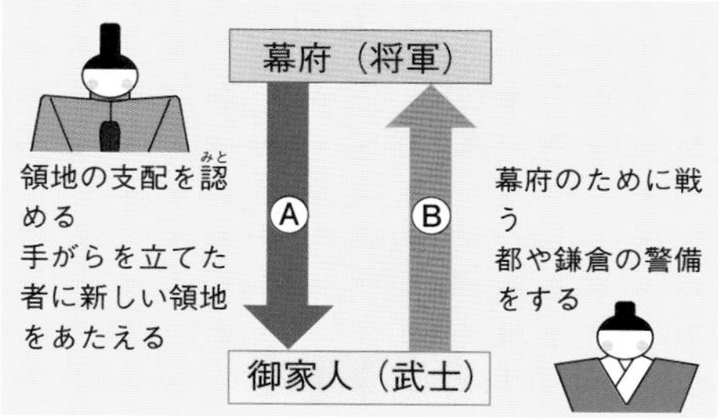
幕府（将軍）
領地の支配を認める
手がらを立てた者に新しい領地をあたえる
Ⓐ
Ⓑ
幕府のために戦う
都や鎌倉の警備をする
御家人（武士）

(4) 右の**図**中のⒶ・Ⓑにあてはまる幕府と御家人の関係を、それぞれ2字で書きましょう。

Ⓐ（　　　　　）　Ⓑ（　　　　　）

(5) 北条氏がついた、将軍に代わって政治を行う役職を何といいますか。

（　　　　　）

3 [元との戦い] 次の問いに答えましょう。

1つ3点〔24点〕

(1) 13世紀に中国につくられた元は、何という民族の国ですか。

（　　　　　）

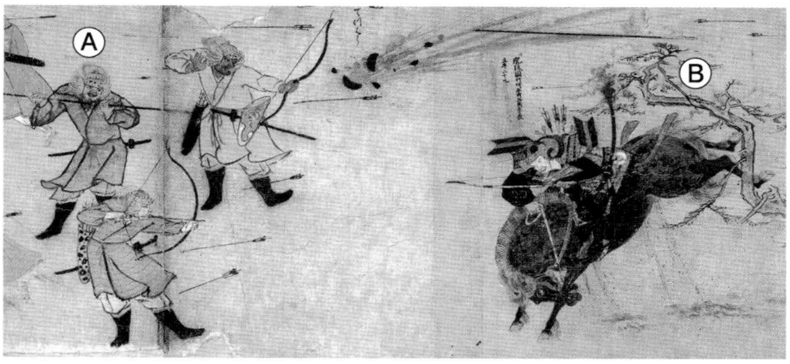
Ⓐ
Ⓑ

(2) 元軍が2度にわたってせめてきた場所を、次から選びましょう。（　　　）

㋐ 京都　　㋑ 瀬戸内海

㋒ 鎌倉　　㋓ 博多湾

(3) 元軍がせめてきたとき、幕府の政治を中心となって行っていたのはだれですか。

（　　　　　）

(4) 元軍は、右上の**資料**中のⒶ・Ⓑのどちらですか。　（　　　）

(5) 元軍の戦い方としてあてはまるものを、次から2つ選びましょう。　（　　　）（　　　）

㋐ 「てつはう」という火薬を用いた武器を使った。　㋑ 一人で敵に向かっていった。

㋒ 防塁をつくって敵の攻撃を防いだ。　㋓ 集団で敵を攻撃した。

(6) 元との戦いのあと、御家人たちが幕府に不満をもった理由を、「土地」の言葉を用いて簡単に書きましょう。

（　　　　　　　　　　　　　　　　　　　　）

(7) 御家人と幕府の関係が変化したことで、幕府はどうなりましたか。簡単に書きましょう。

●幕府の（　　　　　　　　　　）

学習の目標・
室町時代に生まれた文化の特色について調べよう。

4 室町文化と力をつける人々①

基本のワーク

教科書 120〜123ページ　答え 9ページ

1 室町時代に生まれた文化

●14世紀に入ると鎌倉幕府がほろぼされ、①（　　　　　）に新しい幕府が開かれた。

●②（　　　　　）氏が開いた、約240年間続いたこの幕府を③（　　　　　）という。

➡この時代を室町時代という。

 人物

●14世紀の終わり、室町幕府3代将軍の④（　　　　　）が強い権力をもった。

◆各地を支配する⑤（　　　　　）を従えた。

◆中国（明）と⑥（　　　　　）を行い、富をたくわえた。

◆京都の北山に3層の⑦（　　　　　）を建てた。

■2・3層めには金ぱくがはられた。

足利義満
（1358〜1408）

足利義政
（1436〜1490）

●義満の孫の8代将軍⑧（　　　　　）。

◆15世紀の終わり、京都の東山に⑨（　　　　　）を建てた。

■となりに建てられた東求堂には、たたみや障子、ふすまなどを使った⑩（　　　　　）という建築様式の部屋が見られる。

今の和室と似ているね。

書院造の部屋

2 簡素で静かな美しさ

 人物

●墨だけでえがく⑪（　　　　　）を、日本ふうの様式に完成させた。

●中国にわたって絵の技能を高め、帰国後は全国各地を歩いて、美しい自然の姿をえがいた。

◆水墨画は書院造のふすま絵や⑫（　　　　　）をかざるかけ軸などに使われた。

雪舟
（1420〜1506）

●茶を飲む習慣が広まり、武士や貴族の間で茶室で、心静かに茶を楽しむ⑬（　　　　　）の作法が定まっていった。

●書院造の床の間をかざる⑭（　　　　　）もさかんに行われるようになった。

◆さまざまな流派が生まれ、現在も人々に楽しまれている。

●石や砂を使って水の流れや山の風景を表す⑮（　　　　　）の庭園が数多くつくられた。

しゃかいか工場　金閣には金ぱくがはられたけれど、銀閣には銀ははられていないよ。銀閣というよび名は、江戸時代のころに、金閣に対して使われるようになったものなんだ。

練習のワーク

できた数 ／15問中

教科書 120～123ページ　答え 9ページ

1 次の問いに答えましょう。

(1) 鎌倉幕府(かまくらばくふ)がほろびたあと、京都(きょうと)に新しい幕府が開かれて始まった時代を何といいますか。
（　　　　時代）

(2) 新しい幕府は、約何年間続きましたか。　（約　　　年間）

(3) 各地の守護大名(しゅごだいみょう)を従(したが)えた足利義満(あしかがよしみつ)は、何代目の将軍(しょうぐん)ですか。　（　　　代）

(4) 義満が貿易を行った中国(ちゅうごく)の国を何といいますか。　（　　　　）

(5) 右のⒶ・Ⓑについて、次の問いに答えましょう。

① 義満の孫の義政(よしまさ)が建てたのは、Ⓐ・Ⓑのどちらですか。　（　　）

② Ⓐについて、次の文の{　}にあてはまる言葉に○を書きましょう。

●京都の{ 北山(きたやま)　東山(ひがしやま) }につくられ、建物は{ ２層(そう)　３層 }のつくりになっている。

Ⓐ 金閣(きんかく)

Ⓑ 銀閣(ぎんかく)

③ 書院造(しょいんづくり)の建築様式が広まったのは、Ⓐ・Ⓑのどちらがつくられたころですか。　（　　）

2 次の問いに答えましょう。

(1) 右の**資料**の作品をえがき、水墨画(すいぼくが)を日本ふうの様式に完成させたのはだれですか。
（　　　　　）

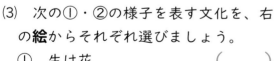

(2) 水墨画の説明として、正しいものに○を書きましょう。

㋐（　　）あざやかな色使いで表現している。

㋑（　　）墨(すみ)の濃淡(のうたん)だけで表現している。

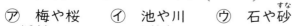

(3) 次の①・②の様子を表す文化を、右の**絵**からそれぞれ選びましょう。

① 生け花　（　　）

② 茶の湯　（　　）

[あ]

[い]

(4) 枯山水(かれさんすい)の庭園は、何を用いたものですか。次から選びましょう。（　　）

㋐ 梅や桜　　㋑ 池や川　　㋒ 石や砂(すな)

(5) 室町(むろまち)時代の文化の特徴(とくちょう)としてあてはまるものを、次から２つ選びましょう。
（　　）（　　）

㋐ 簡素(かんそ)で静かな美しさが好まれた。

㋑ 貴族(きぞく)のはなやかな生活を反映(はんえい)している。

㋒ 大陸の文化の影響(えいきょう)を強く受けている。

㋓ 現代の日本の文化とも共通点がある。

ポイント **室町時代に生まれた文化は、現代でも親しまれている。**

4　室町文化と力をつける人々②

学習の目標
農民の暮らしから生まれた文化や産業の発達を調べよう。

基本のワーク

教科書 124〜127ページ　答え 9ページ

1 今も受けつがれる室町文化

よみトク！資料

田植えをする人々と田楽をおどる人

●室町時代、各地のまちや村では①(　　　　　)や**盆おどり**がさかんになった。

●村をあげて②(　　　　　)を行うときには、豊作をいのる③(　　　　　)がおどられた。

●**祭り**のときには④(　　　　　)が演じられた。

◆**田楽**や**猿楽**が、のちに**能**や**狂言**として広まった。

●⑤(　　　　　)…主役は能面をつけて演じる。足利義満の保護を受けて、⑥(　　　　　)と**世阿弥**が完成させた。

●⑦(　　　　　)…能の合間に演じられる。当時の日常の言葉を用いて、こっけいな動作やせりふで人々を楽しませた。

●京都で現在も行われている⑧(　　　　　)祭は、1000年をこえる歴史をもつ。足利義政のころに起きた応仁の乱でとだえたが、のちに**町衆**とよばれる町人の力で復活した。

2 産業の発達と力をつける人々

室町時代の農作業の様子

想像図

●鎌倉時代に高まった農業生産は、室町時代にはいっそう高まった。

◆田に⑨(　　　　　)を引いたり、排出したりする技術が進んだ。

◆稲と麦の⑩(　　　　　)も行われた。

◆⑪(　　　　　)や**馬**、鉄の農具で田を耕した。

◆草木を焼いた灰や糞尿の肥料も使われた。

●力を合わせて農作業が行われる一方、用水や山林の利用をめぐる争いが起こった。➡人々が集まって話し合い、生活の⑫(　　　　　)をつくったり、他の村と交渉をするなどした。

●綿や麻、茶、ごまなどの栽培や、蚕を飼う⑬(　　　　　)がさかんになった。➡織物や紙、油などを生産する⑭(　　　　　)も発展した。

●船や馬による輸送も発達して、人の多く集まる場所には⑮(　　　　　)が開かれた。

さまざまな品物をつくる職人が現れたよ。

しゃかいか工場
室町時代には、うどん、とうふ、こんにゃくなど現在も食べられているものや、調味料のしょう油、みそなども広まっていったよ。

練習のワーク

教科書 124～127ページ　答え 9ページ

できた数　／14問中

1 次の問いに答えましょう。

(1) 次の①・②は、どんなときに行われましたか。あとからそれぞれ選びましょう。

① 田楽(でんがく)（　　）　② 猿楽(さるがく)（　　）

㋐ 戦い　㋑ 祭り　㋒ 田植え　㋓ 朝廷(ちょうてい)の儀式(ぎしき)

(2) 田楽や猿楽から生まれた次のⒶ・Ⓑの芸術について、あとの問いに答えましょう。

① 次の説明文にあうものを、上からそれぞれ選びましょう。 [あ]（　　）[い]（　　）

[あ] こっけいな動作や、当時の日常の言葉を使ったせりふで演じる。

[い] 役に合わせた面をつけ、役者の言葉と動作を中心に演じる。

② Ⓐ・Ⓑの芸術を、それぞれ何といいますか。

Ⓐ（　　）Ⓑ（　　）

③ Ⓐの芸術を完成させた観阿弥(かんあみ)・世阿弥(ぜあみ)を保護した将軍(しょうぐん)はだれですか。

（　　）

(3) 応仁(おうにん)の乱(らん)でとだえた祇園祭(ぎおんまつり)を復活させた京都(きょうと)の町人たちを何といいますか。

（　　）

2 次の問いに答えましょう。

(1) 室町(むろまち)時代に広まった二毛作(にもうさく)では、米と何がつくられましたか。（　　）

(2) 鎌倉(かまくら)時代から室町時代にかけて広まった、農作業を便利にする道具などを、次からすべて選びましょう。（　　）

㋐ 鉄の刃(は)がついたくわ　㋑ 木製のくわ　㋒ 田げた　㋓ 牛や馬　㋔ 水車

(3) 次の文の□①～③にあてはまる言葉を、あとの□からそれぞれ選びましょう。

①（　　）②（　　）③（　　）

●人々が用水や山林の利用をめぐって[①]をすることが増えたため、村では長老を中心に[②]をして生活のきまりをつくったり、他の村と交渉(こうしょう)したりした。

●綿や麻(あさ)の栽培(さいばい)や養蚕(ようさん)が広まり、とれた原料で品物をつくる[③]がさかんになった。

修行　争い　祭り　話し合い　手工業　商業

(4) 次の文の{　}にあてはまる言葉に○を書きましょう。

●さまざまな産業がさかんになると、生産された品物を取り引きするための{ 村　市 }が各地で開かれた。

ポイント **能(のう)や狂言(きょうげん)は、農民や町人の暮(く)らしの中から生まれた文化。**

まとめのテスト

勉強した日　月　日

4　室町文化と力をつける人々

時間20分

得点　/100点

教科書 120～127ページ　答え 9ページ

1 足利氏の政治　次の問いに答えましょう。

1つ4点〔24点〕

(1) 鎌倉幕府がほろびたあと、足利氏が開いた幕府を何といいますか。（　　　）

よく出る (2) **資料1**は幕府の3代将軍、**資料2**は8代将軍です。それぞれの名前を書きましょう。

資料1（　　　）

資料2（　　　）

資料1

資料2

(3) **資料1**の人物が貿易を始めた中国の国を、次から選びましょう。（　　）

㋐ 唐　㋑ 元　㋒ 明　㋓ 宋

(4) **資料3**は、**資料1**の人物が京都の北山に建てたものです。この建物を何といいますか。（　　　）

資料3

チャレンジ! (5) **資料2**の人物が将軍のとき、大名どうしの争いが起こって京都のまちは焼け野原になりました。この争いを何といいますか。

（　　　）

2 室町時代の文化　次の問いに答えましょう。

1つ4点〔28点〕

よく出る (1) 室町時代に広まった**資料1**の建築様式を何といいますか。（　　　）

(2) **資料1**のような部屋をかざるのに用いられた、**資料2**のように墨一色でえがかれた絵を何といいますか。（　　　）

よく出る (3) 中国で絵を学び、**資料2**の作品をかいたのはだれですか。（　　　）

資料1

資料2

(4) 次の①～③にあてはまる文化を、あとの[　]からそれぞれ選びましょう。

①（　　　）　②（　　　）　③（　　　）

百人一首	枯山水	生け花	囲碁	茶の湯

記述 (5) 室町文化の特徴を、「現代」の言葉を用いて、簡単に書きましょう。

（　　　）

3 **暮らしの中から生まれた文化** 次の問いに答えましょう。

(1) 右の**資料**は、農作業をする人々の横で何をおどっている様子ですか。（　　　　　）

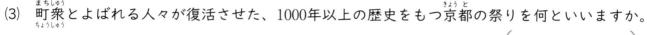

(2) (1)のおどりは何のために行われましたか。次から選びましょう。（　　　　）

　㋐　豊作をいのるため。

　㋑　収穫に感謝をするため。

　㋒　雨ごいをするため。

(3) 町衆とよばれる人々が復活させた、1000年以上の歴史をもつ京都の祭りを何といいますか。
（　　　　　　　　　　）

(4) 次の**文**と**資料**を見て、あとの問いに答えましょう。

> 民衆の暮らしの中から生まれた能は、観阿弥と　Ⓐ　が室町時代に芸術として完成させた。能の合間には　Ⓑ　が演じられ、わかりやすい表現で人々を楽しませた。

① 能の舞台の様子を表しているのは、上のⒶ・Ⓘのどちらですか。（　　　）

② 　Ⓐ・Ⓑにあてはまる言葉を、それぞれ書きましょう。
Ⓐ（　　　　　　　）　Ⓑ（　　　　　　　）

4 **室町時代の産業** 次の文を読んで、あとの問いに答えましょう。

> 室町時代には農業の技術が進歩し、稲と麦の　①　が行われ、牛や馬、　②　の刃をつけた農具を使った農耕もさかんになった。米以外に綿や麻などを栽培したり、　③　をする地域も広まり、④村で起こる争いなどを解決しながら人々は力をつけていった。また、農業生産の高まりとともに⑤手工業も発達し、⑥村以外の活動にも変化が現れた。

(1) 　①～③にあてはまる言葉を、次の　　からそれぞれ選びましょう。
①（　　　　　　）　②（　　　　　　）　③（　　　　　　）

> 狩漁　　行事　　鉄　　木　　養蚕　　二毛作　　儀式

(2) ——線部④のために行われたこととして正しいものを、次から選びましょう。（　　　）

　㋐　すべての問題を武士にうったえた。

　㋑　戦いを起こして、勝った者が負けた者を従えた。

　㋒　話し合いをして村のきまりをつくった。

(3) ——線部⑤でつくられたものとしてあてはまらないものを、次から選びましょう。（　　　）

　㋐　紙　㋑　油　㋒　織物　㋓　野菜

(4) ——線部⑥について、農業や手工業の発達があたえた影響を、「輸送」「市」の言葉を用いて簡単に書きましょう。

（　　　　　　　　　　　　　　　　　　　　　　　　　）

2 日本の歴史

5　全国統一への動き①

基本のワーク

教科書　128～135ページ　　答え　10ページ

1　戦国の世の中

●15世紀後半から、全国各地で①（　　　　　　　　　　）とよばれる武将たちが、戦いをくり広げた。

長篠の戦い…1575年、②（　　　　　　　　）と徳川

家康の連合軍が③（　　　　　　　　）の軍と戦った。

➡信長の家臣の④（　　　　　　　　）も加わった。

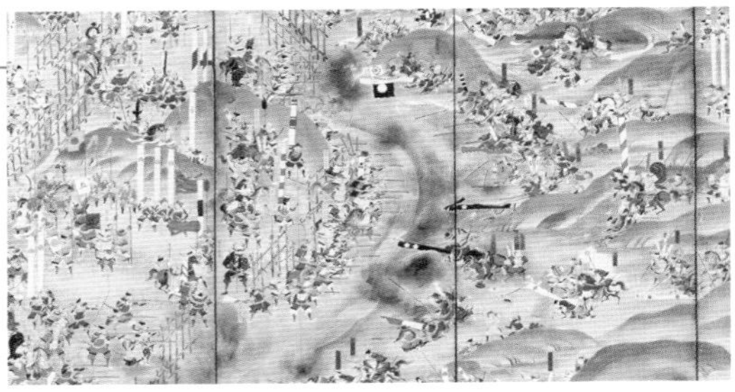

●15世紀後半、室町幕府の有力な守護大名どうしが対立

して、京都で⑤（　　　　　　　　）が起きた。

◆戦乱は10年余り続き、地方にも広がっていった。

◆幕府の権力はおとろえ、実力をつけた**戦国大名**が領地の支配を固めて

いった。➡周りの大名と勢力を争う戦国の世の中になった。

鉄砲を伝え
たのはポル
トガル人だ
よ。

●16世紀中ごろ、**種子島**（鹿児島県）に⑥（　　　　　　　　）が伝えられ、

⑦（　　　　　　　　）（大阪府）や**国友**（滋賀県）で大量生産された。

◆長篠の戦いで、**鉄砲**を効果的に使った信長・家康の連合軍は、武田軍の騎馬隊を破った。

●信長・秀吉・家康は**全国統一**に大きな役割を果たしていった。

2　全国統一を目ざした織田信長

●尾張（愛知県）の大名。当時強い勢力をもっていた駿河（静岡県）

の今川義元を⑧（　　　　　　　）**の戦い**で破った。さらに、周囲

の有力大名をたおして勢力を広げた。

●足利氏の将軍を追放して⑨（　　　　　　　　）をほろぼした。

●比叡山延暦寺や⑩（　　　　　　　　）などの**仏教**勢力を武力でおさ

え、商工業で栄えていた堺（大阪府）を直接支配した。

●近江（滋賀県）に⑪（　　　　　　　　）を築く。その城下町では、

商人たちが自由に営業することを認めた。（⑫（　　　　　　　　））

◆各地の関所をなくすなど、**商工業**をさかんにしようとした。

●ヨーロッパから伝わった**キリスト教**を保護して、教会や学校の建設を認めた。

●家臣の⑬（　　　　　　　　）にそむかれ、**本能寺**（京都府）でなくなった。

織田信長

（1534 ～ 1582）

キリスト教の伝来

ザビエル

●1549年、スペインの宣教師の⑭（　　　　　　　　）が伝えた。

◆その後も、多くの宣教師が日本に来てキリスト教を広めた。

●⑮（　　　　　　　　）や**スペイン**の商人もやって来て貿易を行った。

◆鉄砲、火薬、中国の生糸がもたらされ、日本からは銀が輸出された。

◆貿易には主に長崎や平戸（長崎県）などの九州の港が利用された。

日本にやって来た、ポルトガル人やスペイン人などのヨーロッパの人たちを、南の方から
来ていたことから南蛮人とよんだんだ。この人たちとの貿易を南蛮貿易というよ。

練習のワーク

教科書 128〜135ページ　答え 10ページ

1 次の問いに答えましょう。

(1) 1575年に、右の**地図**中のⒶで起きた戦いを何と
いいますか。　　　　　　　（　　　　　　　　）

(2) (1)の戦いについて、次の①・②の人物の軍にあ
てはまる戦い方を、あとからそれぞれ選びましょう。
　　① 織田信長（おだのぶなが）（　　）　② 武田勝頼（たけだかつより）（　　）
　　㋐ てつはうとよばれる武器や集団戦法で戦った。
　　㋑ 騎馬隊（きば）がやりを持ってせめこんだ。
　　㋒ 木のさく（こうげき）で攻撃を防ぎ、大量の鉄砲（てっぽう）を使った。

(3) (1)の戦いにいた信長の家臣（かしん）に〇を書きましょう。
　　㋐（　　）豊臣秀吉（とよとみひでよし）　㋑（　　）今川義元（いまがわよしもと）

(4) 京都（きょうと）で起きた応仁の乱（おうにん らん）にあてはまるものを、次から2つ選びましょう。（　　）（　　）
　　㋐ 有力な守護大名（しゅ ご だいみょう）の対立から始まった。　　㋑ 戦乱は50年余りも続いた。
　　㋒ 戦いは京都とその周辺だけで行われた。　　㋓ 戦いのあと、幕府（ばくふ）の力はおとろえた。

(5) 鉄砲が伝えられた**地図**中のⒷの島を何といいますか。　　　　（　　　　　　　　）

(6) 鉄砲がさかんに生産された都市を、**地図**中から1つ選びましょう。（　　　　　　　　）

（地図中ラベル）国友　鎌倉　京都　長崎　Ⓐ　Ⓑ　╋　✕　0　200km

2 次の問いに答えましょう。

(1) 桶狭間の戦い（おけはざま）で今川義元（いまがわよしもと）を破った尾張（おわり）の大名はだれですか。（　　　　　　　　）

(2) 織田信長について、次の文の{　　}にあてはまる言葉に〇を書きましょう。
　　① 京都に入り、{ 北条氏（ほうじょう）　足利氏（あしかが） }の将軍（しょうぐん）を追放して室町幕府（むろまち）をほろぼした。
　　② 比叡山延暦寺（ひ えいざんえんりゃく じ）や一向宗（いっこうしゅう）などを武力でおさえる一方で、{ 仏教　キリスト教 }を保護した。

(3) 信長が直接支配した、商工業で栄えていた都市を何といいますか。（　　　　　　　　）

(4) 信長がつくった安土城（あづちじょう）の城下町の様子を、次から選びましょう。（　　　　）
　　㋐ 商人は、だれでも自由に商売をすることが認められた。（みと）
　　㋑ 城下町には商人だけが住み、信長の家臣は城下町の周囲に住んだ。
　　㋒ 関所（せきしょ）が置かれ、人やものの行き来が厳しく管理された。（きび）

(5) 家臣の明智光秀（あけ ち みつひで）にそむかれて信長が命を落とした京都の寺を何といいますか。
　　　　　　　　　　　　　　　　　　　（　　　　　　　　）

(6) 右の**資料**のような船で来航し、日本で貿易を行った
ヨーロッパの国は、主にポルトガルとどこですか。
　　　　　　　　（　　　　　　　　）

(7) 右の**資料**の船との貿易がさかんに行われた場所を、
次から選びましょう。　　　　（　　　　）
　　㋐ 東北（とうほく）　㋑ 関東（かんとう）　㋒ 北陸（ほくりく）　㋓ 九州（きゅうしゅう）

ポイント 織田信長は安土城を拠点（きょてん）に、商工業の発展（はってん）に力を入れた。

55

5 全国統一への動き②

基本のワーク

学習の目標・
豊臣秀吉がつくった社会のしくみについて調べよう。

---

1 全国を統一した豊臣秀吉

よみトク！人物

豊臣秀吉
（1537 〜 1598）

● 信長の有力な武将で信長の死後、明智光秀をたおした。

● 政治の拠点として①（　　　　　　　　　）を築き、信長の政治を引きついて支配を強めた。

● 信長の死後8年で全国の大名を従え、一向宗の勢力もおさえて、全国を②（　　　　　　　）した。

● 全国で田畑の面積を測る③（　　　　　　　　　）を行った。検地のものさし

　◆ 土地の良しあしや収穫量、耕作者の名前を記録した。

　　➡ 耕作者に田畑を耕す権利を認め、かわりに決められた④（　　　　　　　）を納める義務を負わせた。

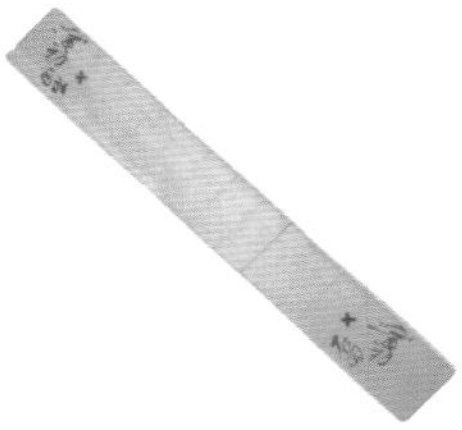

● 村に住む人々を⑤（　　　　　　　　）身分とした。

● **百姓**が⑥（　　　　　　　）を起こさないように、刀や鉄砲などの武器を取り上げる⑦（　　　　　　　　）を行った。

● 武士や⑧（　　　　　　　）（職人・商人）を城下町に住まわせ、百姓が田畑を捨てることや、武士や町人になることを禁じた。➡ **武士**と**町人・百姓**の⑨（　　　　　　　）が**はっきりと区別**された。

● **キリスト教**をはじめは保護したが、のちに宣教師を追放した。一方、外国との貿易は認めた。

● 中国（明）を征服するため、2度にわたって大軍を⑩（　　　　　　　）に送ったが行きづまり、秀吉が病死すると大名たちは軍を引きあげた。

検地はものさしやますを統一して行われたよ。

---

2 江戸幕府を開いた徳川家康

よみトク！人物

徳川家康
（1542 〜 1616）

● 三河（愛知県）の大名の家に生まれた。幼いころに今川氏の人質として過ごしたのち、信長と同盟を結び、力をのばした。

● 信長の死後、秀吉の命令で⑪（　　　　　　　　）地方に移り、力をたくわえた。

● 秀吉の死後、対立する豊臣方の大名を⑫（　　　　　　　）（岐阜県）の戦いで破り、全国の大名を従えた。

● 1603年に⑬（　　　　　　　　）となり、**江戸幕府**を開いた。

　◆ 大阪城をせめて⑭（　　　　　　　）氏をほろぼした。

　◆ 政治を行う⑮（　　　　　　　）城や城下町の大工事を行った。

● 秀吉の侵略によってとだえた朝鮮との交流を再開した。

しゃかいか工場　秀吉は、朝廷から関白や太政大臣に任命されたよ。関白をやめた人は太閤とよばれたので、秀吉が行った検地は太閤検地ともいわれるんだ。

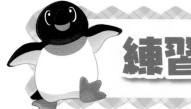

勉強した日　月　日

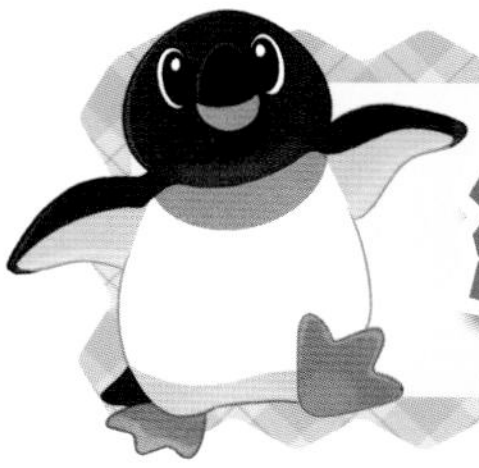

練習のワーク

教科書 136～141ページ　答え 10ページ

できた数　／15問中

1 次の問いに答えましょう。

(1) 織田信長の死後、大阪城を拠点に政治を行い、全国を統一したのはだれですか。
（　　　　）

(2) 全国で行われた検地について、次の文の｛　　｝にあてはまる言葉に○を書きましょう。

① 検地では、田畑の面積や｛形　収穫量｝が調べられた。

② 耕作者は、田畑を耕す権利のかわりに｛租　年貢｝を納めることが義務づけられた。

(3) 右の**資料**のⒶにあてはまる、農業や漁業、林業などを営んだ人々を何といいますか。（　　　　）

(4) 刀狩令が出されたのは、Ⓐの人々が何をすることを防ぐためですか。次から選びましょう。（　　）

㋐ 村どうしで争うこと。

㋑ ほかの土地へにげること。

㋒ 一揆を起こすこと。

> 一、Ⓐが、刀・弓・やり・鉄砲などの武器をもつことを禁止する。武器をたくわえ、年貢を納めず、一揆をくわだてる者は罰する。（一部）

(5) 刀狩令が出されたころ、城下町に集められた町人とはどのような人々ですか。次の［　］から２つ選びましょう。（　　　　）（　　　　）

貴族　　商人　　職人　　僧

(6) 検地と刀狩が行われたあとの様子として、正しいものに○を書きましょう。

㋐（　　）武士と町人・百姓の身分のちがいがはっきりした。

㋑（　　）戦いが起きたときだけ、百姓も武器をもって戦うようになった。

(7) 豊臣秀吉が朝鮮に軍を送ったのは、中国を征服することが目的でした。当時の中国の国名を何といいますか。（　　　　）

2 次の問いに答えましょう。

(1) 秀吉の死後、関東地方で力をつけていた徳川家康と豊臣方の大名が戦った場所を、次から選びましょう。（　　）

㋐ 桶狭間　㋑ 長篠　㋒ 京都　㋓ 関ヶ原

(2) (1)の戦いで家康が中心となったのは、東軍と西軍のどちらですか。（　　　　）

(3) 家康が征夷大将軍に任命されたのは、西暦何年のことですか。（　　　　年）

(4) 家康が開いた幕府を、何といいますか。（　　　　）

(5) 幕府を開いたあとに家康が行ったことを、次から２つ選びましょう。（　　）（　　）

㋐ 10年以上も将軍職にとどまり、幕府のしくみを整えた。

㋑ 全国の大名に命じて、江戸城やその城下町の工事を行わせた。

㋒ 大阪城にいた豊臣氏をせめて、ほろぼした。

㋓ 一度引き上げた朝鮮へ、ふたたび軍を送った。

ポイント 検地と刀狩によって武士と百姓・町人の身分が区別された。

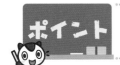

勉強した日　月　日

まとめのテスト

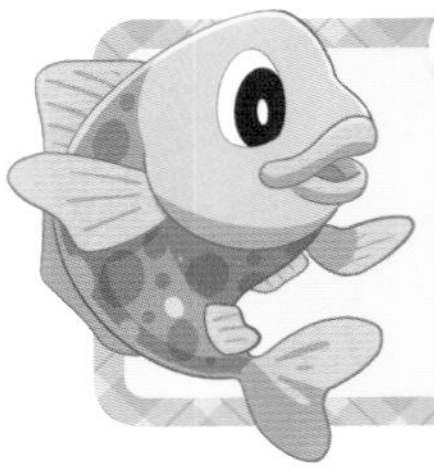

5　全国統一への動き

時間 20分

得点　/100点

教科書 128〜141ページ　答え 10ページ

1 戦国の世の中　右の資料を見て、次の問いに答えましょう。

1つ4点〔24点〕

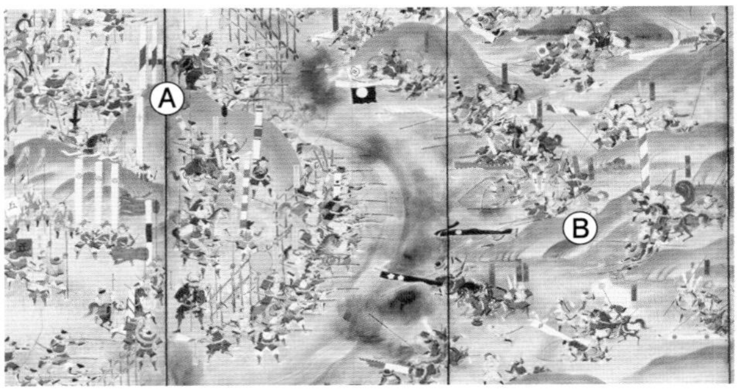

(1)　織田信長・徳川家康の連合軍と武田勝頼による、**資料**の戦いを何といいますか。　(　　　　)

よく出る

(2)　織田・徳川軍は、**資料**中のⒶ、Ⓑのどちらですか。　(　　)

(3)　**資料**中のⒶの軍で大量に使われている武器を何といいますか。　(　　　　)

(4)　**資料**の戦いに関して、次の文の{　　}にあてはまる言葉に○を書きましょう。

●当時、①{ 戦国大名　守護大名 }たちが各地で周りの大名と争っていた。この戦いでは②{ 織田・徳川　武田 }軍が勝利した。

(5)　**資料**の戦いより後のできごとを、次から選びましょう。　(　　)

㋐　室町幕府がほろびた。　㋑　桶狭間の戦いで今川氏が敗れた。
㋒　応仁の乱が起こった。　㋓　朝鮮に大軍が送られた。

2 ヨーロッパとの関わり　次の文を読んで、あとの問いに答えましょう。

1つ4点〔20点〕

日本とヨーロッパの国々との交流は、1549年にⒶスペインの宣教師が日本に初めてキリスト教を伝えたころから始まった。スペインやポルトガルの商人がやって来てⒷ貿易を行うようになり、日本からはⒸ銀が輸出された。ヨーロッパ人との交流によって、品物だけでなくⒹヨーロッパの文化も日本に伝わった。

よく出る

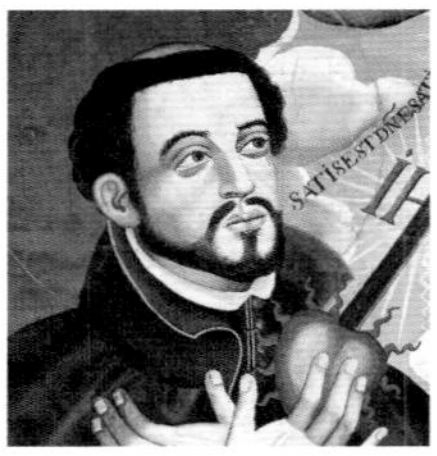

(1)　――線部Ⓐについて、この宣教師である右の**資料**の人物はだれですか。　(　　　　)

(2)　――線部Ⓑについて、当時の貿易によって栄えていた都市を、次から2つ選びましょう。　(　　)(　　)

㋐　堺　㋑　鎌倉　㋒　平戸　㋓　平泉

チャレンジ!

(3)　――線部Ⓒについて、現在の島根県にある鉱山からは銀が豊富に生産されて、ここを支配した豊臣秀吉の権力を支えました。2007年に世界文化遺産に登録された、この銀山を何といいますか。　(　　　　)

(4)　――線部Ⓓについて、日本にもちこまれたヨーロッパの品物や文化を、次から選びましょう。　(　　)

㋐　有田焼　㋑　カステラ　㋒　養蚕　㋓　けまり

3 3人の武将 次の資料や文を見て、あとの問いに答えましょう。

織田信長

豊臣秀吉

徳川家康

資料1

一、百姓が、刀・弓・やり・鉄砲などの武器をもつことを禁止する。武器をたくわえ、年貢を納めず、一揆をくわだてる者は罰する。　　（一部）

1　有力な大名をたおし、大きな力をもっていた⑥仏教勢力をおさえるなど、武力による支配を広げた。また、⑥商工業をさかんにすることにも力を入れて新しい政治を行った。

2　三河の大名として生まれ、関東地方で力をたくわえた。全国の大名が東軍と西軍に分かれた関ヶ原の戦いに勝ち、③全国の大名を従えた。

3　ものさしやますを統一して、全国で　え　を行った。百姓に田畑を耕す権利を認める一方、田畑を捨てることを禁止して村に住まわせた。

(1)　Ⓐ～Ⓒの人物にあてはまる文を、上の1～3からそれぞれ選びましょう。

Ⓐ（　　　）　Ⓑ（　　　）　Ⓒ（　　　）

(2)　Ⓐ～Ⓒの人物が政治の拠点とした城を、次の　　　からそれぞれ選びましょう。

Ⓐ（　　　　　　　）　Ⓑ（　　　　　　　）　Ⓒ（　　　　　　　）

大阪城　　　安土城　　　江戸城

(3)　全国の大名を従え、初めて全国を統一した人物を、Ⓐ～Ⓒから選びましょう。　（　　　）

(4)　資料1の命令を何といいますか。　（　　　　　　）

(5)　資料1の命令を出した人物を、Ⓐ～Ⓒから選びましょう。　（　　　）

(6)　――線部⑥について、この大名の支配に抵抗したことで焼かれた寺を、次から選びましょう。　（　　　）

　㋐　東大寺　　㋑　法隆寺　　㋒　延暦寺　　㋓　本能寺

(7)　――線部⑥について、次の文の　　　にあてはまる言葉を書きましょう。

　（　　　　　　）

　●城下町では商人が自由に営業することを認める　　　や、交通のさまたげになっていた関所をなくす政策を行い、商工業をさかんにしようとした。

(8)　――線部③のあとに開かれた武士の政府を何といいますか。　（　　　　　　）

(9)　資料2は、　え　にあてはまる政策の様子です。田畑の面積や米の収穫量などを調べたこの政策を何といいますか。

　（　　　　　　）

(10)　資料2の政策が全国で行われたころ、世の中のしくみはどのように変化しましたか。次の文に続けて、「身分」の言葉を用いて簡単に書きましょう。

　●百姓・町人と武士の

　（　　　　　　　　　　　　　　　　　　　　）

資料2

想像図

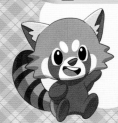

勉強した日 月 日

6 幕府の政治と人々の暮らし①

基本のワーク

学習の目標
江戸幕府が世の中を支配するために行った政治を調べよう。

教科書 142〜147ページ　答え 11ページ

1 江戸を目ざす行列／江戸幕府と大名

- **大名行列**の様子…加賀藩（石川県）の大名行列は大勢の家臣を連れ、宿場にとまりながら13日ほどかけて①（　　　　）に向かった。行列には大変な費用がかかった。
- 江戸幕府は大名を区別して全国に配置した。
  - ②（　　　　）…徳川家の親類。
  - **譜代**…関ヶ原の戦い以前からの家臣。
  - ③（　　　　）…関ヶ原の戦いのあとで従った大名。
- 幕府は④（　　　　）を定めた。
  - きまりにそむいた大名は、領地を移したり、取り上げたりした。
- 大名は江戸城の修理や河川の堤防づくりなどの土木工事も命じられ、費用や人手がかかって大きな⑤（　　　　）となった。

大名の配置（1664年）

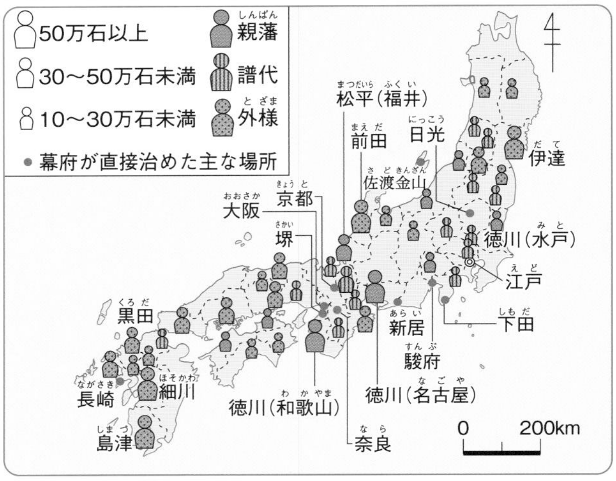

50万石以上
30〜50万石未満
10〜30万石未満
親藩
譜代
外様
● 幕府が直接治めた主な場所
松平（福井）
前田
日光
伊達
佐渡金山
京都
大阪
堺
徳川（水戸）
江戸
黒田
新居
下田
駿府
細川
長崎
徳川（和歌山）
徳川（名古屋）
島津
奈良
0　200km

よみトク！ 人物

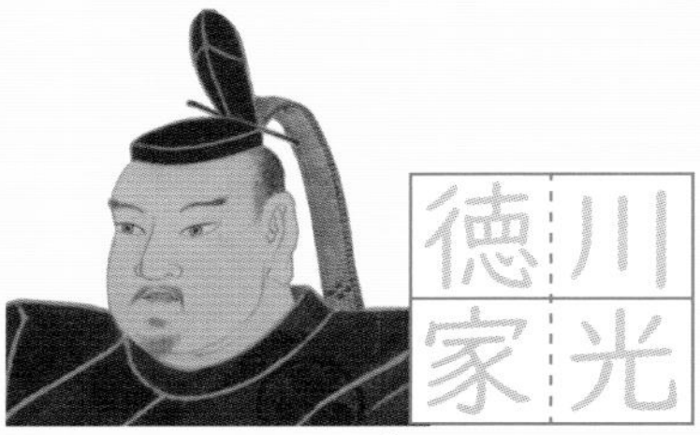
徳川家光
(1604 ～ 1651)

- 江戸幕府の⑥（　　　　）代将軍。家康の孫。
- **武家諸法度**を改め、⑦（　　　　）の制度を定めた。
  - 大名は**領地（藩）と江戸を１年おきに行き来する。**
  - 大名の妻と子どもは人質として江戸に住まわせた。
  - 大きな船をつくることも禁止した。
- 幕府が強力に大名を支配するしくみを整えた。
- 家康をまつる⑧（　　　　）（栃木県）を建てかえた。

2 人々の暮らしと身分

- ⑨（　　　　）…世の中を支配する**身分**。名字を名のったり、⑩（　　　　）を差すなどの特権があった。
- ⑪（　　　　）や**町人**…武士の暮らしを支える身分。
  - 同じ身分の中でも上下関係があり、また、女性の地位を男性より低くみる考えが強まった。
- 幕府は村ごとに⑫（　　　　）を納めさせ、**百姓**に共同で責任を負わせる⑬（　　　　）のしくみをつくった。
- 江戸や⑭（　　　　）などの都市には職人や商人が集まった。
- 百姓や町人とは区別された人々は、厳しい差別を受けながらも役人のもとで治安をになったり、古くからの芸能をさかんにしたりした。

身分ごとの人口の割合

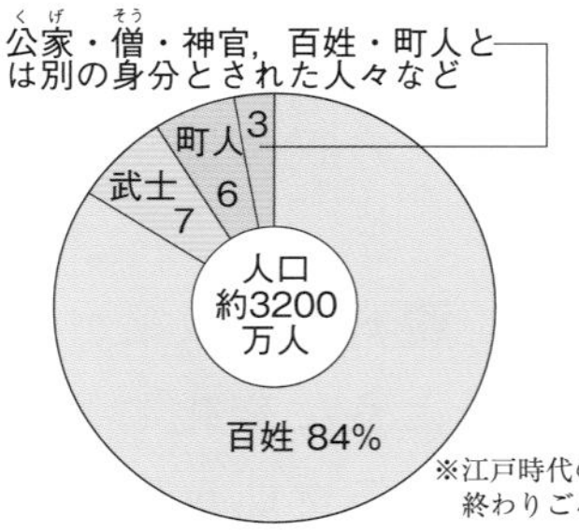

公家・僧・神官、百姓・町人とは別の身分とされた人々など
町人 6
3
武士 7
人口 約3200万人
百姓 84％

※江戸時代の終わりごろ

年貢を納める百姓がいちばん多いね。

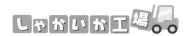

しゃかいか工場
武家諸法度は、1615年に２代将軍徳川秀忠の名前で出されたのが最初だよ。その後は、一部の将軍をのぞいて、代々、将軍が代わるたびに出されたんだ。

1 次の問いに答えましょう。

(1) 江戸幕府は、全国の約何分の1の領地をもっていましたか。右の**グラフ**を見て、次から選びましょう。　（　　）

　㋐　2分の1　　㋑　4分の1　　㋒　3分の2　　㋓　4分の3

幕府領と大名領の割合

その他1.7

幕府領 25.8%

大名領 72.5

(2) 次の①～③にあてはまる大名を、あとからそれぞれ選びましょう。

①（　　）　②（　　）　③（　　）

① 古くから徳川家に従い、江戸や京都などの周辺に配置された。

② 東北地方や中国地方、九州地方などの遠方を中心に配置された。

③ 徳川家の親類にあたり、水戸や名古屋、和歌山などを治めた。

　㋐　親藩　　㋑　譜代　　㋒　外様

(3) 外様大名は、何という戦いのあとに徳川家に従いましたか。　（　　　　　）

(4) 幕府が大名に対して定めた、右の**資料**のきまりを何といいますか。　（　　　　　）

(5) **資料**の──線部を参勤交代といいます。▢に共通してあてはまる言葉を次の▢▢▢から選びましょう。　（　　　　　）

　江戸　　京都　　大阪　　奈良

一、学問や武芸を身につけ、常にこれにはげむこと。

一、城を修理する場合は、幕府に届け出ること。

一、幕府の許可を得ずに結婚してはならない。

一、大名は、領地と▢に交代で住み、毎年4月に▢に参勤すること。

（一部）

(6) 参勤交代の制度を定めた3代将軍はだれですか。　（　　　　　）

(7) (6)の人物に関して、次の文の{　　}にあてはまる言葉に○を書きましょう。

●祖父の家康がまつられた{ 厳島神社　日光東照宮 }は、現在は世界遺産に登録されている。

2 次の問いに答えましょう。

(1) 江戸時代の人口の約8割をしめていた身分を何といいますか。　（　　　　　）

(2) 次の①～③の身分にあてはまるものを、あとからそれぞれ選びましょう。

①武士（　　）　②町人（　　）　③百姓（　　）

㋐ 江戸や大阪などの都市に住んで商工業を営んだ。

㋑ 名字を名のり、刀を差すことなどが認められた。

㋒ 村役人を中心として村を共同で運営し、年貢を納めた。

(3) 江戸時代の身分や人々の暮らしの様子を、次から2つ選びましょう。　（　　）（　　）

㋐ 男性も女性も同じ地位とみなされた。

㋑ 年貢は収穫量の約3％を納める軽いものだった。

㋒ 村で年貢を納められない者や罪をおかした者が出たときは五人組で責任を負った。

㋓ 百姓や町人などと区別され、差別された人もいた。

ポイント **幕府は、武家諸法度を定めて大名を支配した。**

61

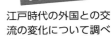

勉強した日　月　日

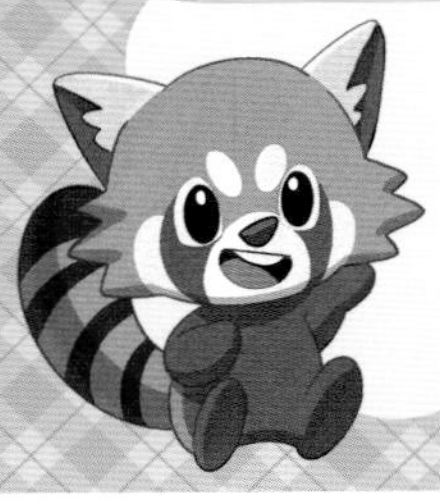

6　幕府の政治と人々の暮らし②

学習の目標
江戸時代の外国との交流の変化について調べよう。

基本のワーク

教科書 148〜153ページ　答え 11ページ

1 鎖国への道

- 江戸時代の初めごろ、**スペイン**や①(　　　　　)の貿易船がさかんに日本をおとずれた。
- 日本人の商人も**東南アジア**へ出かけ、各地に日本人が移り住んで②(　　　　　)ができた。
- 幕府は初め、貿易の利益を考えてキリスト教を許していた。
- 貿易船に乗ってきた③(　　　　　)たちの活動により、キリスト教信者が増加。➡信者が幕府の命令をきかなくなることをおそれ、キリスト教を④(　　　　　)した。
- 家光のころには、⑤(　　　　　)が海外へ行くことも帰ってくることも禁止した。
- ⑥(　　　　　)…1637年、重い年貢やキリスト教への厳しい取りしまりに反対する人々が、16才の**天草四郎（益田時貞）**を中心に起こした一揆。
  - ◆一揆をおさえたあと、幕府はキリスト教の取りしまりをさらに強めた。
    - ■信者を見つけ出すために⑦(　　　　　)が行われた。

絵ふみに使われた像

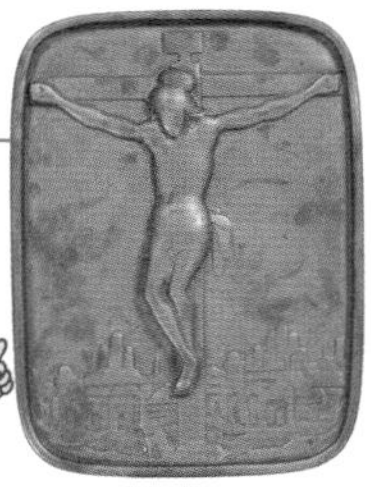

- 幕府は貿易の相手を中国と⑧(　　　　　)に限定。貿易港は⑨(　　　　　)だけとし、平戸のオランダ商館を出島に移す。➡日本は⑩(　　　　　)の状態となり、外国の情報や貿易の利益は幕府が独占。

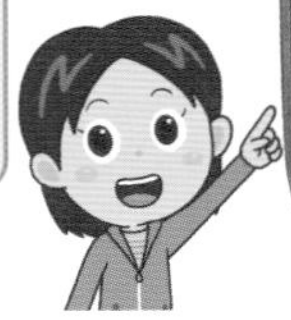

キリストの像が使われたよ。

2 鎖国のもとでの交流

- 鎖国のもとでも他の国や地域との交流が行われていた。

よみトク！地図

鎖国のもとでの交流の窓口

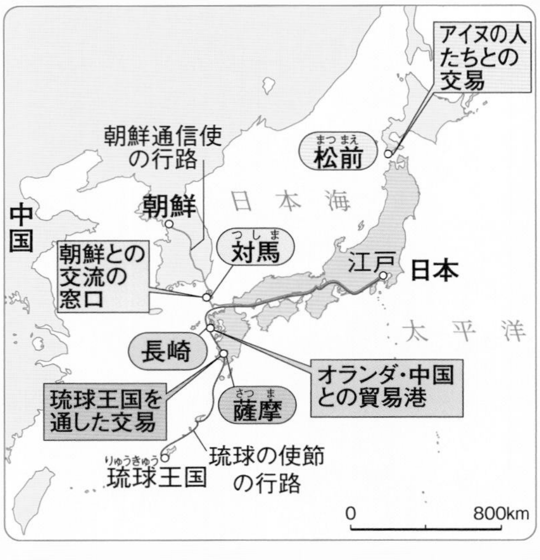

アイヌの人たちとの交易
朝鮮通信使の行路
松前
日本海
中国
朝鮮
朝鮮との交流の窓口
対馬
江戸
日本
太平洋
長崎
オランダ・中国との貿易港
琉球王国を通した交易
薩摩
琉球の使節の行路
琉球王国
0
800km

朝鮮
- プサン（釜山）の倭館で⑪(　　　　　)藩が窓口となって貿易を行った。
- 12回にわたって**朝鮮通信使**が日本をおとずれ、江戸に向かった。

沖縄…中国や東南アジアの国々と交流し、独自の文化をもつ⑫(　　　　　)が栄えた。
- 幕府は⑬(　　　　　)藩を通じて力をおよぼし、薩摩藩は中国などの産物を手に入れた。

北海道…**蝦夷地**とよばれ、狩りや漁をして生活する⑭(　　　　　)の人たちが住んでいた。
- 交易は⑮(　　　　　)藩が行った。
  - ◆不利な取り引きや自然を荒らされたことに抗議して、シャクシャインが戦いを起こしたが敗れた。

しゃかいか工場
オランダもキリスト教の国だけど、スペインやポルトガルとは宗派がちがっていて、自分たちの宗派を他の国に強くすすめるようなことはしなかったんだよ。

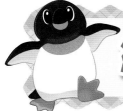

練習のワーク

できた数　／16問中

教科書 148〜153ページ　答え 11ページ

1 江戸幕府が鎖国を行うまでの様子について、次の問いに答えましょう。

(1) 江戸時代の初めごろに、日本町ができた所を次から選びましょう。（　　）

㋐ 中国　㋑ 朝鮮　㋒ ヨーロッパ　㋓ 東南アジア

(2) 外国との交流による変化について、次の文の｛　｝にあてはまる言葉に○を書きましょう。

●貿易船に乗って宣教師たちが来るようになると、キリスト教信者の数が｛ 増えた　減った ｝。

(3) 右の**年表**中のⒶを幕府が行った理由を、次から選びましょう。（　　）

㋐ ヨーロッパとの貿易が不利になったから。

㋑ 宣教師と仏教勢力との対立が激しくなったから。

㋒ 信者が命令をきかなくなることをおそれたから。

年	主なできごと
1612	キリスト教を禁止する……Ⓐ
1624	スペイン船の来航を禁止する
1635	日本人の海外への渡航と海外からの[B]を禁止する
1637	島原・天草一揆が起こる…Ⓒ
1639	ポルトガル船の来航を禁止する……………………Ⓓ
1641	貿易港を長崎に限定する…Ⓔ

(4) **年表**中の[B]にあてはまる言葉を、漢字２字で書きましょう。（　　）

(5) **年表**中のⒸについて、一揆の中心人物となったのはだれですか。（　　）

(6) **年表**中のⒹのあと、幕府が貿易を許した国を２つ書きましょう。（　　）（　　）

(7) **年表**中のⒺの長崎につくられた、右の**資料**の人工の島を何といいますか。（　　）

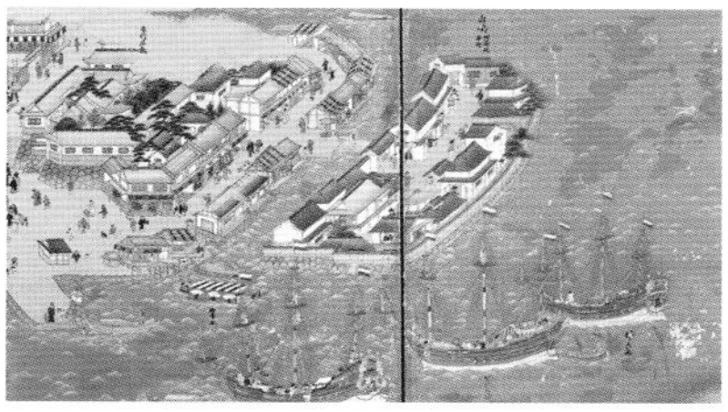

2 鎖国のもとで交流のあった国や地域について、次の問いに答えましょう。

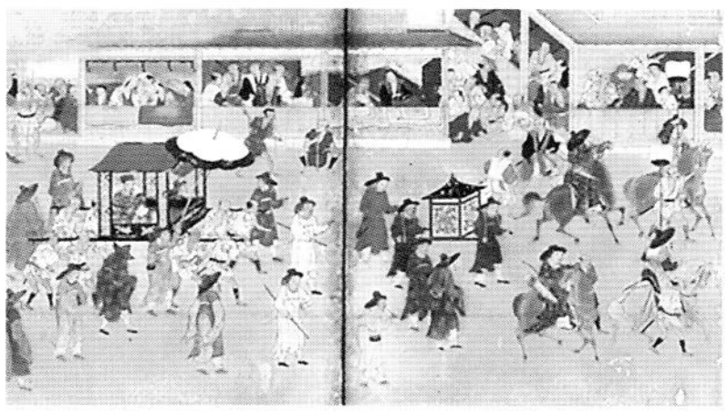

(1) 朝鮮から江戸に送られた、右の**資料**の使節を何といいますか。（　　）

(2) 沖縄にあった琉球王国の様子を、次から２つ選びましょう。（　　）（　　）

㋐ 独自の文化が栄えていた。

㋑ 主に狩りや漁を行う生活が行われていた。

㋒ 中国や朝鮮、東南アジアとの貿易の中継地だった。

㋓ 役人が貿易を行うための倭館が置かれていた。

(3) アイヌの人たちが住んでいた北海道は、江戸時代には何とよばれていましたか。（　　）

(4) 不利な条件の交易などに抗議して、アイヌの人たちを率いて戦いを起こした人物はだれですか。（　　）

(5) 次の①〜③と交流のあった藩を、あとからそれぞれ選びましょう。

① 朝鮮（　）　② 琉球王国（　）　③ アイヌの人たち（　）

㋐ 松前藩　㋑ 薩摩藩　㋒ 対馬藩

ポイント 幕府はキリスト教を禁止して鎖国を行った。

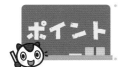

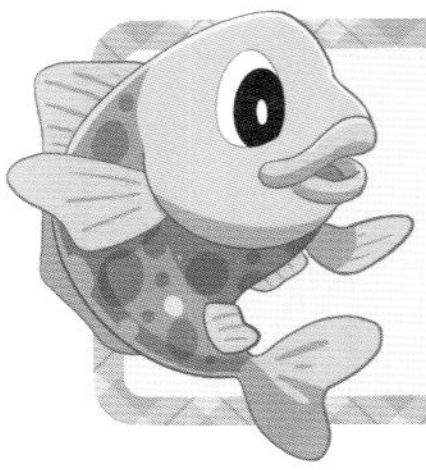

勉強した日　　月　　日

まとめのテスト

6　幕府の政治と人々の暮らし

時間 20分

得点　　/100点

教科書 142〜153ページ　答え 11ページ

1 江戸幕府の支配　右の資料を見て、次の問いに答えましょう。　1つ4点〔28点〕

よく出る

(1) **資料1**は江戸時代の大名の配置を示したものです。Ⓐ〜Ⓒにあてはまる大名を、次の［　］からそれぞれ選びましょう。

Ⓐ(　　　　　)　Ⓑ(　　　　　)
Ⓒ(　　　　　)

譜代　外様　親藩

資料1　大名の配置（1664年）

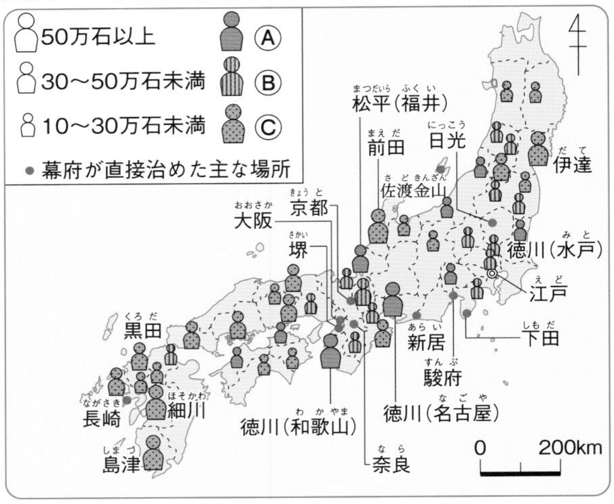

50万石以上 Ⓐ
30〜50万石未満 Ⓑ
10〜30万石未満 Ⓒ
●幕府が直接治めた主な場所
松平（福井）
前田
日光
伊達
佐渡金山
京都
大阪
堺
徳川（水戸）
江戸
黒田
新居
下田
駿府
長崎
細川
徳川（和歌山）
徳川（名古屋）
島津
奈良
0　200km

(2) **資料1**について、次の文の｛　　｝にあてはまる言葉に○を書きましょう。

●大名は、｛幕府　大名｝にとって都合のよい場所に配置された。

(3) **資料2**について、正しいことを次から2つ選びましょう。　(　　)(　　)

㋐ 徳川家康がすべてのきまりを定めた。

㋑ きまりにそむいた大名は領地を取り上げられることもあった。

㋒ 幕府はきまりを守らせて大名どうしの団結を固めさせた。

㋓ 幕府は大名との主従関係を強めた。

資料2　武家諸法度（一部）

一、学問や武芸を身につけ、常にこれにはげむこと。

一、城を修理する場合は、幕府に届け出ること。

一、大名は、領地と江戸に交代で住み、毎年4月に江戸に参勤すること。

記述

(4) **資料2**の——線部の制度は、大名にとって大きな負担になりました。その理由を、この制度の名前と「費用」の言葉を用いて、簡単に書きましょう。

(　　　　　　　　　　　　　　　　　　　　　　　)

2 江戸時代の身分　右のグラフを見て、次の問いに答えましょう。　1つ4点〔16点〕

よく出る

(1) **グラフ**中のⒶにあてはまる身分を何といいますか。

(　　　　　)

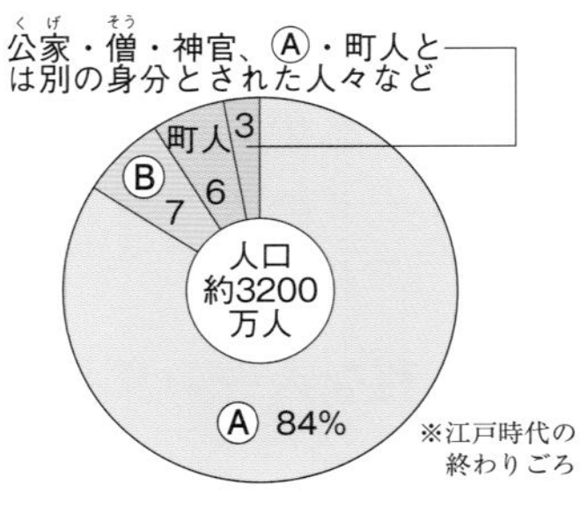

公家・僧・神官、Ⓐ・町人とは別の身分とされた人々など
町人
3
Ⓑ
7
6
人口
約3200
万人
Ⓐ 84%
※江戸時代の終わりごろ

(2) Ⓐの身分の人々について、次の文の［　］にあてはまる言葉を、あとの［　］からそれぞれ選びましょう。

①(　　　　　)　②(　　　　　)

① 田畑を耕し、収穫の半分ほどを［　］として納めた。

② 村では、人々に共同で責任を負わせるための［　］がつくられた。

五人組　藩　租　年貢　調

(3) 世の中を支配した**グラフ**中のⒷにあてはまる身分を何といいますか。(　　　　　)

3 鎖国への道 次のカードと資料を見て、あとの問いに答えましょう。

Ⓐ 天草四郎を中心に大きな一揆が起こり、4か月にわたって幕府軍と戦った。

Ⓑ キリスト教の信者が増えていくと、幕府はキリスト教を禁止した。

Ⓒ 幕府は貿易を長崎だけで行うこととして、オランダ商館を出島に移した。

Ⓓ 日本の商人は、東南アジアにわたってさかんに貿易を行った。

(1) **カードⒶ**について、この一揆を何といいますか。　（　　　　　　　）

(2) **カードⒷ**について、右の像は幕府がキリスト教を禁止したあとに使われたものです。何のために使われましたか。次から選びましょう。（　　　）

　　㋐ キリスト教の取りしまりに反対する。

　　㋑ 幕府に知られないようにキリスト教を広める。

　　㋒ 仏教をキリスト教の代わりにすすめる。

　　㋓ キリスト教の信者を見つける。

(3) **カードⒸ**について、次の問いに答えましょう。

　　① オランダとともに長崎での貿易が認められた国はどこですか。　（　　　　　　　　　）

　　② オランダや①の国が貿易を許された理由を、簡単に書きましょう。

　　（　　　　　　　　　　　　　　　　　　　　　　　　　　　　　　）

(4) **カードⒹ**について、右上の**地図**はこのころの東南アジアの様子を示したものです。**地図**中のⓍで示した、日本人が移り住んだところを何といいますか。　（　　　　　　　）

(5) **カードⒶ〜Ⓓ**を、鎖国が完成するまでの順に並べましょう。

　　（　　　　➡　　　　➡　　　　➡　　　　）

4 鎖国のもとでの窓口 右の地図を見て、次の問いに答えましょう。

(1) 次の交流の窓口となった藩があった場所を、**地図**中の㋐〜㋒からそれぞれ選びましょう。　① 松前藩（　　）

　　② 薩摩藩（　　）　③ 対馬藩（　　）

(2) **地図**中のⒶの地域に住み、藩との交易を行った人たちを何といいますか。　（　　　　　　　の人たち）

(3) (2)の地域にあてはまることを、次から選びましょう。（　　　）

　　㋐ 倭館とよばれる施設で、藩の役人と貿易を行った。

　　㋑ 狩りや漁で生活し、毛皮や海産物などを交易していた。

　　㋒ 中国や日本、東南アジアなどの貿易の中継地として栄えた。

(4) **地図**中のⒷの国から来て、江戸を何度もおとずれた使節を何といいますか。　（　　　　　　　　　）

(5) **地図**中のⒸの国を何といいますか。　（　　　　　　　　　）

(6) 次の文にあてはまる場所を、**地図**中のⒶ〜Ⓒから選びましょう。　（　　　）

　　●戦いを起こしたシャクシャインを破ったあと、藩はさらに厳しい支配を行った。

勉強した日　月　日

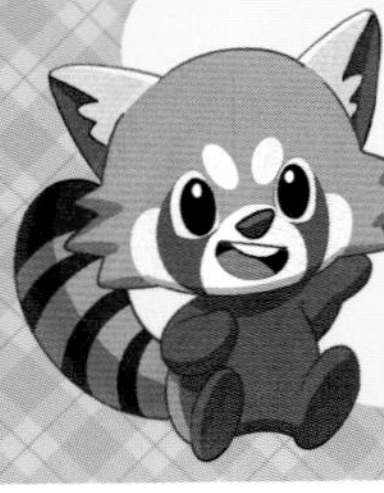

7　新しい文化と学問①

基本のワーク

学習の目標
江戸時代の都市の様子や新しく生まれた文化を調べよう。

教科書 154〜161ページ　答え 12ページ

1 都市のにぎわいと人々の楽しみ／活気あふれる町人の文化／今につながる江戸の文化

●①（　　　　）…**政治**の中心地。「**将軍のおひざもと**」とよばれ、人口が100万人をこえる大都市だった。

◆**五街道**が②（　　　　）を起点に整備された。

●③（　　　　）…**経済**の中心地。全国の産物が集まり、取り引きされることから「**天下の台所**」とよばれた。

●**京都**…平安時代からの都。西陣織などの美術工芸や商業が発達した。

日本橋の様子

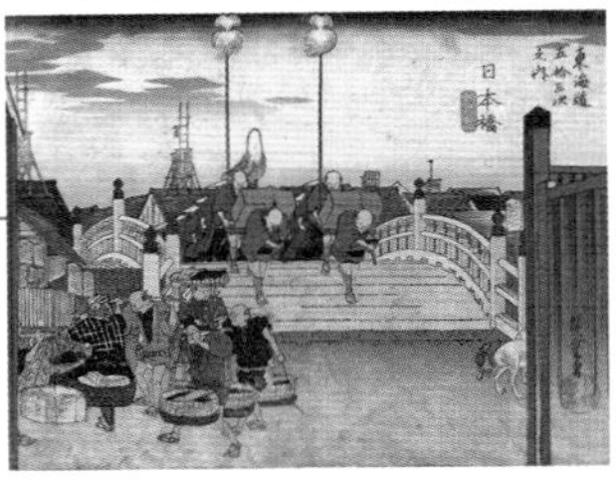

よみトク！資料

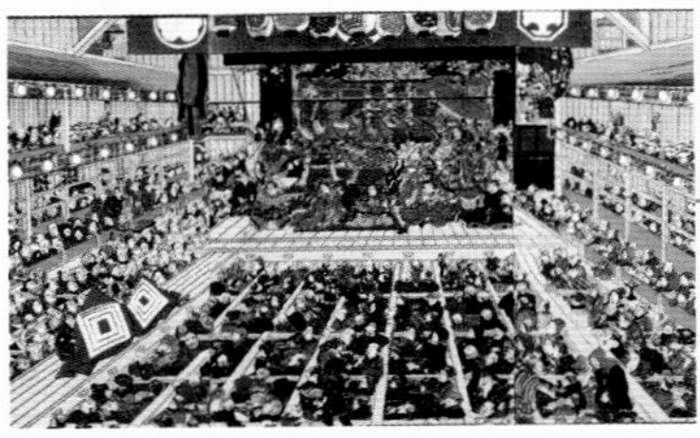

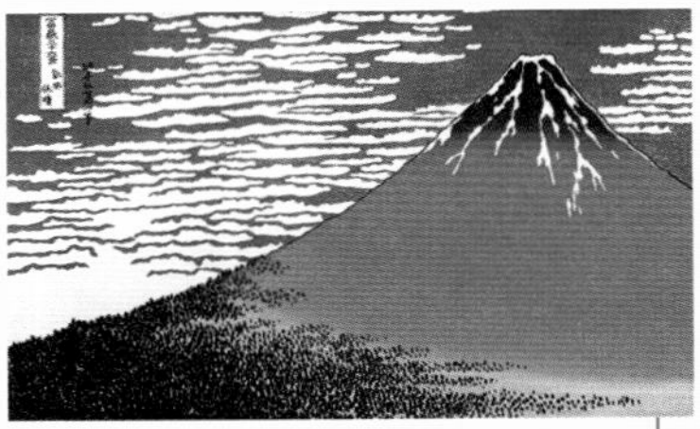

江戸時代の文化…江戸や大阪などの④（　　　　）たちが新しい文化を生み出す中心となった。

●芸能…**人形浄瑠璃**や⑤（　　　　）が人々の楽しみとなり、芝居小屋がにぎわった。

●絵画…木版技術が発達して、色あざやかな⑥（　　　　）が大量につくられた。

◆後に海外にも紹介され、画家のゴッホにも影響をあたえた。

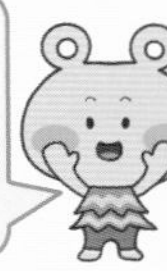
町人中心の文化だね。

人形浄瑠璃・歌舞伎	近松門左衛門	芝居の脚本
浮世絵（風景画・役者絵・美人画）	歌川広重	「東海道五十三次」
	⑦（　　　　）	「富嶽三十六景」
俳句	⑧（　　　　）	「古池や 蛙飛びこむ 水の音」

●今につながる文化…相撲、夏の花火、１日３食の習慣やそば・にぎりずしの屋台など。

2 文化を支えた産業と交通

交通の発達…江戸と主要都市を結ぶ⑨（　　　　）が中心。

●全国の産物が運ばれる大阪を中心に⑩（　　　　）も発達した。

年貢米や特産物は船で運ばれたよ。

産業の発達

●米の生産を増やすために⑪（　　　　）がさかんに行われ、耕地面積が増加した。

●**備中ぐわ**や⑫（　　　　）などの新しい農具が広まり、肥料もくふうされて生産が高まった。

備中ぐわと千歯こき

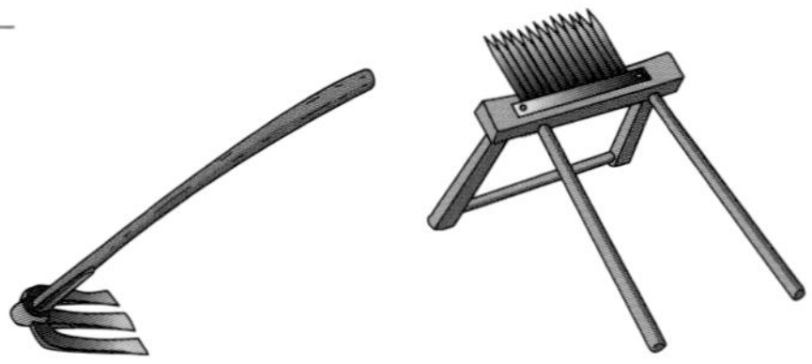

●綿花やなたね、茶、藍などの⑬（　　　　）を栽培して、現金収入を得る農民が増えた。農業書を読んだり、計算の力を身につける者もいた。

●暮らしに余裕ができた人々の間で、信仰と楽しみをかねた伊勢参りなどの⑭（　　　　）が流行した。

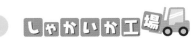

しゃかいか工場
浮世絵は、版画なので大量につくることができて、値段が安く、多くの人が買うことができたよ。人々は、浮世絵で知らない土地や人気の芝居のことを知ることができたんだ。

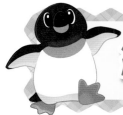

練習のワーク

できた数　　／15問中

教科書 154～161ページ　答え 12ページ

1 江戸(えど)時代の都市について、次の問いに答えましょう。

(1) 江戸時代中ごろの江戸の人口に最も近いものを、次から選びましょう。（　　）

㋐ 20万人　㋑ 50万人　㋒ 70万人　㋓ 100万人

(2) 江戸時代に、江戸と大阪(おおさか)は何とよばれましたか。それぞれ書きましょう。

①江戸（　　　　）　②大阪（　　　　）

2 次の人物について、あとの問いに答えましょう。

①

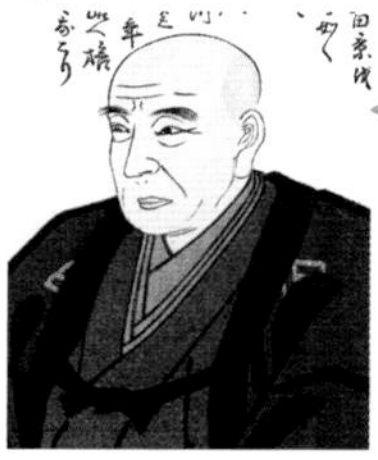

風景をかいた「東海道五十三次(とうかいどうごじゅうさんつぎ)」などの[Ⓐ]が人気を集めました。

②

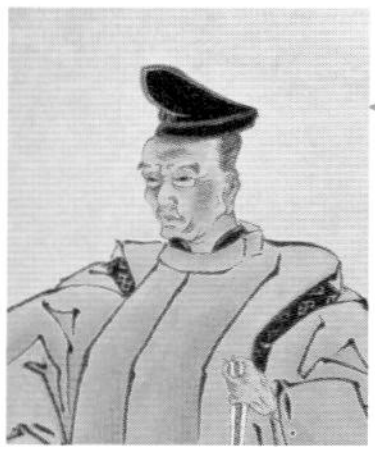

[Ⓑ]や歌舞伎(かぶき)などの、芝居(しばい)の脚本(きゃくほん)を数多く書きました。

③

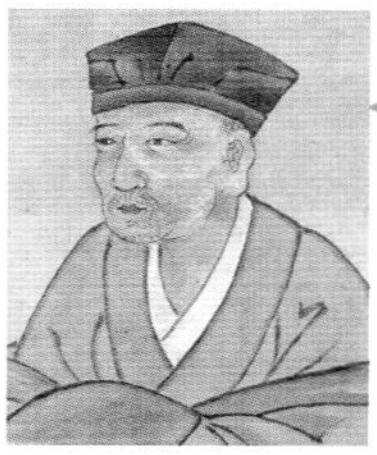

自然をよみこんだ味わいのある[Ⓒ]を多く残しました。

(1) ①～③の人物の名前を、次の[　]からそれぞれ選びましょう。

①（　　　　）　②（　　　　）　③（　　　　）

葛飾北斎(かつしかほくさい)　松尾芭蕉(まつおばしょう)　歌川広重(うたがわひろしげ)　近松門左衛門(ちかまつもんざえもん)

(2) ①～③の人物の話の[　]Ⓐ～Ⓒにあてはまる言葉を、それぞれ書きましょう。

Ⓐ（　　　　）　Ⓑ（　　　　）　Ⓒ（　　　　）

(3) ①～③の人物の作品は、どのような人々を中心に親しまれましたか。次から選びましょう。

㋐ 百姓(ひゃくしょう)　㋑ 町人(ちょうにん)　㋒ 武士　㋓ 貴族(きぞく)　（　　）

3 右の地図を見て、次の問いに答えましょう。

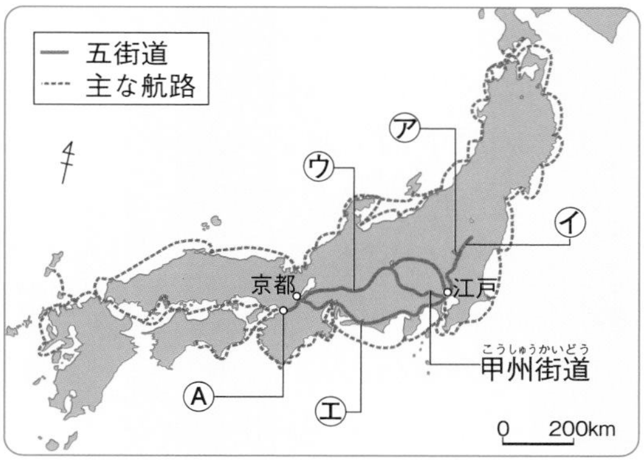

五街道
主な航路
㋐
㋑
㋒
㋓
Ⓐ
京都
江戸
甲州街道
0 200km

(1) 江戸時代に整備された五街道(ごかいどう)のうち、次の①・②にあてはまる街道を、右の**地図**中の㋐～㋓からそれぞれ選びましょう。

①東海道(とうかいどう)（　　）　②中山道(なかせんどう)（　　）

(2) 年貢米(ねんぐまい)や特産物が集まる**地図**中のⒶの都市名を書きましょう。（　　　　）

(3) 江戸時代に広まった、田畑を耕すときに使われた新しい農具を何といいますか。（　　　　）

(4) 江戸時代の産業や人々の暮(く)らしの様子にあてはまらないものを、次から選びましょう。（　　）

㋐ 商品作物として米を栽培(さいばい)する農民が増えた。

㋑ 新田開発がさかんに行われた。

㋒ 伊勢(いせ)参りなどの旅が楽しみの一つになった。

㋓ 全国で人やものが行き来した。

ポイント 都市の町人を中心に歌舞伎や浮世絵(うきよえ)が流行した。

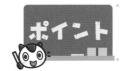

7 新しい文化と学問②

基本のワーク

学習の目標・
江戸時代にどのような学問が学ばれたのか調べよう。

教科書 162〜169ページ　答え 12ページ

① 新しい学問

よみトク！ 人物

杉田玄白（すぎたげんぱく）

- ①（　　　　　　　　）語の医学書を手に入れたが、人体の図はそれまで手本にしていた中国（ちゅうごく）の医学書とはちがっていた。
- 人体の解剖（かいぼう）を②（　　　　　　　　）らと見学して、実際の人体と同じであることにおどろき、医学書を翻訳（ほんやく）することにした。
- 翻訳は3年半かけて完成し、「③（　　　　　　　　）」を出版した。
- ④（　　　　　　　　）…オランダ語の書物を通したヨーロッパの学問の研究。**医学や天文学、地理学**などが紹介（しょうかい）され、関心をもつ人が増加した。

杉田玄白
（1733 〜 1817）

本居宣長（もとおりのりなが）

- 日本人とは何かを考え、古典を研究して「⑤（　　　　　　　　）」を書き、⑥（　　　　　　　　）を発展（はってん）させた。
- **国学（こくがく）**…古くからの日本人の考え方を明らかにしようとする学問。社会に大きな影響（えいきょう）をあたえ、天皇（てんのう）中心の政治にもどそうとする考え方も出た。

本居宣長
（1730 〜 1801）

- 幕府（ばくふ）の命令で全国各地を測量した⑦（　　　　　　　　）は、正確な**日本地図**をつくった。

② 人々と学問、新しい時代への動き

江戸（えど）時代の教育

- 町人（ちょうにん）や百姓（ひゃくしょう）の子どもは⑧（　　　　　　　　）に通い、**読み書きやそろばん**などを学んだ。
- 藩（はん）は武士の子どもの教育に力を入れ、⑨（　　　　　　　　）をつくって武士に必要な武芸や学問を学ばせた。
  - ◆ 学問は中国で生まれた⑩（　　　　　　　　）が特に大切とされた。
    - ■ 上下関係にもとづいた考え方をしたことから幕府が奨励（しょうれい）した。

幕府や藩の支配を受けない私塾（しじゅく）も開かれたよ。

19世紀の日本

- 大きな⑪（　　　　　　　　）が発生すると、百姓一揆（いっき）や⑫（　　　　　　　　）が起こった。
- 大阪（おおさか）で、かつて幕府の役人であった⑬（　　　　　　　　）が抗議（こうぎ）の兵を挙げた。
- ロシアやイギリス、アメリカの船が日本沿岸（えんがん）に近づくようになり、幕府は対応をせまられた。
- 新しい学問を学ぶ人からは、社会の問題に対応できない幕府や藩を批判（ひはん）する動きが生まれた。

百姓一揆と打ちこわしの件数

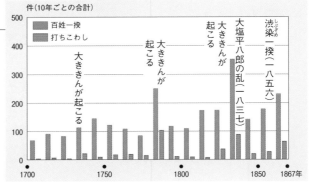

件（10年ごとの合計）
百姓一揆
打ちこわし

大ききんが起こる
大ききんが起こる
大ききんが起こる
大ききんが起こる
大塩平八郎（おおしおへいはちろう）の乱（一八三七）
渋染（しぶぞめ）一揆（一八五六）

500 / 400 / 300 / 200 / 100 / 0
1700　1750　1800　1850　1867年

江戸時代の藩校の伝統は今でも引きつがれているよ。あちこちに藩校の名前がついた学校があるんだよ。

練習のワーク

教科書 162〜169ページ　答え 12ページ

勉強した日　月　日

できた数

／15問中

1 次の問いに答えましょう。

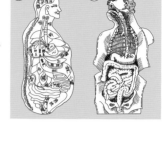

(1) 前野良沢らと外国の医学書を翻訳し、「解体新書」を出版した人物はだれですか。（　　　　　）

(2) 「解体新書」にえがかれた人物の図は、右のあ・いのどちらですか。（　　　　　）

(3) 蘭学の研究で使われた書物は、どこの国の言語で書かれていましたか。次から選びましょう。（　　　　　）

　㋐　イギリス　　㋑　ポルトガル　　㋒　オランダ　　㋓　中国

(4) 「古事記伝」を書き、国学を発展させた人物はだれですか。（　　　　　　　　）

(5) 伊能忠敬とその弟子たちがつくった右の**地図**にあてはまることを、次から2つ選びましょう。（　　　　）（　　　　）

　㋐　外国から輸入された地図をもとにつくられた。

　㋑　西洋の天文学や測量術を用いて全国を測量した。

　㋒　江戸から遠い地域は省略してえがかれている。

　㋓　日本の形は現在の地図とほとんど同じである。

2 次の問いに答えましょう。

(1) 町人や百姓の子どもたちが学んだ右の学校を何といいますか。次の◯◯◯から選びましょう。（　　　　　）

　　　　藩校　　　　寺子屋　　　　私塾

(2) (1)で教えた学問を、次から2つ選びましょう。（　　　）（　　　）

　㋐　儒学　　㋑　そろばん　　㋒　武芸　　㋓　読み書き

(3) 幕府が重んじた儒学について、次の文の{　　}にあてはまる言葉に◯を書きましょう。

　●儒学は①{　中国　ヨーロッパ　}で生まれた学問であり、身分ごとにふさわしい行いがあるという②{　平等な関係　上下の関係　}にもとづいた考え方をしていた。

(4) 19世紀の中ごろに大きなききんが起こると、農村に住む人々は何を起こしましたか。（　　　　　　　　）

(5) かつて幕府の役人であった大塩平八郎が反乱を起こした場所を、次から選びましょう。

　㋐　江戸　　㋑　大阪　　㋒　京都　　㋓　長崎　　　　　　（　　　　）

(6) 19世紀の社会の様子を、次から2つ選びましょう。（　　　）（　　　）

　㋐　百姓に対する幕府や藩の支配が安定した。

　㋑　貿易を許していない国の船が、日本に近づくようになった。

　㋒　経済が発展したため、社会の不安はおさまった。

　㋓　新しい学問を学ぶ人たちが政治を批判するようになった。

ポイント 蘭学や国学が生まれ、教育もさかんになった。

まとめのテスト

勉強した日　　月　　日

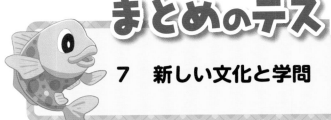

7　新しい文化と学問

時間 20分

得点　　/100点

教科書 154～169ページ　　答え 13ページ

1 江戸時代の文化 **次の資料を見て、あとの問いに答えましょう。**　　1つ4点〔24点〕

資料1

資料2

資料3

(1) **資料1**、**2**は、江戸時代の芝居小屋でさかんに演じられたものです。**資料1**、**2**の名前を、次からそれぞれ選びましょう。　**資料1**（　　）　**資料2**（　　）

㋐ 能　㋑ 田楽　㋒ 人形浄瑠璃　㋓ 狂言　㋔ 歌舞伎

よく出る

(2) **資料1**、**2**の脚本を書いて活躍した人物を、次から選びましょう。（　　）

㋐ 歌川広重　㋑ 近松門左衛門　㋒ 松尾芭蕉　㋓ 葛飾北斎

(3) **資料3**の風景画のような、あざやかな色づかいでえがかれた絵画を何といいますか。

（　　　　）

(4) (3)についてあてはまることを、次から選びましょう。（　　）

㋐ 木版の技術が上がったことから、大量に印刷された。

㋑ 貴族の屋しきにかざるための絵画としてつくられた。

㋒ 海外の画家の作品をまねた絵もさかんにえがかれた。

資料4

五月雨を
あつめて早し　最上川

(5) **資料1**～**3**の文化が発達したころによまれた、右の**資料4**のように短い文で表す文学を何といいますか。（　　　　）

2 都市や交通の発達 **右の地図を見て、次の問いに答えましょう。**　　1つ4点〔24点〕

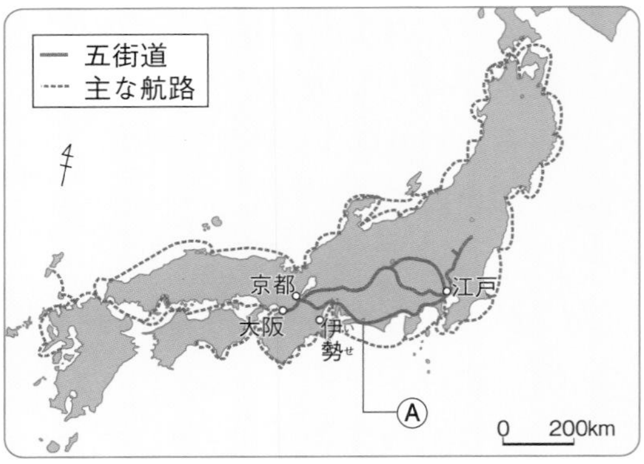

五街道
主な航路
京都
江戸
大阪
伊勢
Ⓐ
0　200km

(1) 次の文にあてはまる都市の名前を、**地図**中からそれぞれ選びましょう。

①（　　　　）　②（　　　　）

① 全国の産物が運びこまれ、「天下の□」とよばれた。

② 政治の中心となり、人口は100万人をこえた。

(2) (1)①の□にあてはまる言葉を書きましょう。

（　　　　）

(3) 五街道のうち、**地図**中のⒶを何といいますか。次から選びましょう。（　　）

㋐ 東海道　㋑ 中山道　㋒ 甲州街道　㋓ 日光街道　㋔ 奥州街道

(4) 江戸時代の都市や交通の様子を、次から2つ選びましょう。（　　）（　　）

㋐ 京都は経済の中心地として栄えた。　㋑ 年貢米や特産物が船でさかんに運ばれた。

㋒ 関所がなくなり人の行き来が増えた。　㋓ 街道は多くの旅人にも利用された。

3 江戸時代の産業 次の問いに答えましょう。 1つ4点〔20点〕

[思考] (1) 江戸時代の農業について、右のグラフからわかることを、次から選びましょう。 (　　)

㋐ 農地を捨てる農民が増えた。

㋑ 新田開発がさかんに進められた。

㋒ 幕府や藩に納める年貢の割合が高くなった。

㋓ 西洋から新しい農業の知識が広まった。

耕地面積の増加

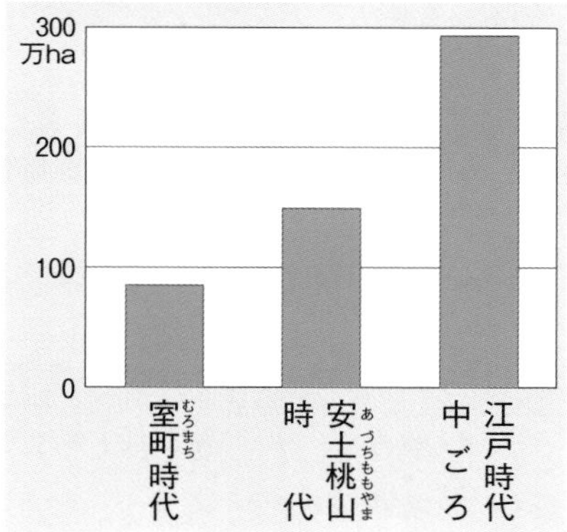

300 万ha
200
100
0
室町時代
安土桃山時代
江戸時代中ごろ

(2) 江戸時代に広く使われるようになった新しい農具を、次の［　］から2つ選びましょう。

(　　　　　　)(　　　　　　)

千歯こき　　田げた　　石包丁　　備中ぐわ

(3) 江戸時代の商品作物にあてはまらないものを、次から選びましょう。 (　　)

㋐ 米　　㋑ 茶　　㋒ 綿花　　㋓ なたね

[記述] (4) 商品作物とは、どのようなことを目的につくられる作物ですか。「収入」の言葉を用いて簡単に書きましょう。(　　　　　　　　　　　　　　　　　　　　)

4 江戸時代の学問 次の文を読んで、あとの問いに答えましょう。 1つ4点〔32点〕

江戸時代には①「解体新書」が出版されるなど、蘭学がさかんになり、外国の知識をもとにした②日本地図もつくられた。このころには③日本古来の考え方を研究する学問も生まれたが、藩が武士の教育のためにつくった［Ⓐ］では昔からの儒学が学ばれた。また④私塾や⑤寺子屋も開かれて教育を受ける人は増加した。こうした中、ききんによって各地で百姓一揆や［Ⓑ］が続くと、新しい学問を学ぶ人からは幕府の政治を批判する声も上がった。

(1) ［　］Ⓐ・Ⓑにあてはまる言葉をそれぞれ書きましょう。

Ⓐ(　　　　　　)　Ⓑ(　　　　　　)

(2) ——線部①の説明として正しいものを、次から選びましょう。 (　　)

㋐ オランダ語で書かれている。　　㋑ 中国の医学が紹介されている。

㋒ 人体の図が正確にかかれている。

(3) ——線部②について、幕府の命令で全国を測量した人物を、次から選びましょう。(　　)

㋐ 前野良沢　　㋑ 大塩平八郎　　㋒ 本居宣長　　㋓ 伊能忠敬

[よく出る] (4) ——線部③の学問を何といいますか。 (　　　　　　)

[思考] (5) ——線部④の様子にあてはまるものを、次から2つ選びましょう。 (　　)(　　)

㋐ 新しい学問を教えた。　　㋑ 幕府に役立つ人物を育てた。

㋒ 武芸を最も重んじた。　　㋓ 身分に関係なく学んだ。

[記述] (6) 右の資料は、——線部⑤の様子です。ここではどのような学問が学ばれましたか。具体的な例をあげながら「生活」の言葉を用いて書きましょう。

(　　　　　　　　　　　　　　　　　　　　　　　　)

勉強した日 月 日

8 明治の新しい国づくり①

基本のワーク

学習の目標
鎖国や江戸幕府の政治がどのように終わったのか調べよう。

教科書 170〜175ページ　答え 13ページ

1 新しい世の中へ／黒船が来た

●明治時代初めの高輪…まちの中を①(　　　　)や馬車、人力車が走り、着物以外に②(　　　　)を着た人もいた。

江戸時代の交通や人々の服装とはちがうね。

●江戸時代が終わると、人々の服装や交通の様子が大きく変わった。

●外国との関係や政治も変わり、新しい世の中をつくる改革は③(　　　　)とよばれた。

黒船の来航

●1853年、浦賀に現れたアメリカ合衆国のペリーは日本に④(　　　　)を要求した。

●翌年、再びペリーが現れると、幕府は日米和親条約を結んで下田と⑤(　　　　)を開港した。

●1858年には⑥(　　　　)を結び、貿易を認めた。

➡約200年続いた鎖国の状態が終わった。

◆同様の条約をオランダ、ロシア、イギリス、フランスとも結んだが、日本にとって不利で**不平等な内容**だった。

■⑦(　　　　)**を認めている**…外国人が日本で罪をおかしても日本の法律で裁けない。

■**関税自主権がない**…⑧(　　　　)に自由に税がかけられず、外国の安い製品の輸入を制限できない。

条約によって開かれた港

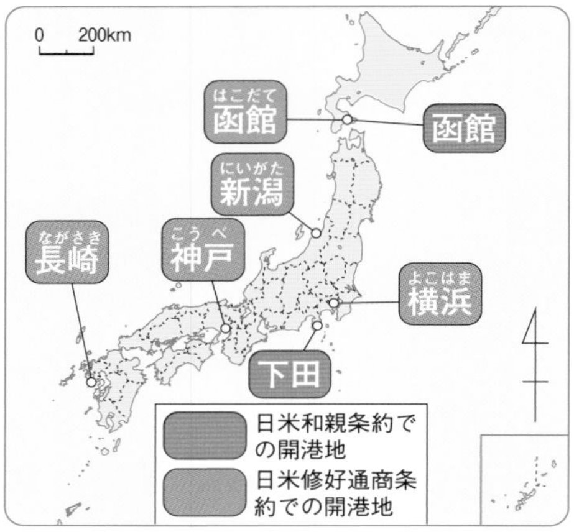

0 200km
函館
函館
新潟
長崎
神戸
横浜
下田
日米和親条約での開港地
日米修好通商条約での開港地

2 江戸幕府がたおれる

●外国との貿易が始まると、国内の品不足や米などの値上がりが起こり、「⑨(　　　　)」を求める一揆や打ちこわしが激しくなった。

●長州藩と⑩(　　　　)藩は、新しい政治のしくみをつくる運動の中心となった。

よみトク！ 人物　●**坂本龍馬**の説得で連合し、のちに⑪(　　　　)を目ざした。

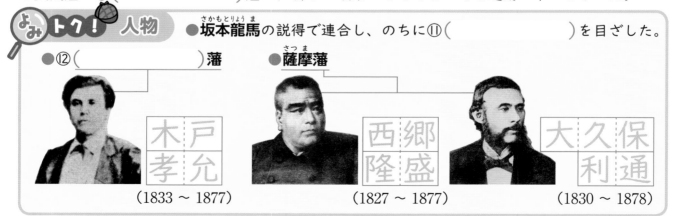

●⑫(　　　　)藩　●**薩摩藩**

木戸孝允
(1833 〜 1877)

西郷隆盛
(1827 〜 1877)

大久保利通
(1830 〜 1878)

●1867年、15代将軍の⑬(　　　　)は政権を天皇に返し、江戸幕府の政治が終わった。

●その後、新政府軍と旧幕府軍が戦い、幕府のもと役人の⑭(　　　　)と**西郷隆盛**の話し合いで江戸城が明けわたされた。➡戦いは五稜郭（北海道）で新政府軍が勝利して終結した。

しゃかいか工場　長州藩ははじめ外国の勢力を追いはらおうとしたよ。でも、下関の砲台を占領されたことで力の差を知り、幕府をたおして新しい国をつくろうと考えを変えたんだ。

練習のワーク

できた数

／15問中

1 次の問いに答えましょう。

(1) 明治維新が行われたころの高輪をえがいた右の**絵**を見て、あてはまるものを2つ選びましょう。　（　　　）（　　　）

　　㋐ 歩きか馬に乗っている人しかいない。

　　㋑ れんがでできた橋がかかっている。

　　㋒ 鉄道が走っている。

　　㋓ 着物を着て、刀を差している人がいる。

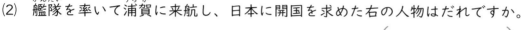

(2) 艦隊を率いて浦賀に来航し、日本に開国を求めた右の人物はだれですか。　　（　　　　　　　　）

(3) 右の人物が再び来航した時に、幕府が結んだ条約を何といいますか。　　（　　　　　　　　）

(4) 1858年に結ばれた日米修好通商条約によって開かれた港としてあてはまらないものを、次から選びましょう。　　（　　　）

　　㋐ 下田　　㋑ 横浜　　㋒ 神戸　　㋓ 長崎

(5) 日本が外国と結んだ条約について、①・②にあてはまる内容をそれぞれ線で結びましょう。

　① 治外法権を認めていた。　・

　② 日本に関税自主権がない。　・

　・㋐ 輸入品にかける税を自由に決めることができない。

　・㋑ 国内の政治を自主的に行うことができない。

　・㋒ 外国人が事件を起こしても日本の法律で裁けない。

2 次の問いに答えましょう。

(1) 開国後の人々の様子を、次から2つ選びましょう。　　（　　　）（　　　）

　　㋐ 百姓や町人の生活は変わらなかった。　　㋑ 品不足や値上がりで生活が苦しくなった。

　　㋒ 一揆を起こして「世直し」を求めた。　　㋓ 幕府に反対する声がなくなった。

(2) 新しい政治のしくみをつくろうとした薩摩藩の中心人物を、[＿＿]から2人選びましょう。

　　　　　　　　　　　　（　　　　　　　　）（　　　　　　　　）

　　　大久保利通　　　木戸孝允　　　勝海舟　　　西郷隆盛

(3) 薩摩藩と長州藩の連合を仲介した土佐藩出身の人物はだれですか。　（　　　　　　　　）

(4) 15代将軍の徳川慶喜は、1867年に政権をだれに返しましたか。　（　　　　　　　　）

(5) 江戸幕府の政治は1603年から約何年で終わりましたか。次から選びましょう。　（　　　）

　　㋐ 約120年　　㋑ 約180年　　㋒ 約200年　　㋓ 約260年

(6) 幕府がたおれたあとに起きた新政府軍と旧幕府軍の戦いで、最後の戦場となった西洋式の城郭を何といいますか。　　（　　　　　　　　）

ポイント ペリーの来航によって日本は開国し、鎖国の状態が終わった。

8 明治の新しい国づくり②

基本のワーク

学習の目標・
新政府が行ったさまざまな政策とその目的を調べよう。

教科書 176〜183ページ ｜ 答え 13ページ

1 新政府による国づくりの始まり

●1868（明治元）年、新政府は新しい政治の方針を明治天皇の①（　　　　　　）として発表した。

●年号を②（　　　　　　）に変え、江戸を**東京**とした。

●1869年、政府は③（　　　　　　）を行って大名の領地と領民を天皇に返させ、1871年には**廃藩置県**を行った。

●岩倉具視を大使とする④（　　　　　　）が派遣され、欧米の政治のしくみや産業・文化の様子を学んだ。
　◆留学生の**津田梅子**は、のちに女子教育に貢献した。

●古い身分制度を改め、大名➡**華族**、武士➡**士族**、百姓や町人➡⑤（　　　　　　）とした。
　◆差別されてきた人々も平民とする「⑥（　　　　　　）」が出された。

五か条の御誓文

> 一、政治は、会議を開いてみんなの意見をきいて決めよう。
> 一、国民が心を合わせて、国の勢いをさかんにしよう。
> 一、国民一人一人の意見がかなう世の中にしよう。
> 一、これまでのよくないしきたりを改めよう。
> 一、知識を世界から学んで、天皇中心の国家をさかんにしよう。

2 欧米の国々に追いつけ／人々の暮らしが変わった

📝 明治政府の改革

●政府は、欧米の国々に追いつき負けない国を目ざして⑦（　　　　　　）の政策を進めた。

●**地租改正**…これまでの年貢に代えて、土地の価格に応じた⑧（　　　　　　）（税金）を納めさせた。➡国の⑨（　　　　　　）を安定させるため。

●⑩（　　　　　　）…西洋式の強い軍隊をつくるため、**20才以上の男子に兵役**を義務づけた。

●**殖産興業**…国が外国から機械を買い入れて**官営工場**をつくり、外国の技術者や学者を招いて進んだ技術や知識を学んだ。➡国内の⑪（　　　　　　）をさかんにして経済を発展させる。
　◆群馬県の富岡につくられた⑫（　　　　　　）から、新しい生糸の生産技術が広まった。
　◆民間の会社の育成にも力を入れ、⑬（　　　　　　）は500余りの会社の設立に関わった。

📝 変化する暮らし…都市を中心に西洋ふうの暮らしや文化が広がった。

●一定の年齢のすべての子どもに教育を受けさせる**学校制度**がつくられ、全国に小学校ができた。

●西洋の文化を取り入れる活発な動きが、人々の生活様式やものの考え方に大きな影響をあたえる風潮（＝⑭（　　　　　　））が広がった。

 人物

福沢諭吉
（1834 〜 1901）

●中津藩（大分県）の下級武士の家に生まれた。

●「⑮（　　　　　　）」を書き、人は生まれながらにして平等で、学問をすることで身を立てていくべきだと主張した。

西洋の考えを紹介して人々に影響をあたえたよ。

「学問のすゝめ」

> 「天は人の上に人を造らず、人の下に人を造らずといえり。」

  富岡製糸場は、「富岡製糸場と絹産業遺産群」という名前で世界文化遺産に登録されているよ。製糸場だけでなく、蚕の卵の貯蔵所や教育機関など計4か所が登録されたんだ。

練習のワーク

できた数　／16問中

教科書　176～183ページ　答え　13ページ

1 次の問いに答えましょう。

(1) 新政府は、五か条の御誓文をだれの名で発表しましたか。（　　）

(2) 明治時代になり、江戸は何という都市になりましたか。（　　）

(3) 版籍奉還で大名が天皇に返したものは何ですか。２つ書きましょう。

（　　）（　　）

(4) 1871年に藩を廃止し、全国に府県を置いた政策を何といいますか。（　　）

(5) 岩倉使節団に参加して、のちに女子の教育や地位向上に大きなはたらきをした人物を、次から選びましょう。（　　）

[ア] 岩倉具視　[イ] 木戸孝允　[ウ] 大久保利通　[エ] 津田梅子

(6) 右の**グラフ**は、明治時代初めの人口の割合を示したものです。江戸時代の武士にあてはまるものを、**グラフ**から選びましょう。

（　　）

(7) 江戸時代に厳しい差別を受けてきた人々は、「解放令」によって**グラフ**中のどの身分になりましたか。

（　　）

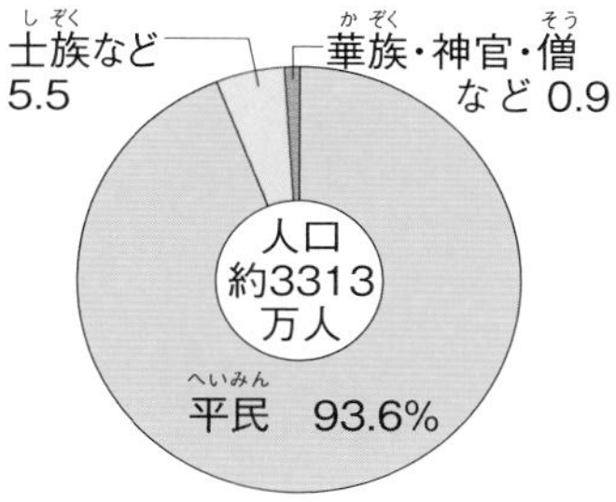
士族など
5.5
華族・神官・僧
など 0.9
人口
約3313
万人
平民　93.6%

2 次の問いに答えましょう。

(1) 国の収入を安定させるために、年貢ではなく土地の価格に応じて税金を取るようにしたことを何といいますか。（　　）

(2) 徴兵令によって兵役の義務が定められたのは、何才以上の男子ですか。

（　　才以上）

(3) 右の**資料**のような、政府が費用を出してつくった工場を何といいますか。（　　）

(4) 右の**資料**のような工場をつくり、産業をさかんにして経済を発展させようとした政策を何といいますか。

（　　）

(5) 日本で最初の銀行のほか、500余りの会社の設立にたずさわり、日本経済の発展に力をつくした人物はだれですか。（　　）

富岡製糸場

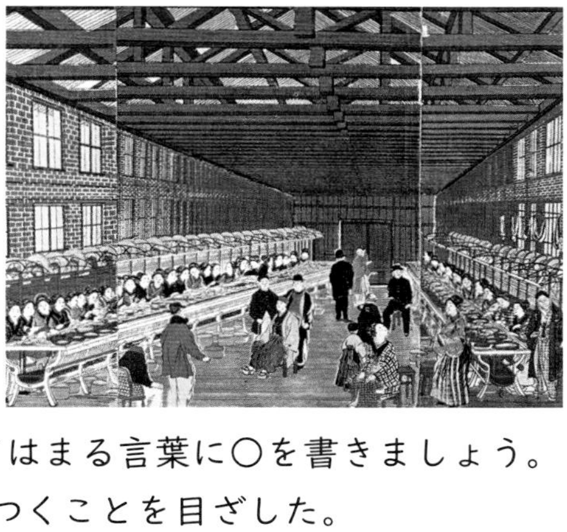

(6) 富国強兵の政策の目的について、次の文の｛　｝にあてはまる言葉に○を書きましょう。

●政府は、国力をつけて｛ アジア　欧米 ｝の国々に追いつくことを目ざした。

(7) 文明開化の動きにあてはまらないものを、次から選びましょう。（　　）

[ア] 牛肉やパンが食べられるようになった。　[イ] まちにガス灯がつけられた。

[ウ] 子どもが学ぶために寺子屋がつくられた。　[エ] 郵便制度が始まった。

(8) 人の平等を主張し、「学問のすゝめ」を書いた人物はだれですか。（　　）

ポイント　**欧米の国々に対抗するため、富国強兵の政策が行われた。**

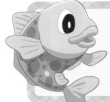

まとめのテスト

勉強した日　月　日

8　明治の新しい国づくり

時間 20分

得点　/100点

教科書 170〜183ページ　答え 14ページ

1 [幕末と明治維新] 右の年表を見て、次の問いに答えましょう。

⑽完答、1つ4点〔52点〕

年	できごと
1853	□が来航する……………………Ⓐ
1854	日米和親条約を結ぶ……………Ⓑ
1858	日米修好通商条約を結ぶ………Ⓒ
1866	長州藩と薩摩藩が連合する………Ⓓ
1867	徳川慶喜が□を天皇に返す……Ⓔ
	↕ Ⓕ
1871	岩倉使節団が日本を出発する

[よく出る] ⑴　Ⓐの□にあてはまる、アメリカから来た使節はだれですか。（　　　　）

⑵　Ⓐのときの様子について、次の文の｛　｝にあてはまる言葉に○を書きましょう。

●浦賀に現れた4せきの｛ 貿易船　軍艦 ｝は、日本で黒船とよばれた。

⑶　Ⓑの条約を結んで開かれた港を、次から2つ選びましょう。（　）（　）

㋐ 函館　㋑ 新潟　㋒ 横浜
㋓ 下田　㋔ 神戸　㋕ 長崎

⑷　Ⓑによって、幕府が一部の国や地域以外との交流を禁止してきた状態が終わりました。約200年続いたこの状態を何といいますか。（　　　　）

[思考] ⑸　Ⓒと同じ内容の条約を結んだ国としてあてはまらないものを、次から選びましょう。

㋐ オランダ　㋑ フランス　㋒ 中国　㋓ イギリス　（　）

⑹　Ⓒの条約の不平等な内容について、次の文の□にあてはまる言葉を、あとの□からそれぞれ選びましょう。①（　　）②（　　）

①　日本国内で□人が罪をおかしたときでも、日本の法律で裁けなかった。

②　自由に関税がかけられず、国内製品より価格の□製品が大量に入るのを防げなかった。

日本　外国　高い　安い　悪い

[記述] ⑺　右の**資料**は、Ⓓより前に起きたできごとの様子です。同じころ、薩摩藩も外国の軍隊と戦いました。長州藩と薩摩藩が新しい政治のしくみをつくろうとした理由を、**資料**を参考にして簡単に書きましょう。

（　　　　　　　　）

外国の軍隊に占領された長州藩の砲台

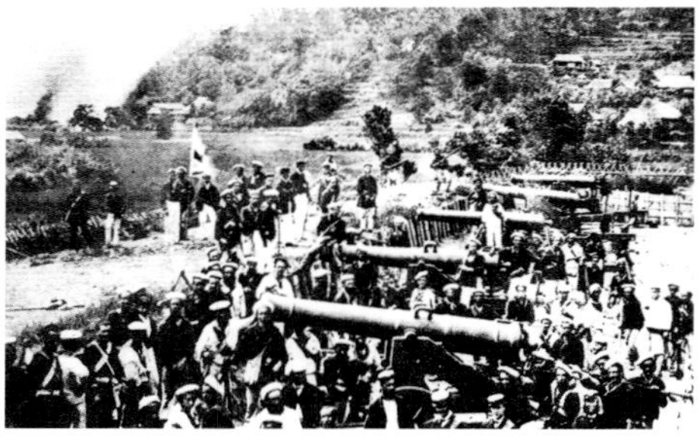

⑻　Ⓓに協力した土佐（高知県）出身の人物はだれですか。（　　　　）

⑼　Ⓔの□にあてはまる言葉を、漢字2字で書きましょう。（　　　　）

⑽　次の文は、**年表**中のⒻの期間のできごとです。起こった順に並べかえましょう。（　➡　➡　）

㋐　五か条の御誓文が発表された。

㋑　すべての藩を廃止して、県を置いた。

㋒　大名の領地と領民を天皇に返させた。

[よく出る] ⑾　明治時代に入ると、江戸時代までの身分制度は改められました。百姓や町人たちは何とよばれるようになりましたか。（　　　　）

2 明治政府の改革　次の文を読んで、あとの問いに答えましょう。　1つ4点〔28点〕

　改革に取り組んだ政府は、国の制度を整えていった。税は①年貢をやめて土地の価格に応じて現金で納めさせ、この結果、国の収入は[②]。また、③徴兵令を出して西洋式の軍隊をつくった。
　この他にも、経済政策として右の④富岡製糸場をはじめとする⑤官営工場を各地につくった。

富岡製糸場

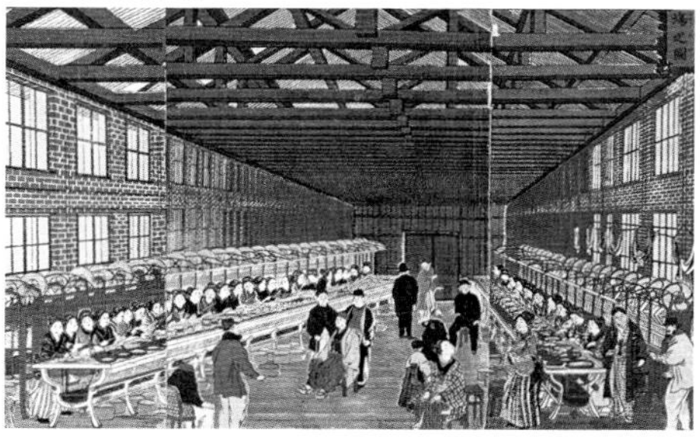

(1)　――線部①について、税のしくみを変えたこの政策を何といいますか。　(　　　　)

(2)　[②]にあてはまる言葉を、次の[　　]から選びましょう。　(　　　　)

減った　　安定した　　不安定になった

(3)　――線部③は、どのようなことを定めたものでしたか。数字を用いて簡単に書きましょう。
(　　　　　　　　　　　　　　　　　　　　)

(4)　――線部④がつくられた場所を、右の**地図**中の㋐～㋓から選びましょう。　(　　)

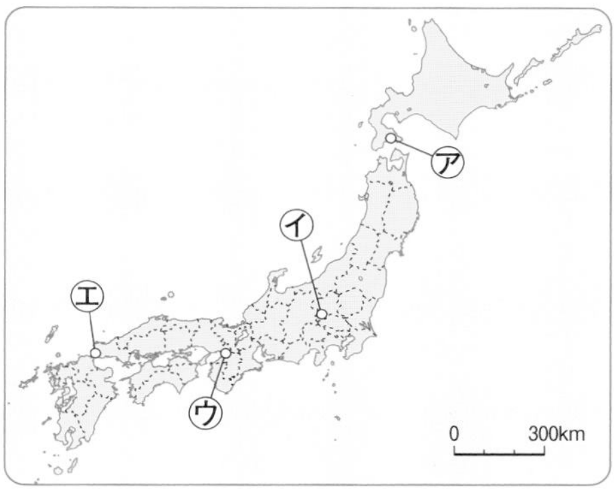

(5)　――線部⑤の様子にあてはまるものを、次から２つ選びましょう。　(　　)(　　)
㋐　外国の最新式の機械を取り入れた。
㋑　新しい機械を用いた技術を、男性のみが学んだ。
㋒　進んだ技術や知識を民間にも広めた。
㋓　日本の技術を学ぶために外国人も働いた。

(6)　明治政府は、(1)～(5)のさまざまな改革を行うことで何を実現しようとしましたか。漢字４字で書きましょう。　(　　　　)

3 明治時代の文化　次の問いに答えましょう。　1つ4点〔20点〕

(1)　右の**資料**は、明治時代初めの東京の様子です。①・②が示すものを、次の[　　]からそれぞれ選びましょう。
①(　　　　　)②(　　　　　)

鉄道　　洋服　　人力車
電話　　郵便　　ガス灯

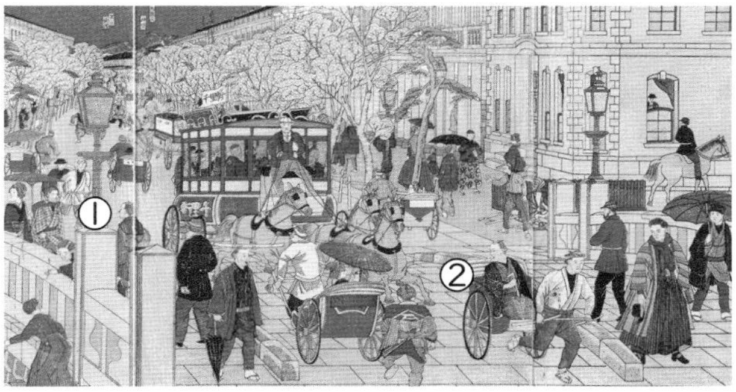

(2)　人の平等を主張した福沢諭吉が書いた本を、次から選びましょう。　(　　)
㋐「古事記伝」　㋑「学問のすゝめ」　㋒「源氏物語」　㋓「万葉集」

(3)　明治時代初めの世の中の様子について、次の文の{　　}にあてはまる言葉に○を書きましょう。
①　すべての子どもに教育を受けさせようとして、各地に{寺子屋　小学校}がつくられた。
②　西洋の文化が人々の生活に大きな影響をあたえた風潮を、{殖産興業　文明開化}という。

勉強した日 月 日

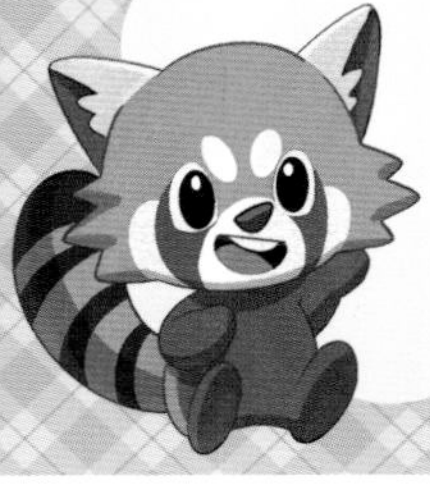

9 近代国家を目ざして①

基本のワーク

学習の目標
近代的な政治のしくみが整えられるまでの流れを調べよう。

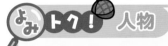

教科書 184～191ページ　答え 14ページ

1 ノルマントン号事件と条約改正／自由民権運動が広まる

ノルマントン号事件の風刺画

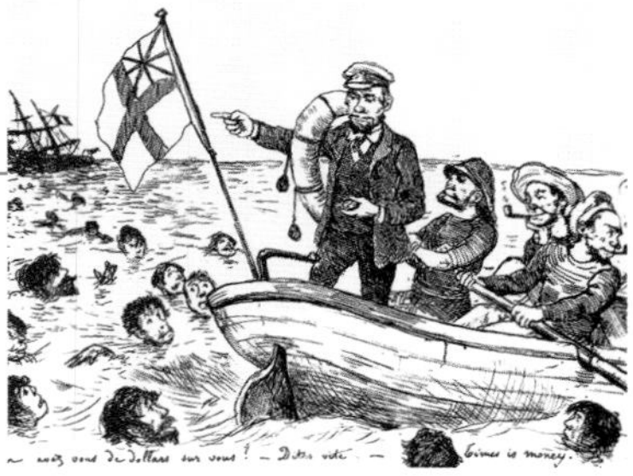

●政府は江戸時代に結んだ不平等条約を改正するために改革を進め、外国と交渉を重ねたが、近代化のおくれを理由に実現しなかった。

●①(　　　　　　)…1886年、紀伊半島沖でイギリス船が沈没し、日本人乗客は水死したが、イギリス人船長らは無事だった。

◆イギリスによる裁判の判決は不当だったが、日本は不平等条約で②(　　　　　　)を認めていたためくつがえせなかった。

➡国内では③(　　　　　　)を求める声が強まった。

●1894年、外務大臣の④(　　　　　　)が**治外法権**を撤廃させた。

●1911年には⑤(　　　　　　)を確立させ、**条約改正が実現**した。

よみトク！ 人物

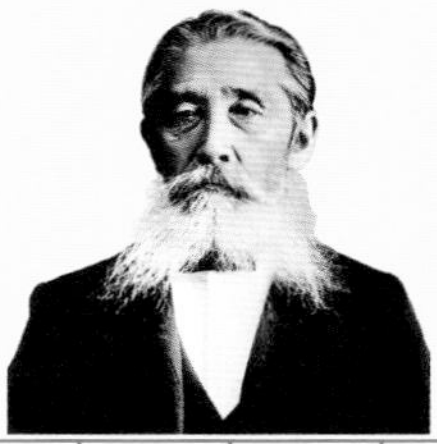

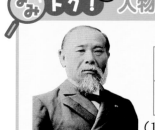

板垣退助
(1837 ～ 1919)

●改革に不満をもつ士族が**西郷隆盛**を指導者に⑥(　　　　　　)を起こしたが、徴兵令でつくられた政府軍がおさえた。➡以後、人々は⑦(　　　　　　)で政府や国民にうったえるようになった。

✎ **板垣退助**…政府に意見書を出し、⑧(　　　　　　)を開き、国民の意見を聞いて政治を進めるべきだと主張。➡国民が政治に参加する権利を求める⑨(　　　　　　)**運動**が始まった。

●人々は新聞や演説会で自由民権の考えを発表した。

●全国から国会開設を求める署名が政府に提出された。➡1881年、政府は1890年に国会を開設することを約束。国会開設に備え、板垣退助は**自由党**を、⑩(　　　　　　)は立憲改進党をつくった。

2 国会が開かれる

よみトク！ 人物

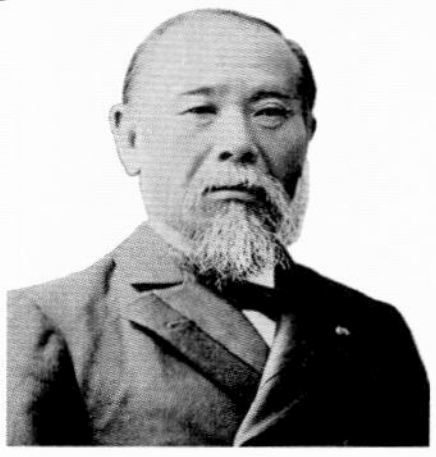

伊藤博文
(1841 ～ 1909)

●西洋で憲法や議会について調べ、皇帝の権限が強い⑪(　　　　　　)の憲法などを参考にして憲法づくりを進めた。➡1889年、明治天皇が国民にあたえるというかたちで⑫(　　　　　　)が発布された。

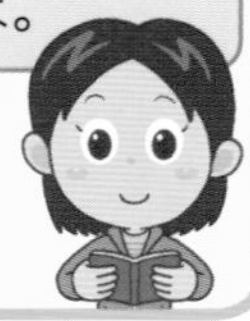
帰国後に内閣制度をつくり、初代内閣総理大臣に任命されたよ。

●**大日本帝国憲法**…主権は⑬(　　　　　　)にあり、国民の権利は法律の範囲で認められた。

●翌年、天皇中心の国づくりを支える教育の進め方を示す⑭(　　　　　　)が発布された。

●1890年、最初の選挙が行われ、第１回の⑮(　　　　　　)が開かれた。

◆このときの選挙権は、**一定の金額以上の税金を納めた25才以上の男性**に限られていた。

しゃかい工場 当時、イギリスは議会が強い国、フランスはすでに王のいない国だったよ。伊藤博文は、強い皇帝が治めるドイツの憲法が、天皇の治める日本に合うと思ったんだね。

練習のワーク

勉強した日 ▶ 　　月　　日

できた数

／15問中

1 次の問いに答えましょう。

年	できごと
1858	日米修好通商条約が結ばれる……Ⓐ
1868	明治政府ができる
1871	岩倉使節団が欧米へ出発する
1883	鹿鳴館が完成する
1886	ノルマントン号事件が起こる……Ⓑ
1889	大日本帝国憲法が発布される
1894	陸奥宗光の交渉で ⓒ を撤廃する
1911	日本が関税自主権を確立する

(1) **年表**中のⒶのあと、不平等条約が長い間改正されなかった理由を、次から選びましょう。　（　　）

　　㋐　政府が交渉を行わなかったから。

　　㋑　欧米の国々が日本の力をおそれたから。

　　㋒　日本の近代化がおくれているとされたから。

(2) **年表**中のⒷについて、この事件で外国人船長の裁判を行った国はどこですか。
　　　　　　　　　　　　　　　　（　　　　）

(3) **年表**中の ⓒ にあてはまる言葉を書きましょう。　　（　　　　　　　）

(4) 条約改正が完全に達成されたのは、何年のことですか。　（　　　　年）

(5) 士族たちが起こした西南戦争の指導者となったのはだれですか。　（　　　　）

(6) 右の**資料**の自由民権運動についてあてはまるものを、次から2つ選びましょう。　（　　）（　　）

　　㋐　運動は都市だけで行われた。

　　㋑　人々は国会を開くことを求めた。

　　㋒　人々は新聞や演説会を通して、言論で主張した。

　　㋓　政府は人々に運動への参加をすすめた。

(7) ①板垣退助と②大隈重信がつくった政党を、それぞれ何といいますか。

　　　　　①板垣退助（　　　　　　　）　　②大隈重信（　　　　　　　）

2 次の問いに答えましょう。

大日本帝国憲法（一部）

第1条　大日本帝国は、永遠に続く同じ家系の天皇が治めるものとする。

第4条　天皇は、国の元首であり、憲法に従って国を統治する権利をもつ。

第29条　国民は、法律に定められた範囲内で、言論・著作・出版・集会・団体をつくることの自由をもつ。

(1) 憲法づくりの参考にされたドイツの憲法は、だれの権限が強い憲法でしたか。　（　　　　）

(2) 憲法づくりの中心となり、のちに初代内閣総理大臣となったのはだれですか。　（　　　　）

(3) 右の大日本帝国憲法では、天皇は国の何であると定められましたか。　（　　　　）

(4) 大日本帝国憲法のもとで、国民の権利は何の範囲内で認められましたか。　（　　　　）

(5) 大日本帝国憲法が発布されたあとに起きたできごとを、次から2つ選びましょう。
　　　　　　　　　　　　　　　　　　　　（　　）（　　）

　　㋐　第1回の帝国議会が開かれた。　　㋑　民間で五日市憲法がつくられた。

　　㋒　内閣制度がつくられた。　　　　　㋓　教育勅語が発布された。

 **ポイント** 大日本帝国憲法が定められ、日本は近代国家となった。

勉強した日　　月　　日

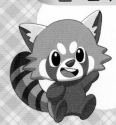

9　近代国家を目ざして②

基本のワーク

学習の目標
日清・日露戦争をめぐる日本と外国の関係を調べよう。

教科書 192〜195ページ　答え 14ページ

1 日清・日露の戦い

よみトク！資料

朝鮮と日本・清・ロシアの関係を風刺した絵

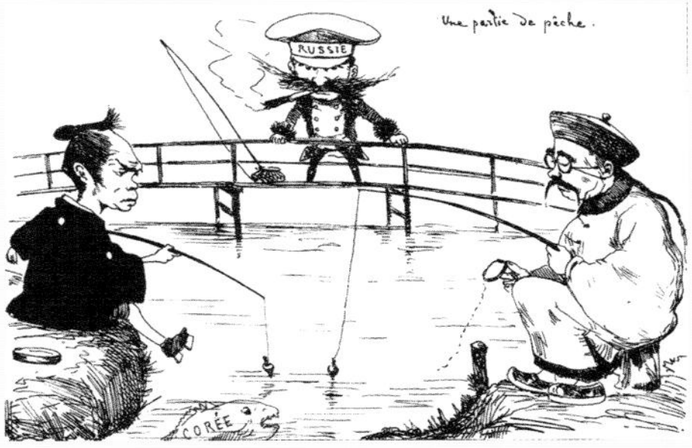

●19世紀の終わりごろ、日本が①（　　　　）に不平等な条約を結ばせて勢力を広げようとしたため、中国（②（　　　　））との対立が深まった。

●1894年、**朝鮮**で反乱が起こり、**清**が軍隊を送ると日本も対抗して出兵し、③（　　　　）が始まった。

➡日本が勝ち、④（　　　　）（山口県）で講和条約が結ばれた。

■日本は⑤（　　　　）やリヤオトン（遼東）半島などを領土にし、多額の⑥（　　　　）を得た。また、清に朝鮮の独立を認めさせた。

●19世紀後半、欧米諸国は⑦（　　　　）で勢力を広げ、武力による支配を強めた。

◆**ロシア**は、⑧（　　　　）（中国の東北部）や朝鮮に力をのばそうとしていた。

■**日清戦争**の結果を警戒し、⑨（　　　　）、フランスとともにリヤオトン半島を清に返すよう日本に要求し、認めさせた。

●日本国内では満州で勢力を広げるロシアに対する危機感が高まり、ロシアと戦うべきとする意見が強まった。➡1904年、⑩（　　　　）が起きた。

◆**東郷平八郎**が指揮する艦隊が、⑪（　　　　）でロシアの艦隊を破った。

◆しだいに日本は兵力や物資がなくなり、ロシアも革命が起きたため、講和条約を結んだ。

2 日露戦争後の日本と世界

●**日露戦争**は国をあげての戦争となった。

◆**与謝野晶子**は戦地にいる弟を思い、うたをよんだ。

「君死にたまふことなかれ」（うたの一部）
あゝをとうとよ　君を泣く
君死にたまふことなかれ
末に生れし君なれば
親のなさけはまさりしも
親は刃をにぎらせて
人を殺せとをしへしや
人を殺して死ねよとて
二十四までをそだてしや

◆戦争中に２度の⑫（　　　　）が行われ、物価も激しく上がり国民の生活は苦しくなった。

◆講和条約で日本は⑬（　　　　）（サハリン）の南半分と南満州の鉄道と鉱山の権利を得たが、賠償金は得られなかった。➡講和に反対する声があがった。

●1910年、日本は**朝鮮（韓国）**を併合し、⑭（　　　　）にした。

◆朝鮮では朝鮮の人々を日本の国民とする政策が行われたが、朝鮮の独立を目ざす人々は支配に反対する運動を続けた。

朝鮮の学校では日本語で授業が行われたよ。

●1911年、外務大臣の⑮（　　　　）が**関税自主権**を確立し、**条約改正**を達成した。

しゃかいか工場
日本が清から得た賠償金は、当時の日本の国の予算の約3倍の金額だったよ。ロシアとの対立が厳しくなっていた日本は、そのほとんどを軍事費として使ったんだよ。

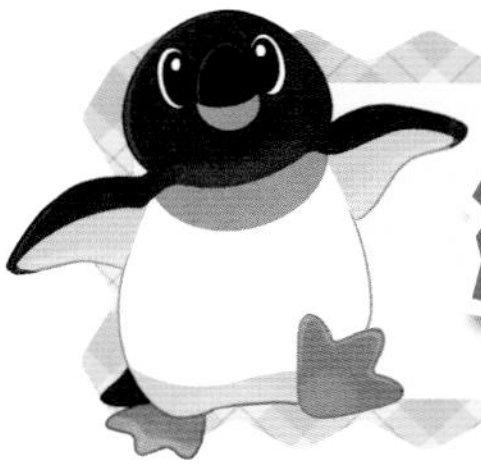

練習のワーク

教科書 192～195ページ　答え 14ページ

できた数　／15問中

1 次の問いに答えましょう。

(1) 19世紀終わりごろの日本について、次の文の{　　}にあてはまる言葉に○を書きましょう。

●朝鮮に勢力を広げようとした日本は、朝鮮にとって{ 有利　不利 }な条約を結ばせた。

(2) 日清戦争が始まる前、国内の改革と外国勢力の撤退を求める反乱が起きた国はどこですか。
（　　　　）

(3) 日清戦争の講和条約が下関で結ばれたあとの様子を、次から２つ選びましょう。
（　　）（　　）

㋐ 清とロシアの対立がいっそう深まった。　㋑ 日本は多額の賠償金を得た。

㋒ 台湾やリヤオトン半島が日本の領土になった。　㋓ 清が朝鮮から独立した。

(4) ロシアが勢力をのばした満州とは中国のどの地域ですか。次から選びましょう。（　　）

㋐ 東北部　㋑ 南部　㋒ 西部　㋓ 東南部

(5) ロシア、ドイツ、フランスが日本に対して、清に返すように要求した場所はどこですか。（　　　　）

(6) 日露戦争中、日本海海戦で日本の艦隊を指揮してロシアの艦隊を破ったのはだれですか。（　　　　）

(7) 右の**グラフ**は、日清戦争と日露戦争の戦死者数と戦費を示したものです。日露戦争にあてはまる方を、Ⓐ・Ⓑから選びましょう。
（　　）

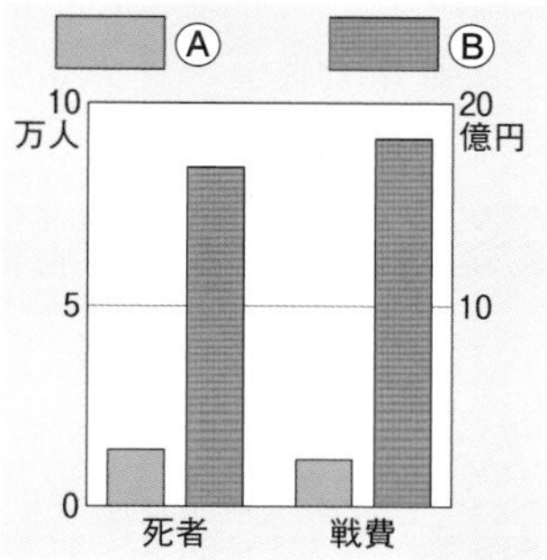

2 次の問いに答えましょう。

(1) 日露戦争で戦地に行った弟を思い、「君死にたまふことなかれ」といううたをよんだのはだれですか。（　　　　）

(2) 戦争中に国民の生活が苦しくなった理由を、次から２つ選びましょう。（　　）（　　）

㋐ 大きなききんが起きたから。　㋑ 物価が激しく上がったから。

㋒ ２度も増税が行われたから。　㋓ 安い外国の製品が大量に入ってきたから。

(3) 日露戦争の講和条約で日本の領土になった地域を、右の**地図**中の㋐～㋓から選びましょう。（　　）

(4) 1910年に日本が併合して植民地にした、**地図**中のⒶの国を何といいますか。（　　　　）

(5) 併合後のⒶの国の様子を、次から選びましょう。（　　）

㋐ 日本の指導のもと、欧米諸国に学んだ改革が進められた。

㋑ 日本が政治の実権をにぎる一方、国民の権利は尊重された。

㋒ 学校では、日本の教育勅語にもとづいた教育が行われた。

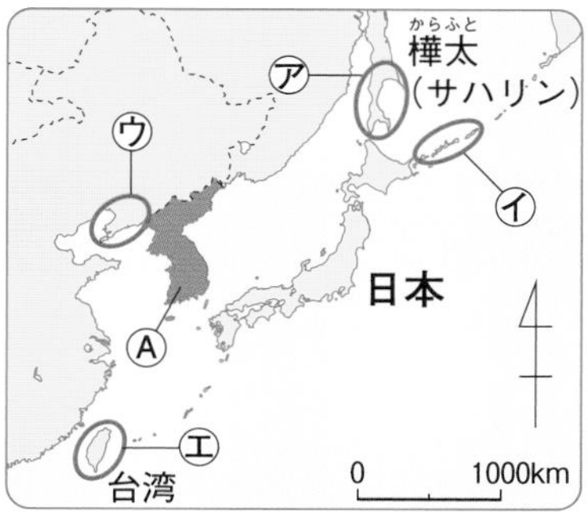

(6) 小村寿太郎が外務大臣のときに、不平等条約が改正されて日本は何という権利を確立しましたか。（　　　　）

ポイント　日清戦争と日露戦争に勝った日本は、アジアで支配を広げた。

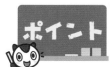

2 日本の歴史

9　近代国家を目ざして③

基本のワーク

教科書 196～203ページ　　答え 15ページ

1　産業の発展と世界で活躍する人々

✎　産業の発展

●**日清戦争の10年ほど前**…産業は①（　　　　　　　　　）工業を中心に急速に発展。➡中でも**生糸**は輸出量が世界第１位になり、重要な輸出品となった。

●**日清戦争後**…政府は、北九州に近代的な設備をもつ②（　　　　　　　　　）をつくった。

●**日露戦争後**…造船や機械などの③（　　　　　　　　）工業が発展した。

●産業の発展のかげで、厳しい条件で働く工場労働者の問題や深刻な公害問題なども起こった。

　◆**足尾銅山の鉱毒事件**…栃木県の渡良瀬川上流にある鉱山から出る有害な排水などによる被害。

　➡衆議院議員の④（　　　　　　　　）が鉱山の操業停止や被害者の救済をうったえた。

よみトク！ 人物　✎　世界で活躍する人々

●⑤（　　　　　　　　）…破傷風という感染症の治療の方法を発見した。また、感染症の研究所をつくり、多くの医学者を育てた。

●**志賀潔**…食中毒の原因となる赤痢菌を見つけ、治療薬をつくった。

●**野口英世**…アメリカへわたり、へびの毒の研究などで世界的に注目された。南米やアフリカをおとずれ、原因不明の⑥（　　　　　　　　）の調査・研究を行ったが、感染してガーナでなくなった。

野口英世
（1876 ～ 1928）

> 志賀潔や野口英世も北里の研究所で働いていたよ。

2　暮らしと社会の変化

●都市の変化…人口が急速に増え、**西洋ふうの住宅**や**ガス**、**水道**、**電気**を使う生活が広がった。デパートができて、**私鉄**や⑦（　　　　　　　）の運行も始まった。

●1914年に⑧（　　　　　　　）が起こると、日本は、戦争中に輸出が増えて好景気となったが、戦争が終わるころには米の値段などが急激に上がった。

　➡1918年、米の安売りを求める運動が全国に広がり、⑨（　　　　　　　）に発展した。

●**第一次世界大戦後**に**国際連盟**がつくられ、⑩（　　　　　　　）が事務次長を務めた。

●国民一人一人の考えを政治に生かそうとする⑪（　　　　　　　）の考え方が広まり、社会の問題を改善し、国民の社会参加の権利を求めようとする運動もさかんになった。

　◆**平塚らいてう**は⑫（　　　　　　　）の地位の向上を目ざす運動を始めた。

　◆差別に苦しんでいた人々は⑬（　　　　　　　）をつくり、差別をなくすことをうったえた。

　◆全国各地で⑭（　　　　　　　）を求める活動が高まった。➡1925年、**25才以上の男性すべてに選挙権が認められた**。しかし、女性の選挙権は認められなかった。

●政府は⑮（　　　　　　　）をつくり、政治や社会のしくみを変える動きを取りしまった。

●⑯（　　　　　　　）…1923年９月１日、関東地方で激しい地震が起こり、大きな被害が出た。

しゃかいかエ場　米騒動のきっかけとなったのは、富山県の漁村に住む女性たちの行動だった。それが新聞などの報道により東京や大阪をはじめ全国に広がり、約70万人が参加したよ。

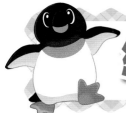

練習のワーク

教科書 196〜203ページ　答え 15ページ

できた数　／15問中

1 次の問いに答えましょう。

(1) 日清戦争前、繊維工業が発展した結果、日本の輸出量が世界第１位になった繊維製品は何ですか。（　　）

(2) 政府がつくった右の工場について、次の文の{　}にあてはまる言葉に○を書きましょう。

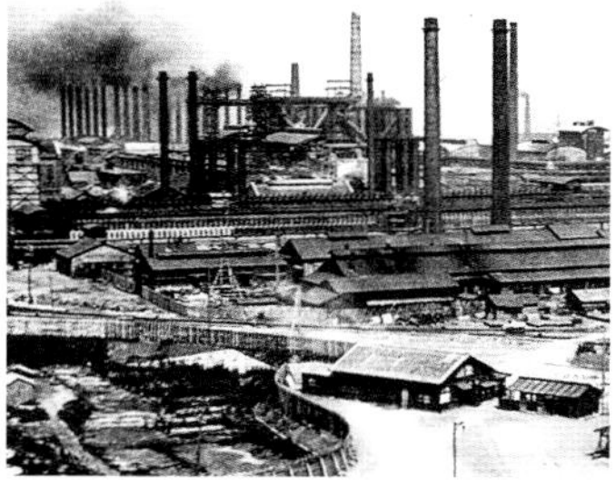

●日清戦争後、賠償金の一部を使って①{ 関東　北九州 }に近代的な設備の②{ 八幡製鉄所　富岡製糸場 }がつくられた。

(3) 国会議員の田中正造が問題の解決に取り組んだ、鉱毒事件を起こした鉱山を何といいますか。（　　）

(4) 医学の分野で、次のはたらきをした人物を、あとの□からそれぞれ選びましょう。

①（　　）②（　　）③（　　）

① 食中毒の原因となる赤痢菌を発見し、治療薬を開発した。
② 南米やアフリカで黄熱の調査や研究に取り組んだ。
③ 破傷風の治療法を発見したほか、多くの医学者を育てた。

野口英世　北里柴三郎　志賀潔

2 次の問いに答えましょう。

(1) 大正時代を中心に都市で始まったものを、次から２つ選びましょう。（　）（　）

㋐ 私鉄やバスの運行　㋑ ガス灯の設置　㋒ デパートの営業　㋓ 電信電報

(2) 1918年に、右の**資料**のように人々が米屋などをおそう騒動が各地で起きた理由について、次の文の{　}にあてはまる言葉に○を書きましょう。

米騒動の様子

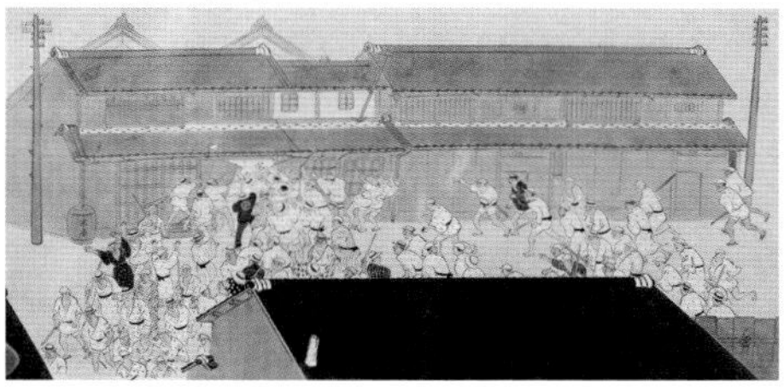

●1914年に始まった第一次世界大戦が終わるころ、急激に米の値段が{ 上がった　下がった }から。

(3) 第一次世界大戦後、国際社会の平和や安全を目的につくられ、新渡戸稲造が事務次長を務めた組織を何といいますか。（　　）

(4) 民主主義の考え方が広まったころ、平塚らいてうや全国水平社が行った運動の目的を、次からそれぞれ選びましょう。①平塚らいてう（　）②全国水平社（　）

㋐ 労働条件を改善する。　㋑ 公害の被害者を救済する。
㋒ 「解放令」の後も残った差別をなくす。　㋓ 女性の地位の向上を目ざす。

(5) 全国で普通選挙を求める運動が広まったころの政治について、次の文の{　}にあてはまる言葉に○を書きましょう。

① 1925年、25才以上の{ 男性　すべての国民 }に選挙権を認めた。
② 社会のしくみを変えようとする動きを{ 教育勅語　治安維持法 }で取りしまった。

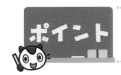

ポイント 民主主義の考え方が広まり、男性の普通選挙が実現した。

まとめのテスト

9 近代国家を目ざして

時間 **20** 分

得点 /100点

教科書 184〜203ページ 答え 15ページ

1 ノルマントン号事件 **次の問いに答えましょう。**

1つ4点〔16点〕

(1) ノルマントン号事件を風刺した右の**絵**と次の文の ① ・ ②に共通してあてはまる国名をそれぞれ書きましょう。

①（　　　　　） ②（　　　　　）

●ノルマントン号が沈没したとき、 ① 人の乗組員は助かったが、 ② 人の乗客は全員水死した。

(2) 次の文の{　　}にあてはまる言葉に○を書きましょう。

●事件の裁判を受けた船長にあたえられた罰は、不当に{ 軽い 重い }ものだった。

記述〉 (3) 事件後、日本国内で起こった動きを、「条約」の言葉を用いて簡単に書きましょう。

（　　　　　　　　　　　　　　　　　　　）

2 近代国家への歩み **右の年表を見て、次の問いに答えましょう。**

1つ4点〔32点〕

(1) Ⓐについて、板垣退助が意見書の中で批判したことを、次から選びましょう。（　　　）

㋐ 税の負担が重いこと。

㋑ 士族に特権が認められないこと。

㋒ 一部の者だけで政治を動かしていること。

よく出る (2) ⒶからⒷの期間にかけて広がった、国会を開くことを求める運動を何といいますか。

（　　　　　　　　　）

(3) Ⓑのあとに立憲改進党をつくった人物を、次から選びましょう。（　　　）

㋐ 大隈重信　　㋑ 陸奥宗光

㋒ 西郷隆盛　　㋓ 新渡戸稲造

(4) Ⓒの憲法を何といいますか。

（　　　　　　　　　）

年	できごと
1874	板垣退助が国会の開設を求める意見書を政府に提出する……Ⓐ
1881	政府が国会の開設を約束する………Ⓑ
1886	ノルマントン号事件が起こる
1889	憲法が発布される………………Ⓒ
1890	①
	第1回の帝国議会が開かれる
1894	②
	日清戦争が起こる
1904	日露戦争が起こる
1910	③
1911	日本が関税自主権を確立する

(5) 右の**図**は、Ⓒの憲法で定められた政治のしくみを示したものです。**図**中の □ に共通してあてはまる言葉を書きましょう。

（　　　　　　　）

思考 (6) 次の文は、**年表**中の □ ①〜③に入るできごとです。あてはまるものを、それぞれ選びましょう。

①（　　　） ②（　　　） ③（　　　）

㋐ 治外法権を撤廃する

㋑ 朝鮮（韓国）を日本に併合する

㋒ 教育勅語が発布される

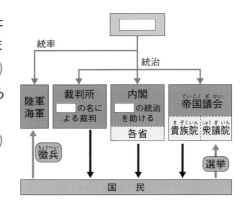

3 日清・日露戦争 次の資料を見て、あとの問いに答えましょう。 1つ4点〔28点〕

資料1

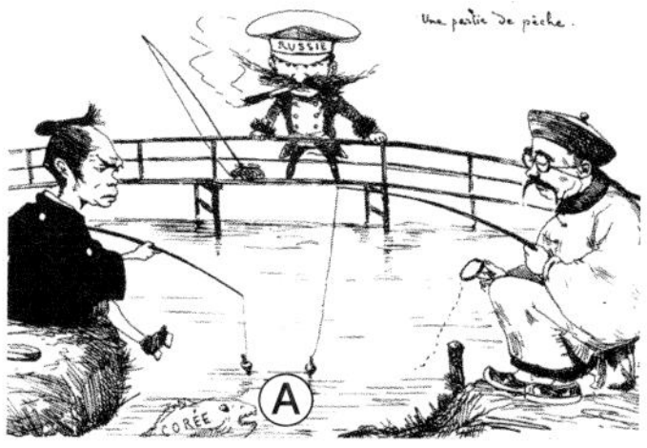

資料2

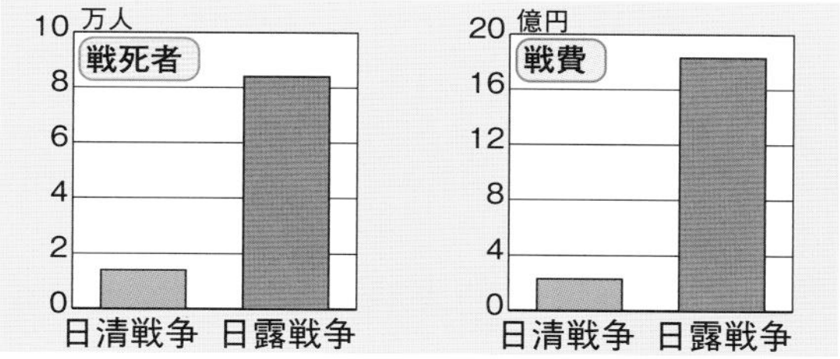

資料3

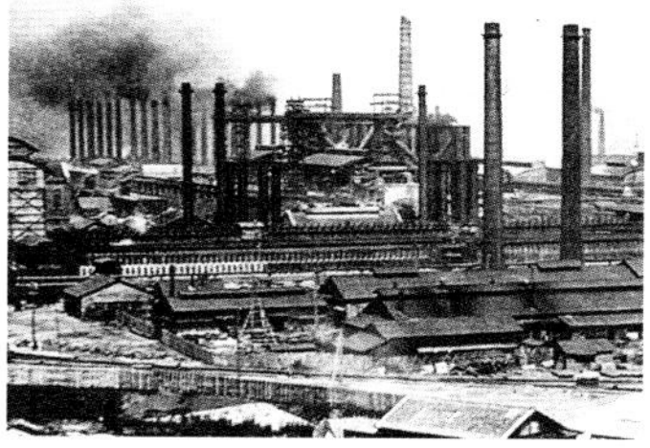

(1) **資料1**は、日清戦争前の国際関係を風刺したものです。**資料1**中のⒶが表す国を、次から選びましょう。 (　　)

㋐ 日本　㋑ 清　㋒ 朝鮮　㋓ ロシア

(2) **資料2**の日清戦争と日露戦争にあてはまることを、次から2つずつ選びましょう。

①日清戦争(　　)(　　)　②日露戦争(　　)(　　)

㋐ 戦争中に相手国で革命が起きた。　㋑ 講和条約により、日本は台湾を領土にした。
㋒ 講和条約は下関で結ばれた。　㋓ 日本海海戦で日本が勝利した。

[述] (3) 日露戦争では講和に反対する人がいた理由を、簡単に書きましょう。

(　　)

(4) **資料3**は、日清戦争後につくられたものです。この工場がつくられたころの社会の様子について、次の文の□にあてはまる言葉を、漢字2字で書きましょう。(　　)

●日本の産業は急速に発展したが、一方、足尾銅山などで発生した□が問題になった。

4 明治・大正時代の人々 次の文を読んで、あとの問いに答えましょう。 1つ4点〔24点〕

① 外務大臣の□は、日本の関税自主権を確立し、不平等条約の改正を達成した。
② Ⓐ民主主義を求める運動がさかんになる中、□は女性の地位の向上をうったえた。
③ 黄熱の研究に取り組んだ□など、医学で世界的に活躍する人物が現れた。
④ 西洋の憲法や政治を学んだ□は憲法をつくる中心となり、Ⓑ国会の開設に備えた。

(1) ①～④の文の□にあてはまる人物を、次からそれぞれ選びましょう。

①(　　)②(　　)③(　　)④(　　)

㋐
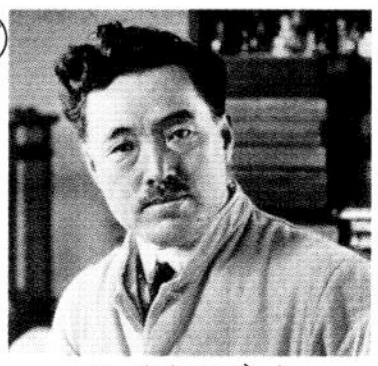
野口英世

㋑
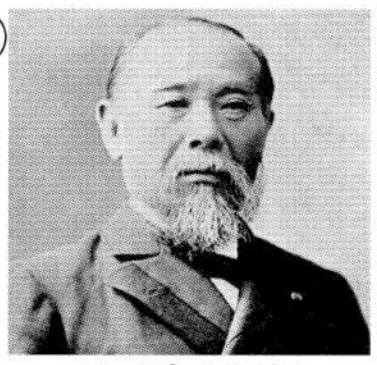
伊藤博文

㋒
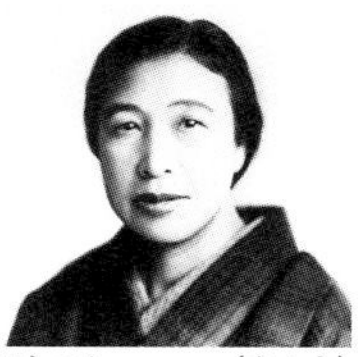
平塚らいてう(ちょう)

㋓
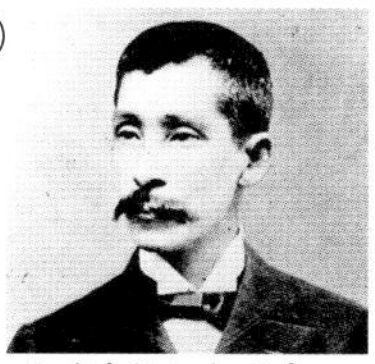
小村寿太郎

(2) ――線部Ⓐについて、身分制度が変わってからも差別に苦しんできた人々が差別をなくすためにつくった団体を何といいますか。 (　　)

[述] (3) ――線部Ⓑについて、右の**絵**は第1回の帝国議会を開くために行われた選挙の様子です。1925年に選挙法が改正されたあとの選挙権とのちがいとして、このときの選挙権にはどのような条件がありましたか。簡単に書きましょう。

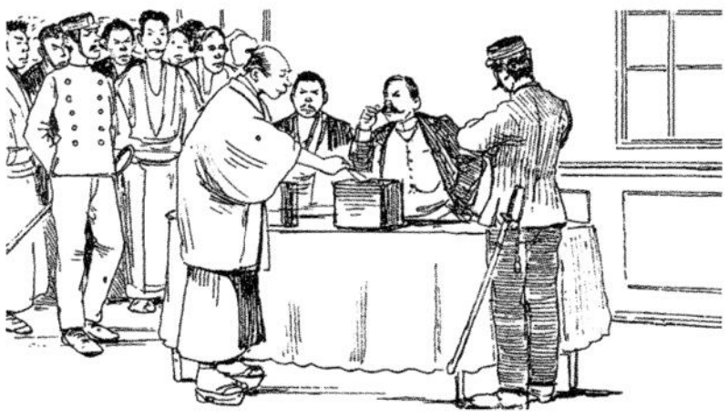

(　　)

勉強した日　月　日

10 戦争と人々の暮らし①

基本のワーク

学習の目標
戦争がどのように始まり、広がっていったのかを調べよう。

教科書 204～209ページ　答え 16ページ

1 戦火に焼けた日本／中国との戦争が始まる

●1945年３月10日、①(　　　　)の空に約300機ものアメリカ軍の爆撃機が現れた。雨のように降り続けた②(　　　　)によってあたり一面は火の海になった。

◆この**空襲**で10万人以上が命をうばわれ、100万人以上が負傷したり家を焼かれたりした。

中国との戦争

●昭和の初めごろ、失業や作物の値下がりで生活に行きづまる人が増えた。一部の軍人や政治家は「③(　　　　)を日本のものにすれば生活はよくなる。」という考えを広めていった。

●**満州事変**…1931年、④(　　　　)軍が南満州鉄道を爆破。➡中国軍のしわざとして攻撃を始め、満州全土を占領した。

◆日本軍は⑤(　　　　)をつくり、実権をにぎった。

◆満州国の取り消しと占領地からの引きあげを求められた日本は、⑥(　　　　)**を脱退**した。

国際連盟からの脱退

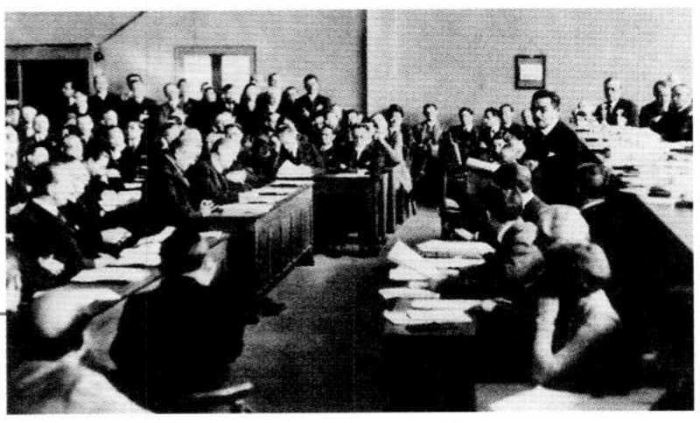

●1937年、ペキン(北京)の近くで軍が衝突。➡⑦(　　　　)が始まる。戦争はシャンハイ（上海）やナンキン（南京）などに広がり、住民も被害を受けた。

◆中国の人々は日本軍に激しく抵抗し、戦いは⑧(　　　　)化していった。

2 アジア・太平洋に広がる戦争

●1939年、⑨(　　　　)のポーランドへの攻撃をきっかけに**第二次世界大戦**が始まった。

●日本は、**ドイツ**や**イタリア**と⑩(　　　　)を結んだ。

●日本が資源を求めて東南アジアに軍隊を送ると、中国を援助していた⑪(　　　　)が日本への石油の輸出を禁止したため、両国の対立は深まった。

よみトク！地図

アジア・太平洋への戦争の広がり

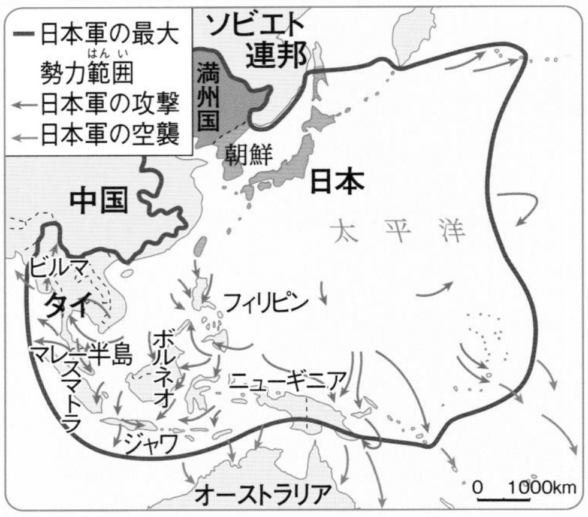

ー日本軍の最大勢力範囲
←日本軍の攻撃
←日本軍の空襲
ソビエト連邦
満州国
朝鮮
中国
日本
太平洋
ビルマ
タイ
フィリピン
マレー半島
ボルネオ
スマトラ
ニューギニア
ジャワ
オーストラリア
0 1000km

太平洋戦争…日本はアメリカ・イギリスと戦った。

●1941年12月、日本は⑫(　　　　)の真珠湾にあるアメリカ軍基地を攻撃し、同時にイギリス領の⑬(　　　　)半島に上陸した。

●戦場は東南アジアや⑭(　　　　)の島々にまで広がっていった。

●日本ははじめ勝利を重ねたが、占領した地域で住民を労働にあたらせ、資源や食料を取り立てたため、抵抗運動が起こるようになった。

●アメリカ軍の反撃が始まると、戦況は⑮(　　　　)になっていった。

日本とアメリカには大きな力の差があったよ。

しゃかいか工場　1933年、国際連盟は、日本の満州からの引きあげ決議を42対１で可決したよ。決議に反対した「１」とは日本のこと。日本は世界から完全に孤立したんだね。

練習のワーク

教科書 204〜209ページ　答え 16ページ

できた数 ／15問中

1 次の問いに答えましょう。

(1) 1945年3月10日にアメリカ軍が東京で行ったものなど、空から焼夷弾を落として建物などを焼きはらう攻撃を何といいますか。（　　　　）

(2) 昭和の初めごろに、一部の軍人や政治家が国民の生活をよくする方法として広めた考え方を、次から選びましょう。（　　）

㋐ 中国との友好を深める。　㋑ 朝鮮の独立を認める。
㋒ 満州を日本のものにする。　㋓ 欧米諸国と戦争をする。

(3) 日本軍が、南満州鉄道の線路を爆破したことを中国軍のしわざとして攻撃したできごとを何といいますか。（　　　　）

(4) 日本軍がつくった満州国の位置を、右の**地図**中の㋐〜㋓から選びましょう。（　　）

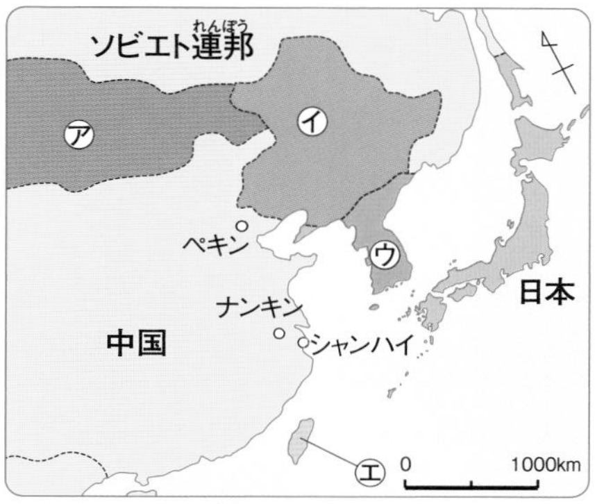

ソビエト連邦
㋐
㋑
ペキン
㋒
日本
ナンキン
中国
シャンハイ
㋓
0
1000km

(5) 日本が国際連盟を脱退した理由について、次の文の｛　｝にあてはまる言葉に○を書きましょう。

●国際連盟が、満州国の｛ 承認　取り消し ｝を日本に求めたから。

(6) 日中戦争について正しいものを、次から2つ選びましょう。（　　）（　　）

㋐ ナンキン（南京）で戦争が始まった。　㋑ 中国の住民にも被害がおよんだ。
㋒ アメリカやイギリスは日本を援助した。　㋓ 戦争は長期化していった。

2 次の問いに答えましょう。

(1) ドイツがポーランドを攻撃したことをきっかけに、1939年にヨーロッパで始まった戦争を何といいますか。（　　　　）

(2) 日本が同盟を結んだヨーロッパの国を、次から2つ選びましょう。（　　）（　　）

㋐ イギリス　㋑ フランス　㋒ イタリア　㋓ ドイツ

(3) 日本が東南アジアに兵を進めたことから、アメリカが日本への輸出を禁止したものは何ですか。（　　　　）

(4) 右の**資料**は、ハワイの真珠湾で起きたできごとの様子です。攻撃を受けているのは、どこの国の艦隊ですか。（　　　　）

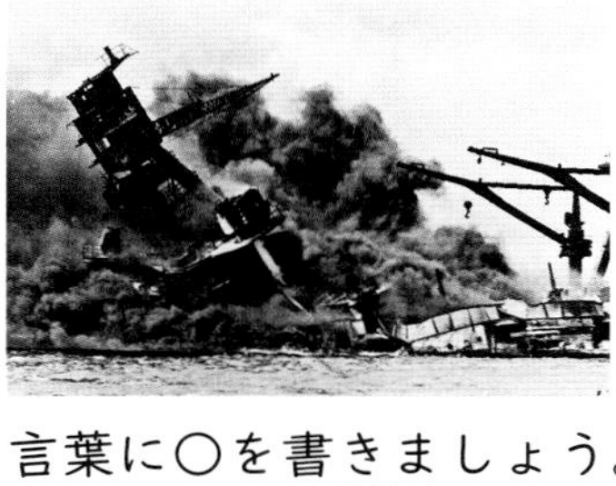

(5) 右の**資料**の攻撃とともに、日本軍がマレー半島に上陸して始めた戦争を何といいますか。（　　　　）

(6) アジア・太平洋での戦争について、次の文の｛　｝にあてはまる言葉に○を書きましょう。

●戦争が始まったころ、日本軍は①｛ 勝利　敗北 ｝を重ねていたが、その後、戦況は日本にとって②｛ 有利　不利 ｝になっていき、日本が占領した島々にはアメリカ軍が上陸した。

ポイント 日中戦争に続いて太平洋戦争が始まり、戦場が広がった。

勉強した日　　月　　日

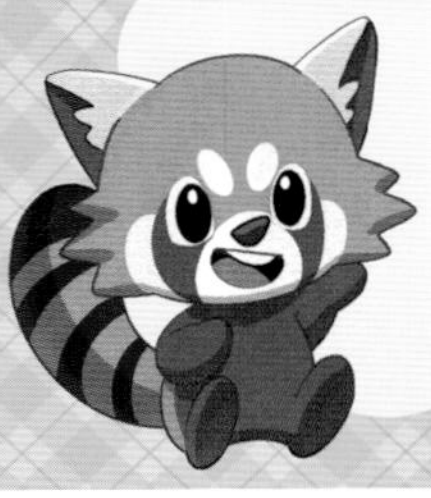

10 戦争と人々の暮らし②

学習の目標
戦争が人々の暮らしにあたえた影響を調べよう。

基本のワーク

教科書 210〜219ページ　答え 16ページ

1 戦争と人々の暮らし／子どもたちと戦争

●戦争で多くの国民が①（　　　　　）として戦地に送られた。
●国の予算はほとんどが②（　　　　　）費に使われ、生産も軍事が優先された。
●国内では、③（　　　　　）力や物資が不足していった。

よみトク！資料

当時の標語

「産めよ殖やせよ国のため」
「ぜいたくは敵だ」
「進め一億火の玉だ」
「欲しがりません勝つまでは」
「撃ちてし止まむ」

国家総動員法ができる…戦争に④（　　　　　）全体を積極的に協力させる体制づくりが行われた。
●国の命令で、人々は働き手として⑤（　　　　　）工場などに動員された。
●国が品物の値段を決め、使用量も制限した。➡食料や燃料なども⑥（　　　　　）**制**や、**切符制**になる。
●住民どうしが助け合い、また、たがいを監視するしくみとして⑦（　　　　　）がつくられた。
●「赤紙」とよばれた⑧（　　　　　）が届くと、国民は兵士として軍隊に入った。

工場で働く女学生

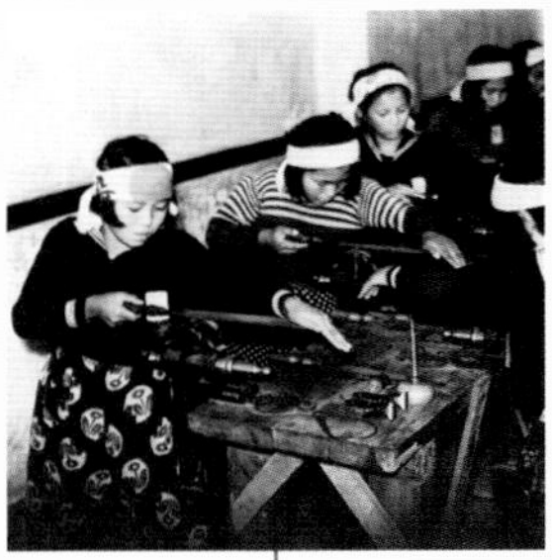

子どもたちの暮らし
●小学校（国民学校）で戦争の⑨（　　　　　）が行われ、教科書も戦争に関係する内容が増えた。
●多くの学生が勉強を中断して、戦場に送られた。（**学徒出陣**）
●中学生や⑩（　　　　　）も兵器工場などで働いた。（**勤労動員**）

2 おそいかかる空襲／沖縄・広島・長崎、そして敗戦

●アメリカ軍の反撃で、多くの都市が激しい⑪（　　　　　）を受けるようになった。
◆都市の小学生は親元をはなれ、遠くの農村などへ集団で⑫（　　　　　）をした。
●1945年４月、⑬（　　　　　）軍が沖縄島に上陸して激しい地上戦になった。
◆住民を巻きこみ、数か月続いた**沖縄戦**で県民60万人のうち、12万人以上がなくなった。
●ヨーロッパでは、1945年５月に⑭（　　　　　）が連合国軍に降伏して戦争が終わった。
●1945年８月６日**広島**、８月９日**長崎**への⑮（　　　　　）投下により、30万人以上の命がうばわれた。
◆広島では**原爆ドーム**が保存され、世界遺産に登録されている。
●満州や樺太（サハリン）南部には、**ソビエト連邦**（ソ連）がせめこんで多くの日本人が犠牲になった。
●８月15日、昭和天皇が日本の⑯（　　　　　）をラジオ放送で伝え、15年にわたる戦争が終わった。

原子爆弾が投下された広島

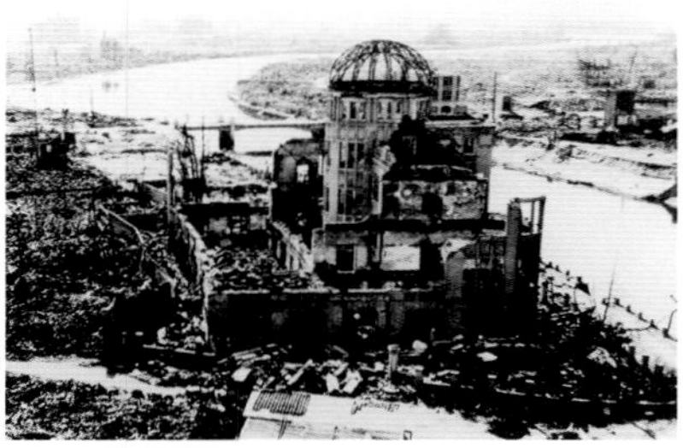

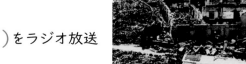

しゃかいか工場
ひめゆり学徒隊は、現在の沖縄県那覇市にあった２つの学校の先生や女子生徒たちで結成されたよ。戦場にある病院に動員されて、昼夜を通して過酷な仕事を行ったんだ。

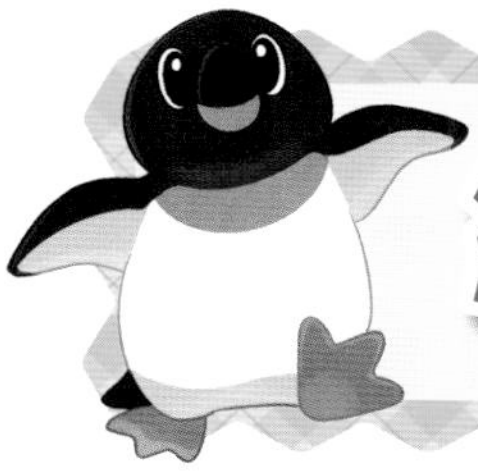

練習のワーク

教科書 210～219ページ　答え 16ページ

できた数　／15問中

1 次の問いに答えましょう。

(1) 戦争中、国の予算で最も多く使われたものを、次から選びましょう。（　　）

㋐ 皇室(こうしつ)費　㋑ 教育費　㋒ 医療(いりょう)費　㋓ 軍事費

(2) 右の**年表**中の――線部Ⓐは、どのような体制をつくるための法律(ほうりつ)でしたか。次の文の｛　｝にあてはまる言葉に○を書きましょう。

●国民全体を戦争に｛ 協力　抵抗(ていこう) ｝させる体制。

(3) **年表**中の――線部Ⓑが行われたのは、国内で何が不足したためですか。次から選びましょう。（　　）

㋐ 物資　㋑ 労働力　㋒ 兵力

(4) **年表**中の□Ⓒ・Ⓓにあてはまる言葉を、それぞれ書きましょう。

Ⓒ（　　　　）　Ⓓ（　　　　）

年	社会や国民生活の動き
1938	Ⓐ国家総動員法ができる
	Ⓑ勤労(きんろう)動員が始まる
1939	国民徴用(ちょうよう)令が実施(じっし)される
1940	全国で隣組(となりぐみ)が組織される
1941	小学校が［Ⓒ］と改められる
	大都市で米などが配給制になる
1942	衣料が［Ⓓ］制になる
1943	Ⓔ徴兵年齢(ねんれい)がくり下げられる

(5) **年表**中の――線部Ⓔについて、国民が兵士として軍隊に入るときに届(とど)いた召集令状(しょうしゅうれいじょう)は、何とよばれましたか。（　　）

(6) 右の**写真**にあてはまる説明を、次から選びましょう。（　　）

㋐ 人々は軍の命令で軍需(ぐんじゅ)工場に動員された。

㋑ 戦争に関係する内容がのった教科書が使われた。

㋒ 子どもたちも小学校で戦争の訓練をした。

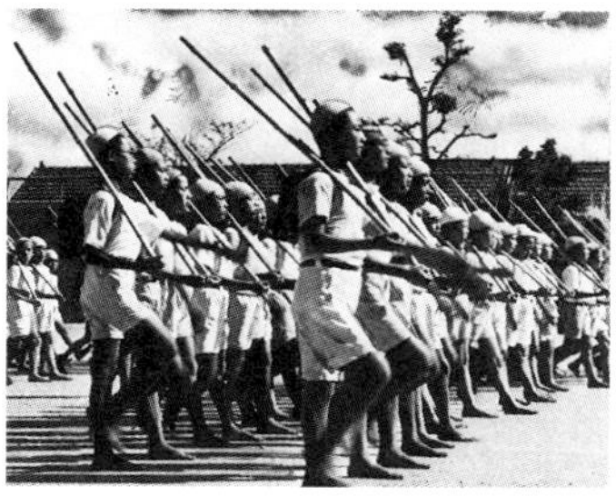

2 次の問いに答えましょう。

(1) 右の**地図**は空襲(くうしゅう)を受けた主な都市です。日本で空襲を行ったのは、どこの国の軍ですか。（　　）

(2) 空襲の被害(ひがい)をさけるために行われたことについて、次の文の｛　｝にあてはまる言葉に○を書きましょう。

●｛ 都市　農村 ｝の子どもは、集団で疎開(そかい)をした。

(3) アメリカ軍が右の**地図**中のⒶの島に上陸して行われた地上戦を何といいますか。（　　）

(4) (3)が行われていたころの世界について、次の文の□にあてはまる言葉を書きましょう。（　　）

●ドイツが降伏(こうふく)し、□を戦場とした戦争が終わった。

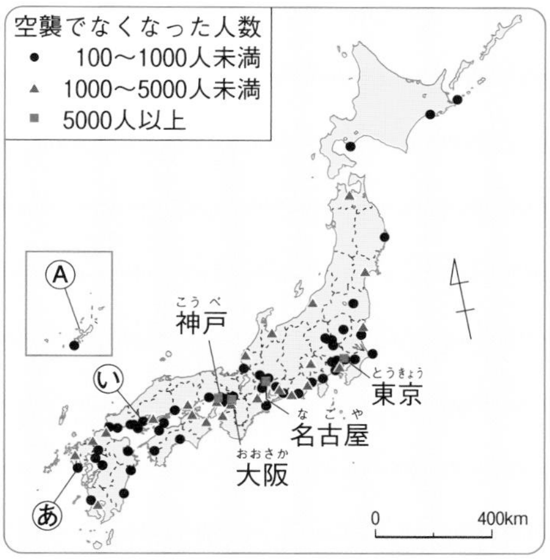

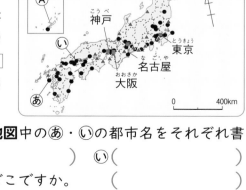

空襲でなくなった人数
● 100～1000人未満
▲ 1000～5000人未満
■ 5000人以上
Ⓐ
神戸(こうべ)
[い]
東京(とうきょう)
名古屋(なごや)
大阪(おおさか)
[あ]
0　400km

(5) 原子爆弾(げんしばくだん)が投下されさらに多くの人がなくなった、**地図**中の[あ]・[い]の都市名をそれぞれ書きましょう。　[あ]（　　）　[い]（　　）

(6) 戦争が終わる前、満州(まんしゅう)や樺太(からふと)南部にせめてきた国はどこですか。（　　）

(7) 昭和天皇(しょうわてんのう)によって日本の降伏が伝えられたのは、何月何日ですか。（　月　日）

ポイント 沖縄(おきなわ)戦や原子爆弾の投下によって多くの命がうばわれた。

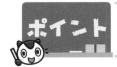

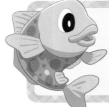

まとめのテスト

10　戦争と人々の暮らし

時間 20分

得点　/100点

教科書 204〜219ページ　答え 16ページ

1 戦争の広がり **次の年表と地図を見て、あとの問いに答えましょう。**　1つ4点〔40点〕

年	できごと
1931（昭和6）	満州事変が起こる……………………Ⓐ
1932	日本が[Ⓑ]をつくる
1933	国際連盟が占領地から引きあげることなどを日本に求める……………………Ⓒ
1937	日中戦争が始まる……………………Ⓓ
1939	第二次世界大戦が始まる
	↕ Ⓔ
1941	太平洋戦争が始まる……………………Ⓕ

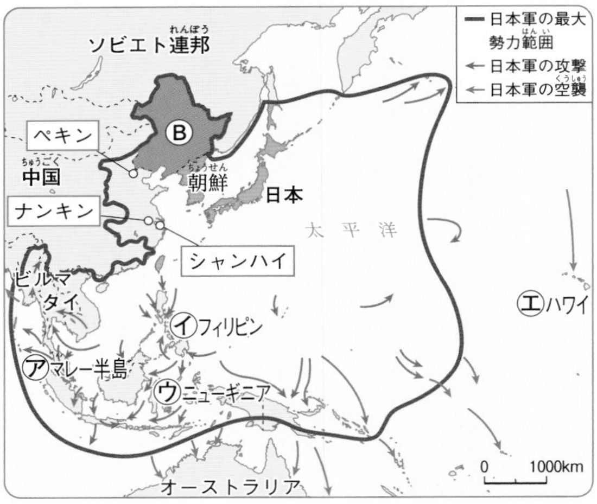

(1)　昭和の初めごろの日本の様子を、次から選びましょう。（　　）

㋐　好景気になる一方、物価が急激に上がって米の安売りを求める運動が起きた。

㋑　生糸の輸出量が世界1位になり、繊維工業を中心に日本の産業が成長した。

㋒　不景気で都市では失業者が増え、農村でも作物の値下がりで生活が苦しくなった。

(2)　Ⓐについて、満州は当時、どこの国の領土でしたか。（　　）

(3)　**年表**と**地図**のⒷに共通してあてはまる言葉を書きましょう。（　　）

記述 (4)　Ⓒについて、国際連盟の決定に反発した日本がとった行動を、簡単に書きましょう。

（　　）

思考 (5)　Ⓒのころの日本の様子について、次の文の[　]にあてはまる言葉を、あとの[　]から選びましょう。（　　）

●日本国内では首相の暗殺や反乱が起こり、政治に対する[　]の発言力が強まった。

国民　　政党　　軍人　　天皇

(6)　Ⓓについて、日中戦争はどこの都市の近くで始まりましたか。**地図**中の[　]で囲んだ都市名から選びましょう。（　　）

(7)　次の文は、**年表**中のⒺの期間のできごとについて述べたものです。――線部㋐〜㋒のうち、誤っている言葉が1つあります。その記号を選んで、正しい言葉に直しましょう。

①記号（　　）　②正しい言葉（　　）

日本はドイツ・㋐オランダと同盟を結んだ。その後、㋑東南アジアに進軍したが、日本を警戒したアメリカが㋒石油の輸出を禁止したため、アメリカとの対立が激しくなった。

(8)　Ⓕについて、このときに日本軍が攻撃したアメリカの海軍基地があった場所と、日本軍が上陸したイギリスの領土の場所を、**地図**中の㋐〜㋓からそれぞれ選びましょう。

①アメリカの海軍基地（　　）　②イギリスの領土（　　）

2 戦争中の暮らし 次の資料を見て、あとの問いに答えましょう。

資料1　　　　　　資料2　　　　　　　　資料3　　　　　　資料4

> ⓐ　物資の深刻な不足によりぜいたく品は禁止され、国は＿＿をつくって人々を監視した。
>
> ⓘ　アメリカ軍による＿＿が激しくなると、都会の子どもたちは集団で疎開した。
>
> ⓤ　小学生も戦争の訓練を行い、立派な＿＿になって国のために働くように教えられた。
>
> ⓔ　深刻な労働力不足になると、中学生や女学生も働き手として工場に動員された。

(1)　**資料1〜4**の様子を説明した文を、ⓐ〜ⓔからそれぞれ選びましょう。

　　　　資料1（　　）　　**資料2**（　　）　　**資料3**（　　）　　**資料4**（　　）

(2)　ⓐ〜ⓤの文の＿＿にあてはまる言葉を、次の＿＿からそれぞれ選びましょう。

　　　　　　　　ⓐ（　　　　　）　ⓘ（　　　　　）　ⓤ（　　　　　）

> 隣組　　　役人　　　公害　　　兵士　　　五人組　　　空襲

(3)　戦争が続く中、国民の生活にみられた変化を「協力」の言葉を使って簡単に書きましょう。

　（　　　　　　　　　　　　　　　　　　　　　　　　　　　　　　）

3 戦争の終わり 次の文を読んで、あとの問いに答えましょう。

> 　日本にせまったアメリカ軍は、1945年にⒶ日本に上陸した。Ⓑ8月に入ってからも政府や軍の指導者は戦争をやめる決断ができず、Ⓒ6日に広島に原子爆弾が投下された。国内の被害が大きくなる中、15日にⒹ日本の降伏が国民に伝えられて戦争は終わった。

(1)　──線部Ⓐについて、アメリカ軍との地上戦はどこで起きましたか。（　　　　　　）

(2)　──線部Ⓐから──線部Ⓑまでの期間に起きたできごとを、次から選びましょう。（　　）

　　ⓐ　東京大空襲で10万人以上の人が犠牲になった。　　　ⓘ　ドイツが連合国軍に降伏した。

　　ⓤ　日本軍がミッドウェー海戦で敗れた。

(3)　──線部Ⓒのあと、9日に原子爆弾が投下されたのはどこで

　すか。　　　　　　　　　　　　（　　　　　　　）

(4)　右の**写真**は、原子爆弾が投下されたあとの広島の様子です。

　右側の建物は現在何とよばれていますか。（　　　　　　）

(5)　──線部Ⓓについて、満州事変が起きてから日本の降伏まで、

　戦争は約何年続きましたか。次から選びましょう。　　（　　）

　　ⓐ　8年　　ⓘ　10年　　ⓤ　15年　　ⓔ　20年

(6)　戦争の終結について、次の文の｛　　｝にあてはまる言葉に〇を書きましょう。

　　①　日本が降伏し、日本による朝鮮や台湾の｛　支配　独立　｝が終わった。

　　②　終戦後、ソ連軍によって、｛　満州　シベリア　｝に抑留された日本人もいた。

勉強した日　月　日

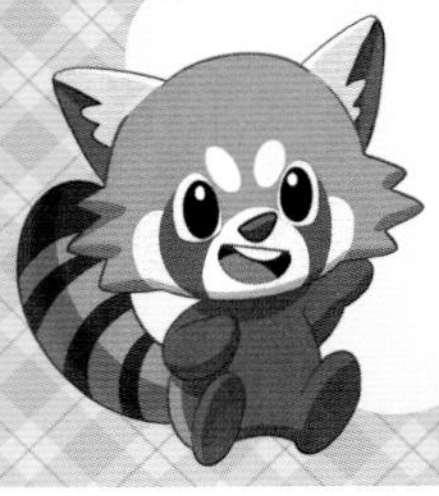

11　平和で豊かな暮らしを目ざして①

基本のワーク

教科書 220～227ページ　答え 17ページ

学習の目標
戦後の改革で日本がどのような国になったのか調べよう。

1 焼けあとからの出発／もう戦争はしない

「青空教室」で学ぶ子どもたち

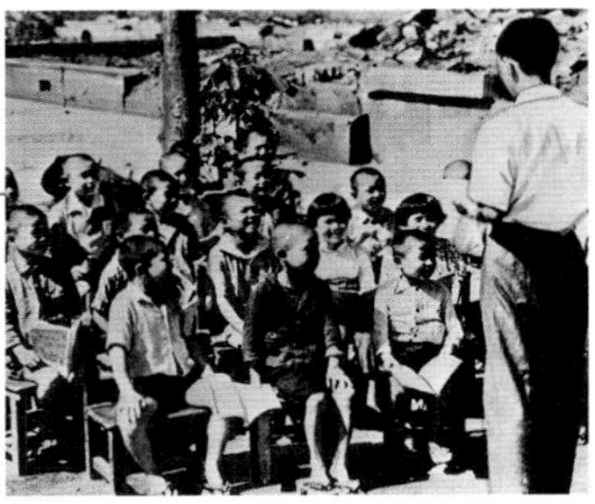

- 敗戦直後の暮らしはとても苦しく、栄養失調でなくなる人や、戦争で親をなくして①(　　　　)となった子どもが多くいた。
  - 子どもたちは「②(　　　　)」で勉強をした。
  - 人々は③(　　　　)列車に乗って農村に行き、着物などと引きかえに食べるものを手に入れた。
- 日本はアメリカが中心の④(　　　　)軍に占領された。
  - 連合国軍の指示で、政府は**民主的な社会をつくる改革**を進めた。

よみトク！資料

戦後のさまざまな改革

- ・言論・思想の自由が保障される
- ・軍隊を解散する
- ・男女平等になる
- ・女性の選挙権が保障される
- ・多くの農民が自分の土地を持つようになる
- ・政党が再びできる
- ・労働者の権利が保障される
- ・独占的な企業が解体される
- ・6・3制の義務教育が始まる

- 20才以上のすべての男女に⑤(　　　　)が保障された。➡戦後初の選挙で**女性の国会議員**が誕生。
- 1946年11月3日に⑥(　　　　)が公布され、翌年の5月3日から施行された。
  - 前文に**国の政治を決める権利が国民にある**ことや、**世界の平和**を願う理想が示された。
- 教育は9年間の⑦(　　　　)になった。
  - 男女⑧(　　　　)や学校給食が始まった。
  - 教育の目的は⑨(　　　　)主義にもとづき、平和な社会をつくる国民を育てることとされた。

2 日本の独立と国際社会への復帰／東京オリンピック・パラリンピックが開かれる

サンフランシスコ平和条約の調印

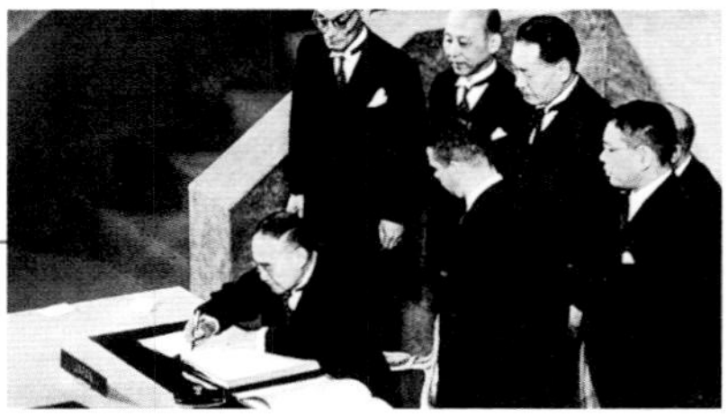

日本の領土の復帰

1953年	奄美群島が復帰
1968年	小笠原諸島が復帰
1972年	沖縄が復帰

- 1945年に、世界平和を守るための国際連合がつくられた。
- 植民地にされていたアジアやアフリカの国々は、独立した。
- **朝鮮戦争**のとき、日本に⑩(　　　　)がつくられた。
  - これをもとに、1954年に**自衛隊**がつくられた。
- 1951年に開かれた講和会議で、日本は48か国とサンフランシスコ平和条約を結び、⑪(　　　　)を回復した。
  - 同時に⑫(　　　　)条約が結ばれた。
- 1956年に日本は⑬(　　　　)への加入が認められた。
- 1965年、大韓民国（韓国）と国交を結ぶ。
- 朝鮮民主主義人民共和国（北朝鮮）とは国交が開かれず。
- 1972年、中国と国交正常化し、1978年に⑭(　　　　)を結ぶ。
- 1964年、アジア初となる東京オリンピック・⑮(　　　　)が開かれた。
  - 開催に向けて、**新幹線**や**高速道路**の整備が進められた。

しゃかいか工場　東京オリンピック・パラリンピックを開くことで、日本が敗戦後20年足らずで復興を果たし、経済発展をとげたことを世界に証明できたんだよ。

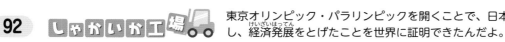

練習のワーク

教科書 220〜227ページ　　答え 17ページ

1 次の問いに答えましょう。

(1) 敗戦直後の日本の様子を、次から2つ選びましょう。　（　　）（　　）

　㋐ 「ぜいたくは敵だ」などの標語がつくられた。　　㋑ 孤児になった子どもが多くいた。

　㋒ 買い出し列車が食料を求める人であふれた。　　㋓ 中学生や女学生が工場で働いた。

(2) 戦後の改革について、次の文の□□に共通してあてはまる言葉を、右の**写真**を見て書きましょう。　（　　　　　）

　●戦後、□□の選挙権が保障されてから初めて行われた選挙では、□□も当選して国会議員となった。

(3) 新しい国の基本となる日本国憲法が施行されたのは、いつですか。　（　　　年　　　月　　　日）

(4) 日本国憲法では、国の政治を決める権利はだれにあるとされましたか。（　　　　　　　）

(5) 教育の制度が変わって、義務教育の期間はどのようになりましたか。解答らんに合わせて書きましょう。　●（小学校　　　年間と中学校　　　年間）の9年間

(6) 戦後の様子について、次の文の{　　}にあてはまる言葉に○を書きましょう。

　① 男女共学になり、{ 学童疎開　学校給食 }も始まった。

　② 平和な国や社会をつくるため、{ 民主主義　教育勅語 }にもとづいた教育が行われた。

2 次の問いに答えましょう。

(1) 世界の平和のために、1945年につくられた国際組織を何といいますか。

　（　　　　　　　　　　）

(2) 植民地支配が終わり、多くの国が独立した地域を、次から2つ選びましょう。

　㋐ アジア　　㋑ ヨーロッパ　　㋒ アメリカ　　㋓ アフリカ　　（　　）（　　）

(3) 警察予備隊がつくられるきっかけとなった戦争を何といいますか。　（　　　　　　　）

(4) 右の**資料**は、日本が講和会議で結んだ条約の一部です。この条約を何といいますか。　（　　　　　）

> ・日本は、朝鮮の独立を認める。
> ・台湾、千島列島、樺太の南半分などを放棄する。
> ・□□、奄美群島、小笠原諸島については、アメリカが治めることに同意する。

(5) 日本が独立を回復したあともアメリカが統治していた、**資料**中の□□にあてはまる地域はどこですか。

　（　　　　　　　）

(6) (4)の条約が結ばれたのと同じときのできごとを、次から選びましょう。　（　　　）

　㋐ 日本が国際連合に加入した。

　㋑ 自衛隊がつくられた。

　㋒ 日米安全保障条約が結ばれた。

(7) 1964年にアジアで初めて開かれた、右の**写真**の大会を何といいますか。　（　　　　　　　）

ポイント 戦後、民主的な国の基本となる日本国憲法がつくられた。

93

勉強した日　　月　　日

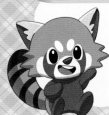

11　平和で豊かな暮らしを目ざして②

基本のワーク

学習の目標
産業の発展と暮らしの変化、周りの国々との関係を確認しましょう。

教科書 228～237ページ　答え 17ページ

1 産業の発展と国民生活の変化

よみトク！資料

電気製品の普及

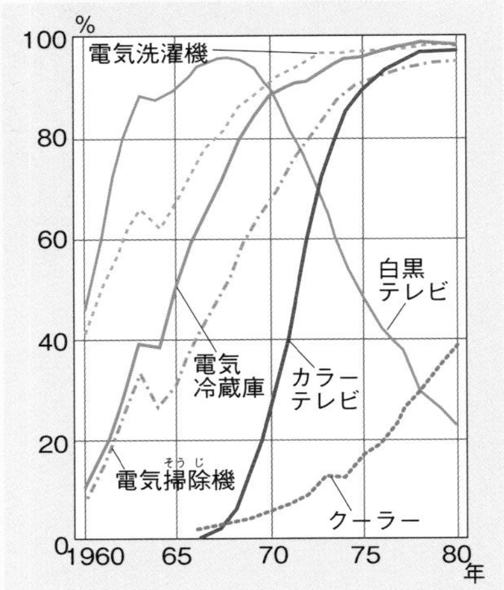

高度経済成長

●東京オリンピックのころから外国との①（　　　　　）がさかんになった。

●日本は世界有数の②（　　　　　）国へと発展。

●家庭には③（　　　　　）製品が普及した。

◆白黒テレビ、洗濯機、冷蔵庫→「④（　　　　　）」とよばれた。

●都市に働きに出たり、移住したりする人が増加した。

●企業は生産設備を増やし、技術の開発を優先させた。

●政府は産業を保護し、成長させる政策をとった。

●都市の人口が急増して、大きな⑤（　　　　　）が郊外に建設された。

●産業が発展する一方、生産活動によって環境汚染などの⑥（　　　　　）の問題が起きた。

◆四大公害病…水俣病、⑦（　　　　　）、四日市ぜんそく、新潟水俣病は特に多くの被害者が出た。

◆国は⑧（　　　　　）をつくって防止を目ざした。

マスクをしてよごれた空気を防いでいるよ。

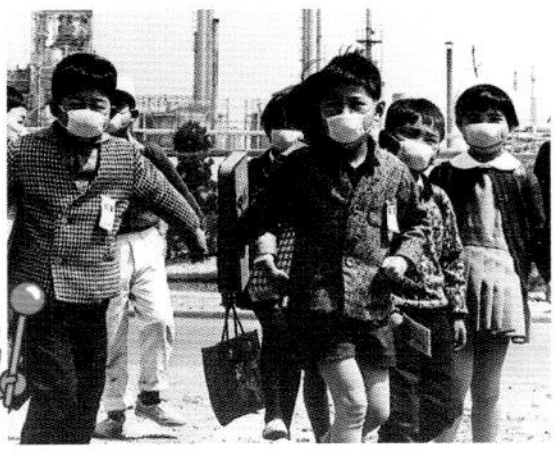

2 これからの日本とわたしたち

●戦後の日本は平和で豊かな社会を築き、**国際社会の一員**としての役割を果たしてきた。

●周りの国々とも平和的、友好的な関係を目ざしてきている。

◆**大韓民国（韓国）**…1965年に⑨（　　　　　）を結ぶ。島根県の竹島をめぐる問題がある。

◆⑩（　　　　　）…日本との国交は開かれていない。2002年に日朝首脳会談が実現した。日本人の拉致、核兵器とミサイルの開発などの問題がある。

◆**中国**…1972年に国交が正常化。1978年に⑪（　　　　　）条約が結ばれた。沖縄県の⑫（　　　　　）諸島を自国の領土と主張している。

●⑬（　　　　　）…歯舞群島、色丹島、国後島、択捉島はソビエト連邦に占領されたままで、ソ連が解体したあとは、日本は⑭（　　　　　）との間で返還を求める交渉を続けている。

●**沖縄**…1972年に日本に復帰したが、現在も県の面積の約８％をしめる⑮（　　　　　）**軍基地**が残されている。

北方領土

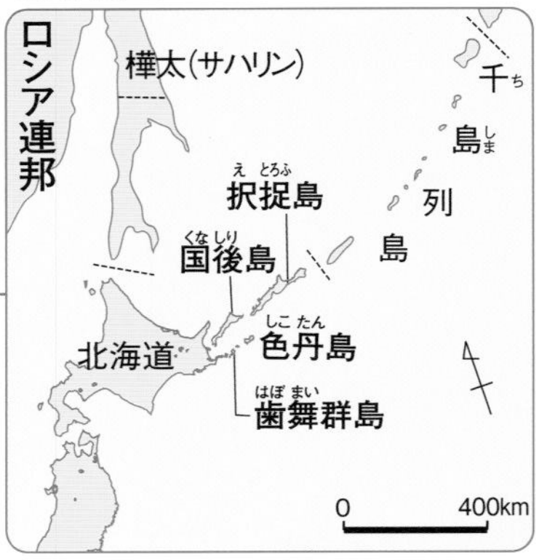

しゃかいか工場　日本は、中国とは平和友好条約を結んでいるけれど、ロシア連邦とは、まだ平和条約を結んでいないよ。今後の外交課題の１つなんだよ。

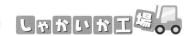

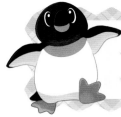

練習のワーク

できた数　／16問中

教科書　228〜237ページ　答え　17ページ

1 次の問いに答えましょう。

(1)　右の**写真**のころに日本で開かれたスポーツの国際大会を８字で書きましょう。（　　　）

(2)　(1)が開かれたころから、日本と外国との何がさかんになりましたか。（　　　）

(3)　(2)がさかんになったのは、主にどの産業が発展(はってん)したからですか。次の□から選びましょう。（　　　）

農業　　漁業　　林業　　工業

東海道新幹線の開通

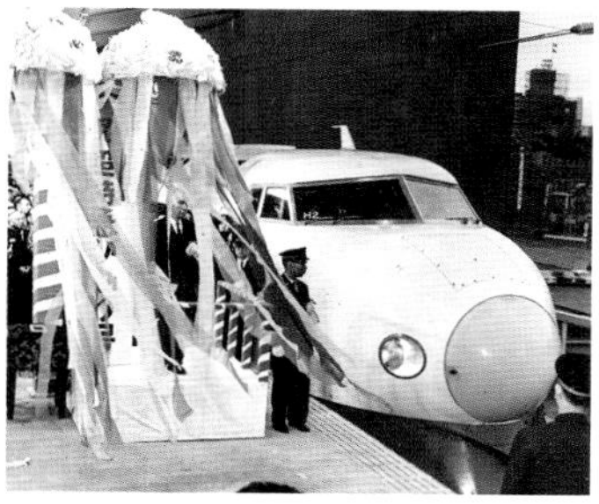

(4)　「三種の神器(じんぎ)」とよばれた電気製品を、次から３つ選びましょう。（　　、　　、　　）

㋐ 冷蔵庫(れいぞうこ)　㋑ 掃除機(そうじき)　㋒ 洗濯機(せんたくき)　㋓ クーラー　㋔ 白黒テレビ

(5)　電気製品が普及(ふきゅう)したころ、経済(けいざい)が成長して国民の生活は豊かになりました。このころの経済発展は何とよばれましたか。（　　　）

(6)　(5)のころの日本について、次の文の｛　｝にあてはまる言葉に○を書きましょう。

① 企業(きぎょう)は、技術開発を進め、生産のための設備を｛ 増や　減ら ｝した。

② ｛ 都市　農村 ｝の人口が増える中、郊外(こうがい)などに団地が建設された。

③ 生産活動で環境(かんきょう)が汚染(おせん)されたため、国は公害を防止する｛ 法律(ほうりつ)　工場 ｝をつくった。

2 次の問いに答えましょう。

(1)　次の文にあてはまる国を、あとの□からそれぞれ選びましょう。

①（　　　）　②（　　　）　③（　　　）

① 1978年に日本との間で平和友好条約が結ばれた。

② 日本との国交が1965年に結ばれ、現在は文化の交流がさかんである。

③ 日本との国交はまだ開かれておらず、日本人の拉致(らち)の問題がある。

北朝鮮(きたちょうせん)　　中国(ちゅうごく)　　韓国(かんこく)

(2)　竹島(たけしま)と尖閣(せんかく)諸島を自国の領土と主張している国を、(1)の□からそれぞれ選びましょう。

①竹島（　　　）　②尖閣諸島（　　　）

(3)　北方(ほっぽう)領土とよばれる島々の中で、最も北にある島を何といいますか。（　　　）

(4)　日本がロシア連邦(れんぽう)に返還(へんかん)を求める交渉(こうしょう)を行っている北方領土は、以前は何という国が占領(せんりょう)していましたか。（　　　）

(5)　右の**写真**は、日本に復帰したあとも残されているアメリカ軍基地の様子です。この基地がある県はどこですか。（　　　）

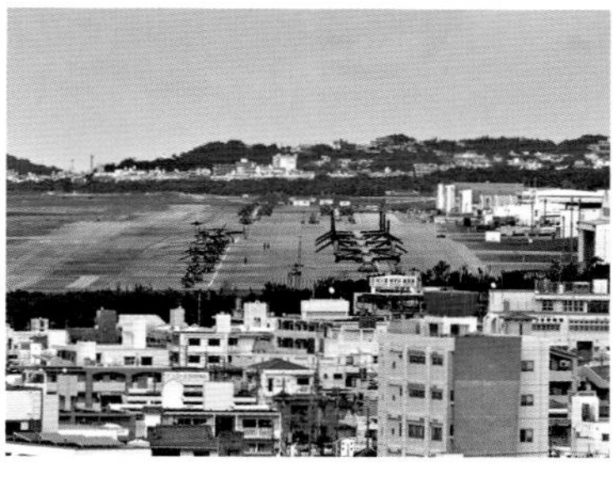

ポイント　高度経済成長によって国民の暮(く)らしは豊かになった。

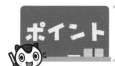

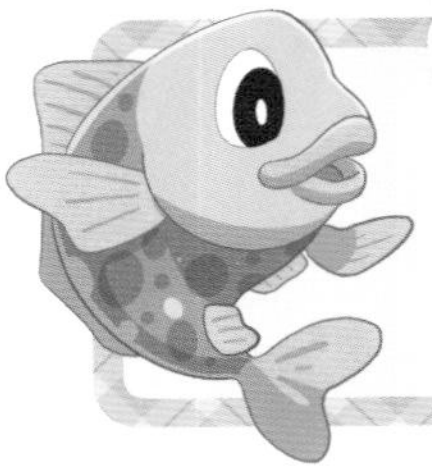

まとめのテスト

11 平和で豊かな暮らしを目ざして

時間20分

得点 /100点

教科書 220～237ページ　答え 17ページ

1 [戦後の改革] 次の文を読んで、あとの問いに答えましょう。

1つ4点〔24点〕

戦争が終わり、人々はⒶ焼けあとの中から暮(く)らしの立て直しを始めた。それと同時に、日本を[Ⓑ]的な国にするための改革(かいかく)が始まり、Ⓒ選挙法も改正された。1946年、新しい国のあり方を示す[Ⓓ]が公布されて、これにもとづいたⒺ教育のしくみも整えられた。

(1) ——線部Ⓐになった都市では、子どもたちは屋外で授業を受けました。これを何といいますか。
（　　　　）

(2) [Ⓑ]にあてはまる言葉を、次の[　]から選びましょう。
（　　　　）

軍事　　民主　　経済(けいざい)

[記述] (3) ——線部Ⓒについて、右の**資料**のⓍのときの選挙権(けん)の内容を書きましょう。
（　　　　）

選挙権の拡大(かくだい)（人口に対する割合(わりあい)）

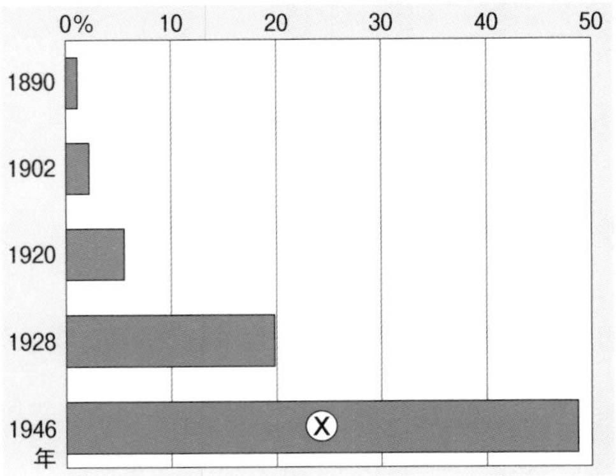

0%
10
20
30
40
50
1890
1902
1920
1928
1946年
Ⓧ

[よく出る] (4) [Ⓓ]について書かれた次の文を読んで、あとの問いに答えましょう。

こんどの憲法(けんぽう)では、日本の国が、決して二度と[あ]をしないように、二つのことを決めました。その一つは、兵隊も軍艦(ぐんかん)も飛行機も、およそ[あ]をするためのものは、いっさいもたないということです。（「あたらしい憲法のはなし」の一部）

① [Ⓓ]にあてはまるこんどの憲法を、何といいますか。（　　　　）

② [あ]に共通してあてはまる言葉を、漢字２字で書きましょう。（　　　　）

(5) ——線部Ⓔについて、義務教育は何年間になりましたか。（　　　　年間）

2 [戦後の世界と日本] 次の問いに答えましょう。

1つ4点〔24点〕

[よく出る] (1) 戦後の世界のできごとについて、次の文の｛　｝にあてはまる言葉に○を書きましょう。

① 1945年、世界平和を守ることを目的に｛ 国際連合　国際連盟(れんめい) ｝がつくられた。

② 1950年に朝鮮(ちょうせん)戦争が始まり、連合国軍の指令で｛ 自衛隊　警察(けいさつ)予備隊 ｝がつくられた。

(2) 右の**写真**は、日本が平和条約に調印したときの様子です。このときに条約が結ばれなかった国を、次から選びましょう。（　　　　）

㋐ イギリス　㋑ 中国(ちゅうごく)　㋒ フランス　㋓ アメリカ

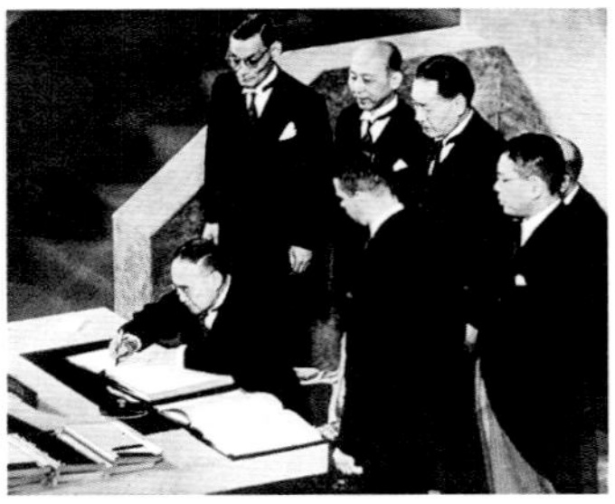

(3) 平和条約について、次の文の[　]①～③にあてはまる言葉をそれぞれ書きましょう。

①（　　　　）
②（　　　　）　③（　　　　）

●平和条約を結んで日本は[①]したが、一部の島や地域(ちいき)は引き続き[②]が統治した。

●日本の安全や東アジアの平和を守るためとして、日米(にちべい)[③]条約が同時に結ばれた。

3 高度経済成長 次の資料１、２を見て、あとの問いに答えましょう。 1つ4点〔24点〕

資料１

1964年に①東京オリンピック・パラリンピックが開かれ、競技を②白黒テレビで観戦する人もいた。

資料２

③高度経済成長の中、国民の暮らしは豊かになったが、同時に深刻な④社会問題も起きた。

(1) ──線部①に向けて建設され、大会が開かれた年に開通した高速鉄道の名前を何といいますか。（　　　　　　　）

(2) ──線部②は、当時家庭に広まり始めた電気製品の一つです。代表的な右の３つは何とよばれましたか。また、Ⓐの製品名を書きましょう。

よび名（　　　　　　）Ⓐ（　　　　　　　）

白黒テレビ　洗濯機　Ⓐ

(3) ──線部③のころの日本の様子を、次から２つ選びましょう。（　　）（　　）

㋐ 少子高齢化が急速に進んだ。　　㋑ 国が工場や会社を次々につくった。
㋒ 技術革新が進んで工業が発展した。　㋓ 地方から多くの人が都市に移り住んだ。

(4) ──線部④の１つとして、**資料２の写真**から考えられることを、「環境」の言葉を用いて簡単に書きましょう。

（　　　　　　　　　　　　　　　　　　　　　　　　　）

4 これからの日本 右の地図を見て、次の問いに答えましょう。 1つ4点〔28点〕

(1) **地図中**の①韓国と②北朝鮮にあてはまる文を、次からそれぞれ選びましょう。

①韓国（　　　）　②北朝鮮（　　　）

㋐ 戦後に日本との国交は回復したが、1991年の国家解体後も領土問題は解決されなかった。

㋑ 2002年に日本との首脳会談が行われたが、正式な国交はまだ開かれていない。

㋒ 日本との国交が正常化したあと、さらに両国の友好関係を深めるための条約が結ばれた。

㋓ 1965年に日本と国交を結び、歴史的なつながりを大切にした交流も行われている。

(2) **地図中**のⒶは中国が、Ⓑは韓国が自国の領土として主張している島です。Ⓐ、Ⓑの名前を次からそれぞれ選びましょう。　Ⓐ（　　　）　Ⓑ（　　　）

㋐ 小笠原諸島　㋑ 尖閣諸島　㋒ 竹島　㋓ 国後島

(3) 北方領土とよばれている地域を、**地図中**の㋐～㋓から選びましょう。（　　　）

(4) 日本が北方領土の返還を求めて交渉を行っている国はどこですか。（　　　）

(5) **地図中**の沖縄は1972年に日本に復帰しましたが、現在も人々が運動を起こして解決を求めていることを、「アメリカ軍」の言葉を用いて簡単に書きましょう。

（　　　　　　　　　　　　　　　　　　　　　　　　　）

勉強した日　月　日

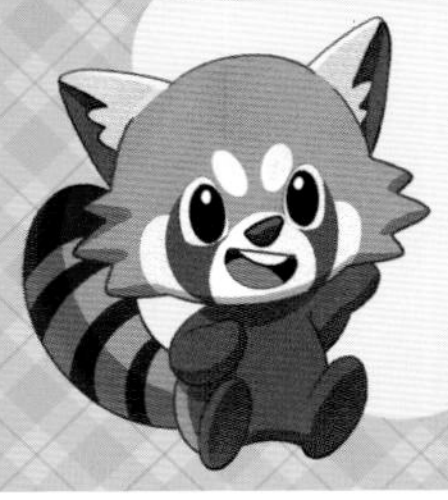

1　日本とつながりの深い国々①

基本のワーク

教科書 238〜247ページ　答え 18ページ

学習の目標
アメリカの文化や日本とのつながりを調べよう。

1 日本と世界／日本とつながりのある国

●①(　　　　　　)…国を象徴する旗。日本は**日章旗（日の丸）**。

●②(　　　　　　)…国を象徴する歌。日本は**君が代**。

◆国を築いてきた人々の理想や文化、ほこりなどがこめられ、大切にされている。

●海外の国に住む日本人は③(　　　　　　)が最も多く、次に**中国**が多い。

●日本で仕事をしながら暮らす外国人も多く、④(　　　　　　)から来た人が最も多い。

●**中国**や**アメリカ**は⑤(　　　　　　)の相手国としてもつながりが深い。

◆日本の貿易相手国は輸出・輸入ともに中国が第１位。(2021年)

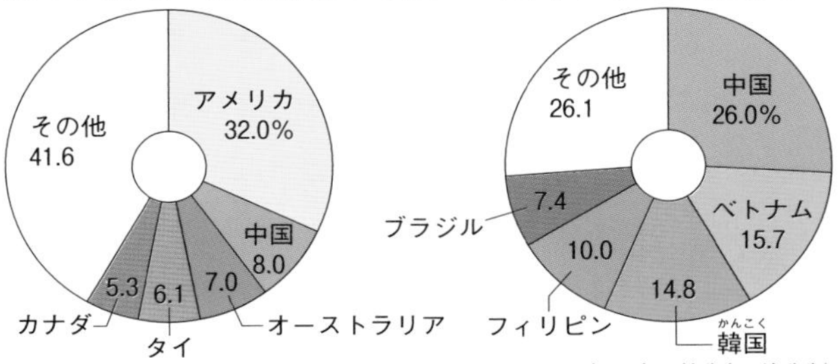

日本人が多く住む海外の国
アメリカ 32.0%
中国 8.0
7.0
6.1
5.3
その他 41.6
カナダ
タイ
オーストラリア
日本に住む外国人
中国 26.0%
ベトナム 15.7
14.8
10.0
7.4
その他 26.1
ブラジル
フィリピン
韓国

（2021年　外務省・法務省）

2 暮らしに深いつながりのある国　アメリカ

よみトク！資料

アメリカの位置

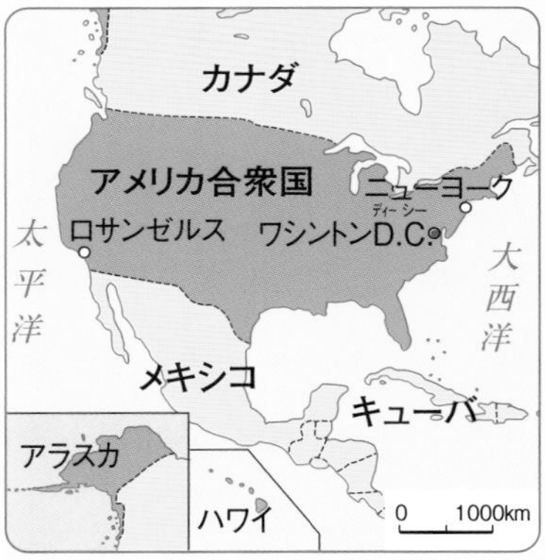

カナダ
アメリカ合衆国
ニューヨーク
ロサンゼルス
ワシントンD.C.
太平洋
大西洋
メキシコ
キューバ
アラスカ
ハワイ
0　1000km

アメリカの国旗

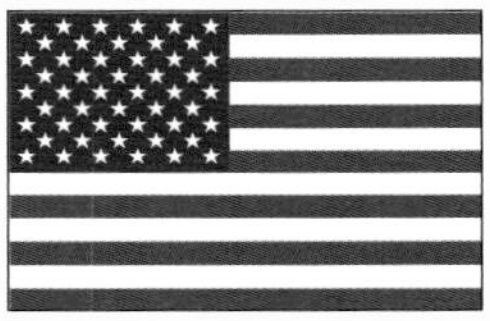

●正式な国名は**アメリカ合衆国**。

●面積は約983万km²。

●人口は約３億3100万人。(2020年)

●首都は⑥(　　　　　　)。

●主な言語は⑦(　　　　　　)。

●ハンバーガーなどの⑧(　　　　　　)の店や**ジーンズ**はアメリカから世界に広まった。

●野球やバスケットボールなどスポーツがさかん。

●西洋とアフリカの音楽から⑨(　　　　　　)ができた。

●さまざまな民族がともに暮らす⑩(　　　　　　)**国家**。

◆日本からの移民やその子孫の**日系人**も活躍している。

●アメリカの学校は、９月ごろから始まる、２学期制。

●ハロウィンやクリスマスの行事を楽しむ。

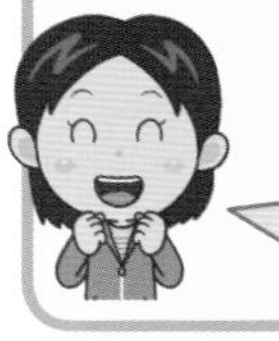

ナイアガラの滝やグランドキャニオン、ハワイ諸島など豊かな自然があるよ。

●国土が広く、移動に⑪(　　　　　　)や航空機が欠かせない。

●**農業**…大型機械を使った⑫(　　　　　　)**農業**。

◆⑬(　　　　　　)や大豆、とうもろこしなどを世界中に輸出。

●**工業**…⑭(　　　　　　)**技術**が発達。**宇宙開発**も行われている。

●日本にとって主要な貿易相手国の一つ。

◆日本は⑮(　　　　　　)**製品**や航空機、農作物を主に輸入。

大型機械で行う小麦の収穫

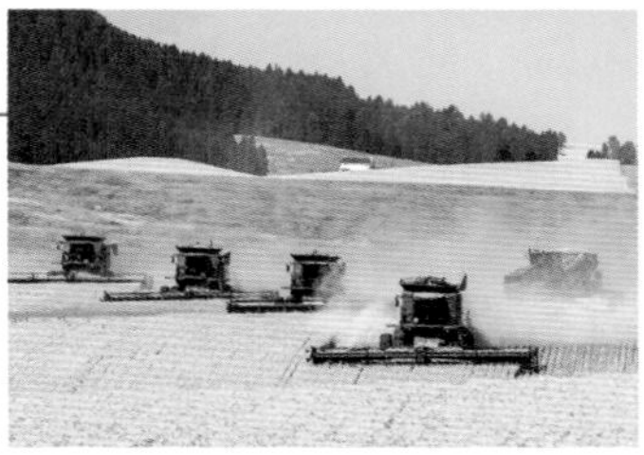

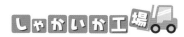

しゃかい工場
アメリカに住む人の中で、最も多い民族はヨーロッパ系の人々だよ。15世紀末に大西洋を渡ってヨーロッパ人がやってくるようになったんだ。

1 次の問いに答えましょう。

(1) 日本の①国旗と②国歌を何といいますか。それぞれ書きましょう。

①国旗（　　　　　　　　）　②国歌（　　　　　　　　）

(2) 右の**グラフ**は日本の主な輸出相手国と輸入相手国を示したものです。Ⓐに共通してあてはまる国名を書きましょう。（　　　　　　　　）

(3) 右の**グラフ**を見て、中国からの輸入は、全体の約何分の1をしめていますか。整数で書きましょう。（約　　　分の1）

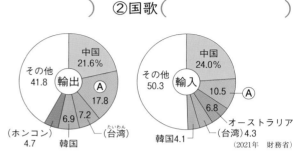

(2021年　財務省)

2 **アメリカ**について、次の問いに答えましょう。

(1) アメリカの正式な国名と首都名を、それぞれ書きましょう。

①国名（　　　　　　　　）　②首都名（　　　　　　　　）

(2) アメリカから世界へと広がったものを、次の　　から2つ選びましょう。

（　　　　　　　　）
（　　　　　　　　）

英語　　ファーストフード　　キリスト教　　ジーンズ

(3) アメリカの文化について、次の文の{　　}にあてはまる言葉に○を書きましょう。

① ジャズ音楽は、西洋の楽器と{ アジア　アフリカ }のリズムが合わさって生まれた。

② 野球やバスケットボールなどの{ スポーツ　観光 }がさかんである。

③ ヨーロッパ、アフリカ、アジアなどから人が移住し、{ 多民族　少数民族 }の国になった。

(4) 日本からの移民やその子孫を、何といいますか。（　　　　　　　　）

(5) 右の**写真**を見て、次の文の　　にあてはまる言葉を漢字4字で書きましょう。（　　　　　　　　）

●自動車が普及していて、広い国土を結ぶ　　が発達している。

(6) アメリカの農業の特徴を、次から2つ選びましょう。（　　）（　　）

㋐ ほとんどが手作業である。　㋑ 小麦を大量生産している。

㋒ 農作物は輸出していない。　㋓ 大規模な農業である。

(7) 右の**グラフ**の輸出と輸入の両方で最も多いものは何ですか。（　　　　　　　　）

(8) 日本がアメリカに輸出しているもので2番目に多いものを、**グラフ**から選びましょう。（　　　　　　　　）

(9) アメリカの小学校で毎朝行う「忠誠のちかい」は何に向かって行っていますか。漢字2字で書きましょう。（　　　　　　　　）

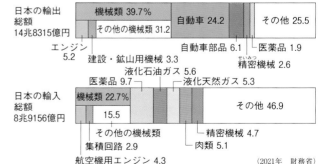

日本とアメリカの貿易

日本の輸出
総額
14兆8315億円
機械類 39.7%　その他の機械類 31.2　自動車 24.2　その他 25.5
エンジン 5.2　建設・鉱山用機械 3.3　自動車部品 6.1　医薬品 1.9　精密機械 2.6

日本の輸入
総額
8兆9156億円
機械類 22.7%　15.5　その他 46.9
医薬品 9.7　その他の機械類　集積回路 2.9　航空機用エンジン 4.3　液化石油ガス 5.6　液化天然ガス 5.3　精密機械 4.7　肉類 5.1

(2021年　財務省)

勉強した日　月　日

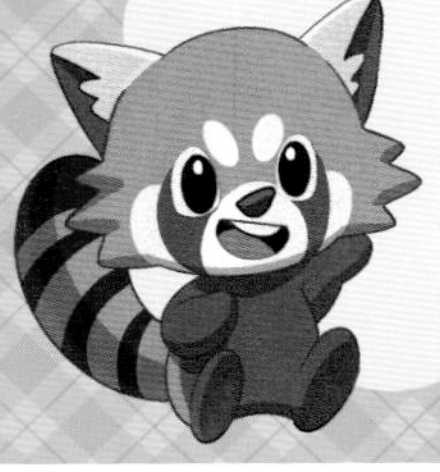

1　日本とつながりの深い国々②

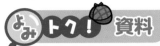

学習の目標
中国とブラジルの文化や日本とのつながりを調べよう。

基本のワーク

教科書 248〜259ページ　答え 18ページ

1 経済でつながりの深い国　中国

よみトク！資料

中国の位置

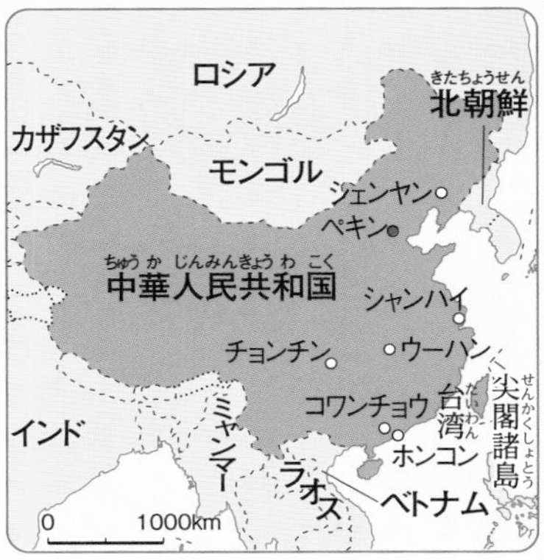

中国の国旗

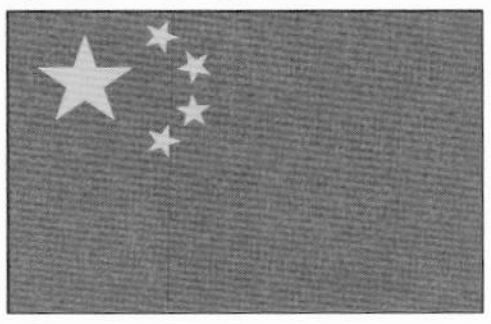

●正式な国名は中華人民共和国。
●面積は約960万km²。
●人口は約14億3900万人。（2020年）
●首都はペキン（北京）。
●主な言語は①（　　　　）。
●日本は衣類や機械を輸入➡中国は主要な②（　　　　）。
●シャンハイ（上海）は世界有数の国際都市として発展。
◆③（　　　　）業や**商業**がさかんな経済の中心地。
●日本から④（　　　　）が進出して製造・販売を行う。
●中国から多くの⑤（　　　　）客や**留学生**が来日。

●**漢字**の使用や⑥（　　　　）を使った食事など、共通する文化や生活習慣がある。
●日中戦争後、1949年に⑦（　　　　）が成立。1972年に両国の国交が正常化した。
➡1978年に**日中平和友好条約**を結び、新たな交流を深めている。
●人口は工業がさかんな海沿いに集中。約９割の⑧（　　　　）と55の**少数民族**がいる。
●１月中旬から２月中旬ごろの**春節**（旧暦の正月）では、水ぎょうざをよく食べる。

2 日系人が多く住む国　ブラジル

よみトク！資料

ブラジルの位置

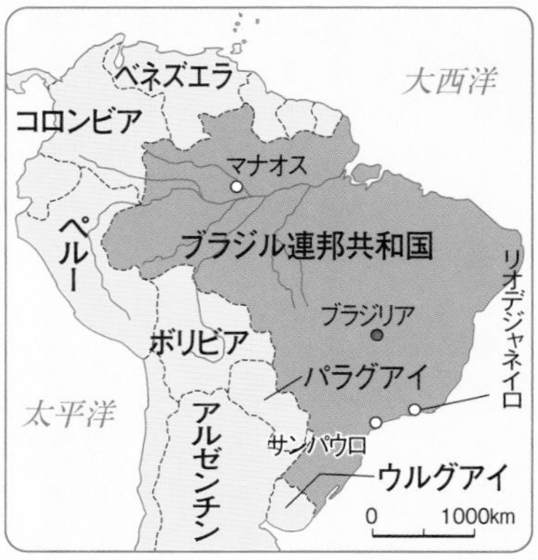

ブラジルの国旗

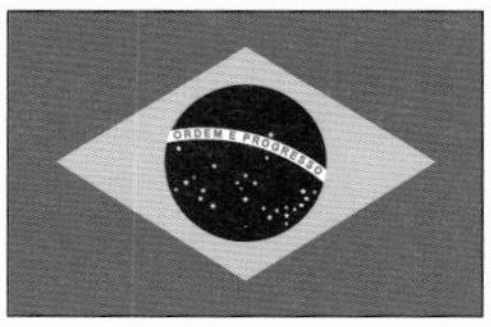

●正式な国名はブラジル連邦共和国。
●面積は約850万km²。
●人口は約２億1300万人。（2020年）
●首都はブラジリア。
●主な言語は⑨（　　　　）。
●日本人移住者とその子孫の⑩（　　　　）が多く住む。
◆サンパウロには日系人が多く住み、日本料理の店がある。
●アマゾン川の周辺には、広大な⑪（　　　　）。
●⑫（　　　　）、大豆やさとうきびなどの農産物や鉄鉱石などの鉱物資源を輸出し、航空機の生産も発達している。

●16世紀以降、多くの人が⑬（　　　　）から移住した。
◆先住民族、アフリカやアジアから来た人も暮らす**多民族国家**。
●⑭（　　　　）というおどりの行列が行われるリオデジャネイロのカーニバルは⑮（　　　　）教の祭りの一つ。

白米、豆をにこんだフェイジョン、肉を焼いたシュラスコを食べるよ。

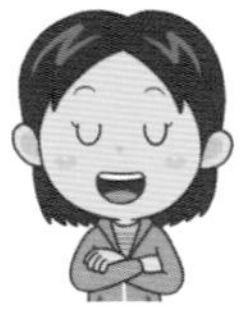

 しゃかい工場

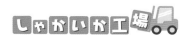

ブラジルの公用語はポルトガル語。他の中南米の国々の多くはスペイン語だよ。これは、16世紀以降、中南米の国々の多くがこれら2国の植民地だったからだよ。

勉強した日　　月　　日

練習のワーク

教科書 248～259ページ　答え 18ページ

できた数　　／15問中

1 中国について、次の問いに答えましょう。

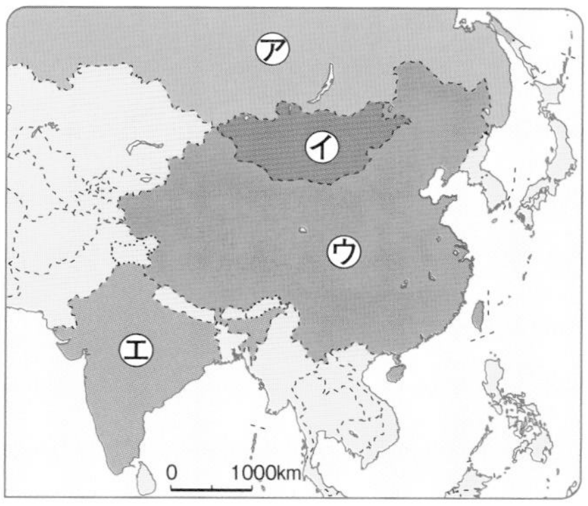

(1)　中国の正式な国名を何といいますか。

（　　　　　　　　　　）

(2)　中国の位置を、**地図**中の㋐～㋓から選びましょう。

（　　）

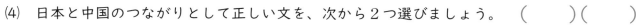

(3)　中国の都市について、次の文の{　　}にあてはまる言葉に○を書きましょう。

●東シナ海に面した①{ ペキン　シャンハイ }は経済が発展し、②{ 商店　銀行 }などの金融業がさかんである。

(4)　日本と中国のつながりとして正しい文を、次から２つ選びましょう。（　　）（　　）

㋐　中国から日本をおとずれる観光客は多く、留学生も中国から来る人数が最も多い。

㋑　日本と中国は、1978年に日中平和友好条約を結んで国交を正常化した。

㋒　文化的な交流はさかんだが、経済を通してのつながりは深くない。

㋓　漢字を使ったり、はしで食事をすることは、日本と中国の共通する文化である。

(5)　中国の人口の約９割をしめるのは漢民族ですが、それ以外の民族はまとめて何とよばれますか。（　　　　　　　　）

2 ブラジルについて、次の問いに答えましょう。

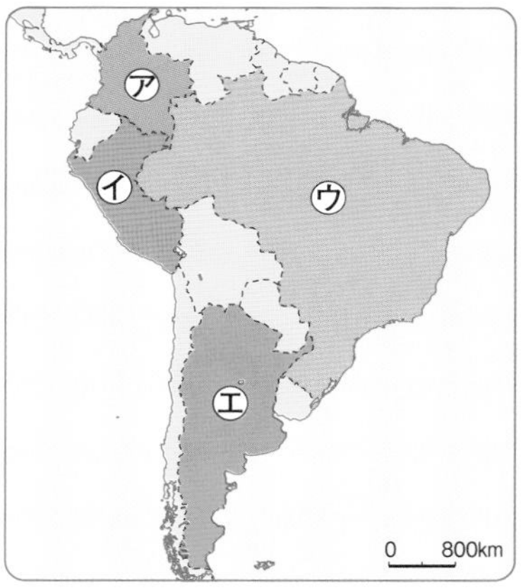

(1)　ブラジルの正式な国名を何といいますか。

（　　　　　　　　　　）

(2)　ブラジルの位置を、**地図**中の㋐～㋓から選びましょう。

（　　）

(3)　ブラジルを東西に流れ、流域に熱帯林が広がっている川を何といいますか。（　　　　　　　　）

(4)　次の文にあてはまる都市を、あとの[　　]からそれぞれ選びましょう。　①（　　　　　）　②（　　　　　）　③（　　　　　）

①　ブラジルの首都である。　②　日系人の人口が多い。

③　世界的に有名なカーニバルが行われる。

リオデジャネイロ　　ブラジリア　　サンパウロ

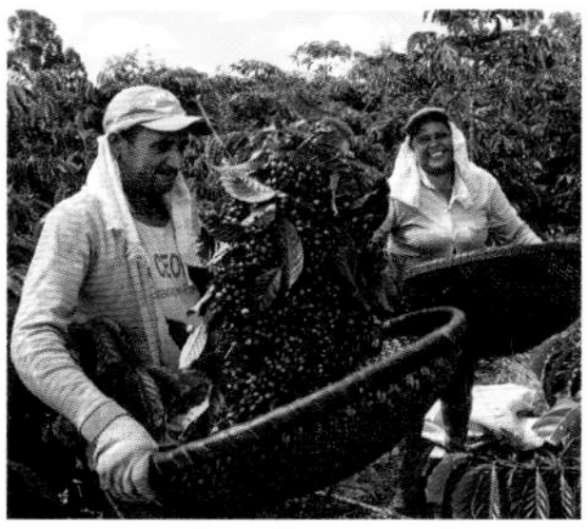

(5)　右の**写真**で収穫しているものを、次から選びましょう。（　　）

㋐　小麦　　㋑　とうもろこし　　㋒　コーヒー豆　　㋓　米

(6)　ブラジルのスポーツについて、次の文の{　　}にあてはまる言葉に○を書きましょう。

●ブラジルの選手が世界各地で活躍する{ サッカー　野球 }は、特にさかんである。

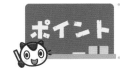

ポイント　日本は中国やブラジルと古くから交流してきた。

勉強した日　月　日

1 日本とつながりの深い国々③

基本のワーク

学習の目標
サウジアラビアと韓国の文化や生活習慣について調べよう。

教科書 260～271ページ　答え 19ページ

1 豊かな石油資源をもつ国　サウジアラビア

よみトク！資料

サウジアラビアの位置

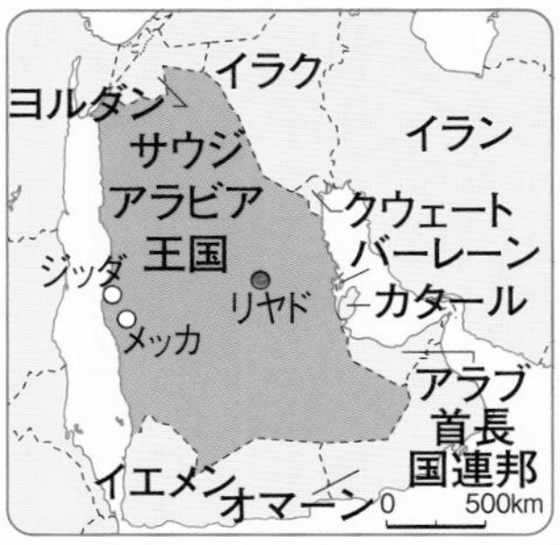

サウジアラビアの国旗

- 正式な国名は**サウジアラビア王国**。
- 面積は約221万km²。
- 人口は約3500万人。（2020年）
- 首都は①（　　　　　）。
- 主な言語は②（　　　　　）。
- 日本は多くの③（　　　　　）を輸入している。
- 乾燥した気候で④（　　　　　）や険しい山岳地帯が多い。
- **石油**の輸出量は世界第1位。国の輸出額の5分の3をしめる。

石油の利益で国を整備したり、医療費や教育費を無料にしているよ。

- 国の宗教は⑤（　　　　　）。➡イスラム教の授業もある。
- **イスラム教**の経典の⑥（　　　　　）を学校で学ぶ。
- 1日5回、聖地⑦（　　　　　）に向かっておいのりをする。
  - 金曜日の正午は礼拝所の⑧（　　　　　）でいのる。
- ラマダーン（イスラムのこよみの9月）の約1か月間は、日の出から日没までの間、飲み物や食べ物を口にしないきまりがある。

イスラム教の決まり
- 豚肉を食べたり、酒を飲んではいけない。
- 女性は外出するときにはだを見せない服を着る。

2 おとなりの国　韓国

よみトク！資料

韓国の位置

韓国の国旗

- 正式な国名は**大韓民国**。
- 面積は約10万km²。
- 人口は約5100万人。（2020年）
- 首都は⑨（　　　　　）。
- 主な言語は⑩（　　　　　）。

アンニョンハセヨ（こんにちは）

- **日本に最も近い国**の一つ。
  - 博多港から⑪（　　　　　）の港へは高速船で約3時間。
  - 福岡空港からソウルまでは1時間余りで着く。
- 食べ物や映画、音楽などの韓国の⑫（　　　　　）は日本でも人気がある。

チマ・チョゴリ

- 伝統的な衣装は、上着をチョゴリといい、女性用のスカートを⑬（　　　　　）、男性用のズボンをパジという。
- 韓国武術の⑭（　　　　　）は、オリンピック競技にもなっている。
- 韓国の食事に欠かせない⑮（　　　　　）は、伝統的なつけ物。

しゃかい工場
韓国ととなりにある朝鮮民主主義人民共和国（北朝鮮）は同じ民族の国だよ。南北の統一に向けて努力が続けられていて、日本にとっても重要な動きなんだ。

練習のワーク

教科書 260〜271ページ　答え 19ページ

1 サウジアラビアについて、次の問いに答えましょう。

(1) サウジアラビアの正式な国名を何といいますか。 （　　　　　　　　）

(2) サウジアラビアの位置を、**地図**中の㋐〜㋓から選びましょう。 （　　　　）

0　500km

(3) 次の文の{ }にあてはまる言葉に〇を書きましょう。

① サウジアラビアの人々は主に{ 英語　アラビア語 }を話す。

② 降水量がとても少なく、{ 砂漠　熱帯林 }が広がっている。

(4) 右の**グラフ**は、ある資源の日本の輸入先を示したものです。ある鉱産資源とは何ですか。次から選びましょう。 （　　　）

㋐ 石炭　㋑ 石油　㋒ 鉄鉱石　㋓ 天然ガス

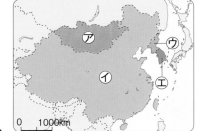

ロシア　その他
3.6　6.0
カタール
7.6
クウェート8.4
サウジ
アラビア
39.7%
アラブ
首長国連邦
34.7

(2021年 財務省)

(5) コーランを経典とする、サウジアラビアで定められた国の宗教を、次の　　　から選びましょう。 （　　　　　　　）

仏教　　キリスト教　　イスラム教

(6) イスラム教について正しい文を、次から2つ選びましょう。

㋐ それぞれの国の首都の方角を向いて、1日5回おいのりをする。 （　　　）（　　　）

㋑ 学校では男女が別々に学んでいる。

㋒ 豚肉を食べたり、酒を飲んだりすることは禁止されている。

㋓ 外出をするときは、男性も女性も顔や体をおおう衣服を着なければいけない。

2 韓国について、次の問いに答えましょう。

(1) 韓国の正式な国名を何といいますか。 （　　　　　　　）

(2) 韓国の位置を、**地図**中の㋐〜㋓から選びましょう。 （　　　）

(3) 福岡県の博多港と韓国のプサンの港を3時間ほどで結んでいる交通機関を、次から選びましょう。 （　　　）

㋐ 航空機　㋑ 鉄道　㋒ 高速船　㋓ 高速道路

0　1000km

(4) 韓国の伝統的な食べ物、衣服、武術としてあてはまるものを、次の　　　からそれぞれ選びましょう。

①食べ物（　　　　　）　②衣服（　　　　　）　③武術（　　　　　）

テコンドー　　キムチ　　チマ・チョゴリ

(5) 韓国の小学生の暮らしについて、次の文の{ }にあてはまる言葉に〇を書きましょう。

① 小学校6年、中学校3年が義務教育で、{ 2学期　3学期 }制をとっている。

② 小学校では{ プログラミング　日本語 }の授業が行われている。

(6) 韓国の北にある、韓国と同じ民族の国を何といいますか。 （　　　　　　　）

ポイント **人々は宗教や伝統を大切にして暮らしている。**

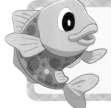

まとめのテスト

1　日本とつながりの深い国々

時間20分

得点　/100点

教科書 238〜271ページ　答え 19ページ

よく出る

1 [日本とつながりの深い国] **次の地図中の①〜④の国名を、それぞれ書きましょう。また、その国の国旗をあとから選びましょう。**

（それぞれ完答）1つ5点〔20点〕

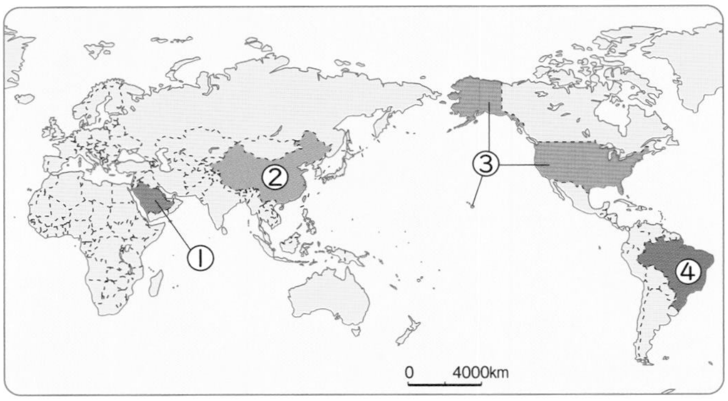

①国名（　　　　）
国旗（　　）
②国名（　　　　）
国旗（　　）
③国名（　　　　）
国旗（　　）
④国名（　　　　）
国旗（　　）

㋐
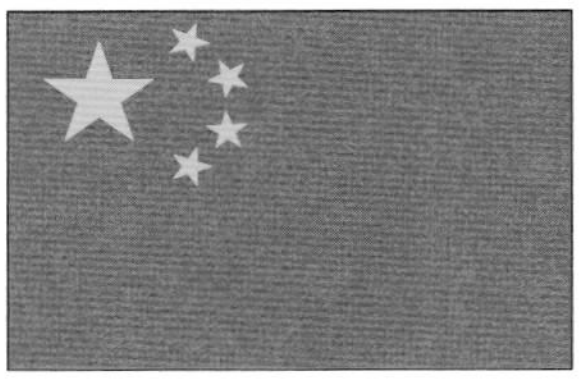
㋑
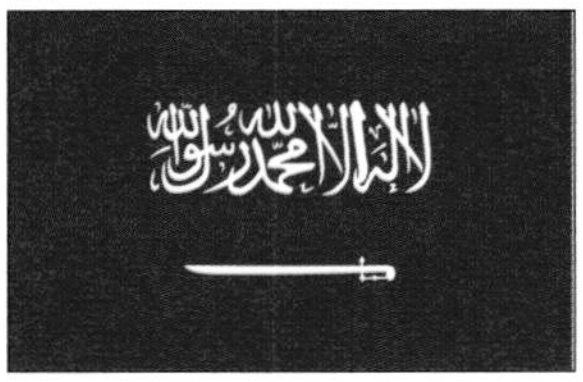
㋒
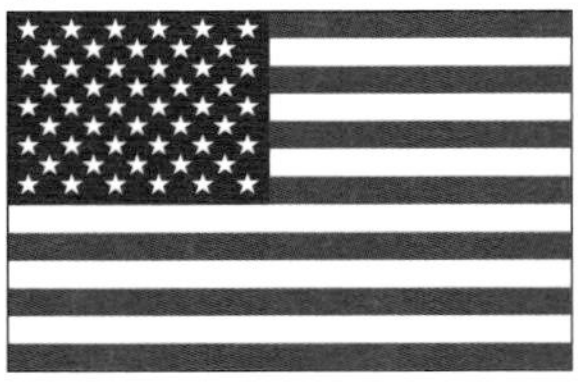
㋓
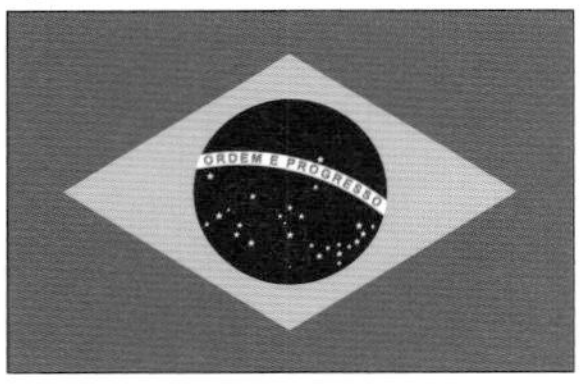

2 [アメリカ] **次の問いに答えましょう。**

1つ4点〔20点〕

よく出る

(1)　アメリカと日本のつながりについて、正しい文を次から2つ選びましょう。

㋐　日本人が多く住む国と日本に住む外国人は、ともにアメリカが第1位である。

㋑　アメリカでは野球の人気が高く、日本人選手もアメリカのチームで活躍（かつやく）している。

㋒　日本で食べられているハンバーガーは、アメリカから世界に広がった。

㋓　戦争があったため、日本からの移民の子孫は残っていない。　（　　）（　　）

(2)　**資料1**、**2**を見て、次の文の□にあてはまる言葉を、あとの□からそれぞれ選びましょう。

①（　　　　）
②（　　　　）

①　アメリカでは小麦や大豆を□の機械を使って生産している。

②　アメリカの国内では□が重要な交通手段になっている。

資料1
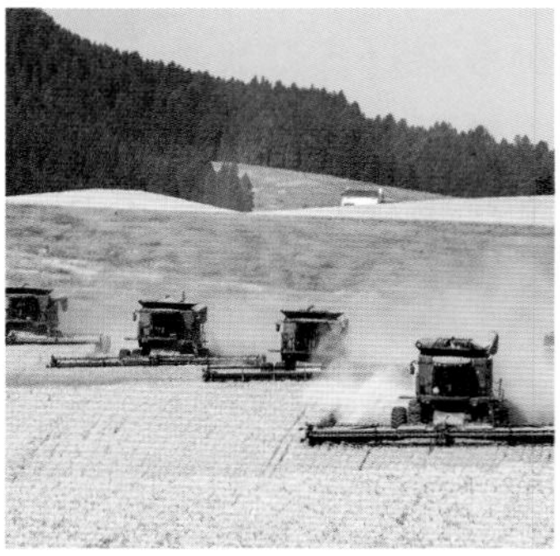

資料2
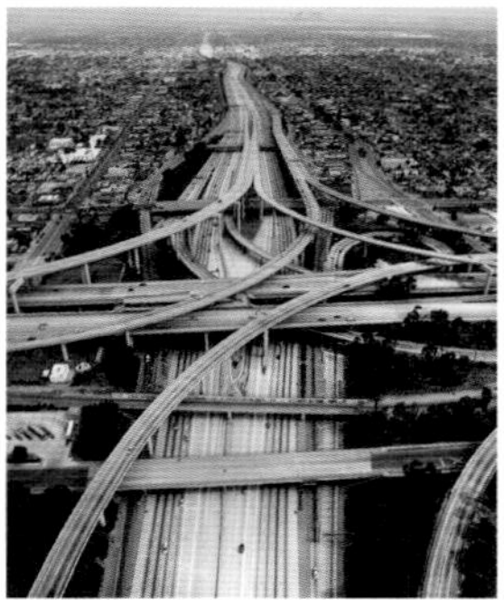

小型　大型　外国　船　自転車　自動車

記述

(3)　アメリカの文化や産業にはどのような特色がみられますか。「民族」「国土」の言葉を用いて簡単（かんたん）に書きましょう。

（　　　　　　　　　　　　　　　　）

3 [中国] 次の問いに答えましょう。　　1つ4点〔20点〕

(1)　国際都市の1つであるシャンハイでさかんな産業を、次から選びましょう。　(　　　)

㋐ 農業　㋑ 漁業　㋒ 鉱業　㋓ 金融業

(2)　日本と中国の貿易について、中国にあてはまるものを**グラフ**中の㋐～㋒から選びましょう。　(　　　)

日本の主な輸入相手国

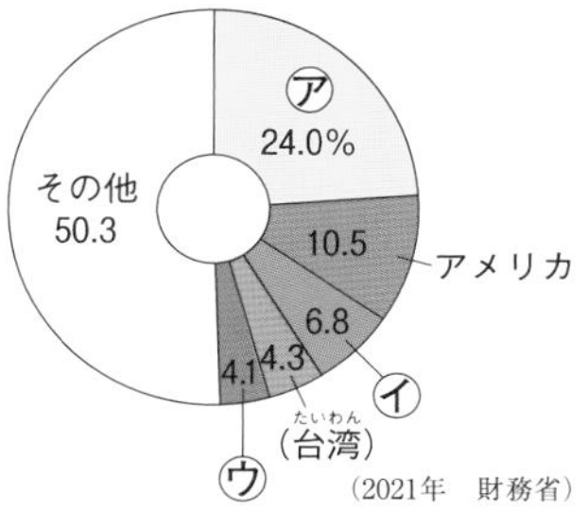

㋐
24.0%
10.5
アメリカ
6.8
㋑
4.3
4.1
(台湾)
㋒
その他
50.3

(2021年　財務省)

(3)　次の文の□にあてはまる言葉を、[　　]からそれぞれ選びましょう。　①(　　　　　)　②(　　　　　)

① 中国では、人口の大部分を□がしめている。

② 買い物などを目的に中国から多くの□が日本にやって来る。

留学生	漢民族	少数民族	観光客

(4)　日本と中国の文化の特徴について、次の文の(　　)にあてはまる内容を簡単に書きましょう。

●(　　　　　　　　　　　　　　　　　　　　　　)ため、共通点が多い。

4 [ブラジル] 次の文を読んで、あとの問いに答えましょう。　　1つ4点〔20点〕

ブラジルではアマゾン川流域に広大な[①]が見られる。農産物や鉱物資源にめぐまれ、Ⓐ工業の技術も進んでいる。リオデジャネイロの[②]や、人気のスポーツの[③]は、ブラジルに多いⒷ日系人をはじめ、民族や年齢に関係なくさまざまな人に楽しまれている。

(1)　文中の□①～③にあてはまる言葉を、次の[　　]からそれぞれ選びましょう。

①(　　　　　)　②(　　　　　)　③(　　　　　)

バスケットボール	カーニバル	サッカー	熱帯林	砂漠	ハロウィン

(2)　――線部Ⓐについて、ブラジルが高い技術をもつ製品を、次から選びましょう。(　　　)

㋐ 衣類　㋑ コンピューター　㋒ 航空機　㋓ 医薬品

(3)　――線部Ⓑとはどのような人ですか。「移住」の言葉を用いて簡単に書きましょう。

(　　　　　　　　　　　　　　　　　　　　　　)

5 [サウジアラビア] 次の問いに答えましょう。　　1つ4点〔20点〕

(1)　サウジアラビアの輸出量が世界第1位である、右の□にあてはまる資源は何ですか。　(　　　)

日本の□の輸入先

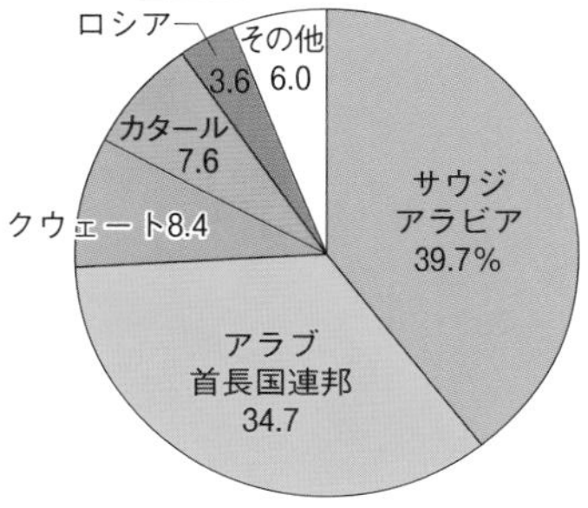

ロシア
3.6
その他
6.0
カタール
7.6
クウェート8.4
サウジ
アラビア
39.7%
アラブ
首長国連邦
34.7

(2021年　財務省)

(2)　サウジアラビアの国の宗教であり、国民のほとんどが信仰している宗教を次から選びましょう。　(　　　)

㋐ キリスト教　㋑ イスラム教　㋒ 仏教

(3)　(2)の信者の暮らしについて、次の文の{　　}にあてはまる言葉に○を書きましょう。

① 金曜日のおいのりは、{ モスク　学校 }に集まって行う。

② 外出するときは、{ ハラール　ヒジャブ }ではだやかみをかくす女性もいる。

(4)　(2)の宗教の決まりごとの一つを、「豚肉」の言葉を用いて簡単に書きましょう。

(　　　　　　　　　　　　　　　　　　　　　　)

勉強した日 月 日

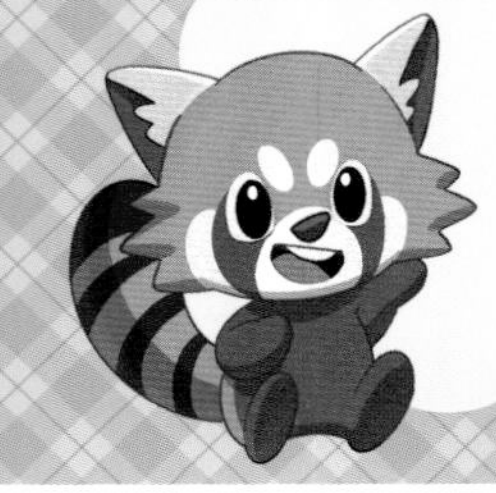

2 地球規模の課題の解決と国際協力①

学習の目標
世界の課題に取り組む日本人や国際機関の活動を調べよう。

基本のワーク

教科書 272～279ページ　答え 20ページ

1 世界で活躍する日本人

医師の中村哲さんの活動

●1984年から、パキスタンの北部にあるペシャワールでハンセン病患者の①(　　　　)に取り組んできた。

●そのころ、アフガニスタンでは戦乱が続き、多くの人が国外へのがれた。

◆アフガニスタンからの②(　　　　)の治療もしながら、国境をこえてアフガニスタンでも医療活動を行った。

■こうした活動は、日本の③(　　　　)(非政府組織)であるペシャワール会が支援してきた。

[SDGs] ●2000年、アフガニスタンで大規模な④(　　　　)が起きた。

◆安全な水と作物を育てるための水を確保するために井戸をほった。

◆2003年に⑤(　　　　)の工事を始め、河川から水を引いた。

●2001年9月11日、アメリカのニューヨークで⑥(　　　　)事件が起こり、アメリカはアフガニスタンへの空爆を始めた。

◆このときは国内の避難民に緊急の食料支援を行った。

●ペシャワール会は、中村さんがなくなったあとも、アフガニスタンのための活動を続けている。

パキスタンとアフガニスタン

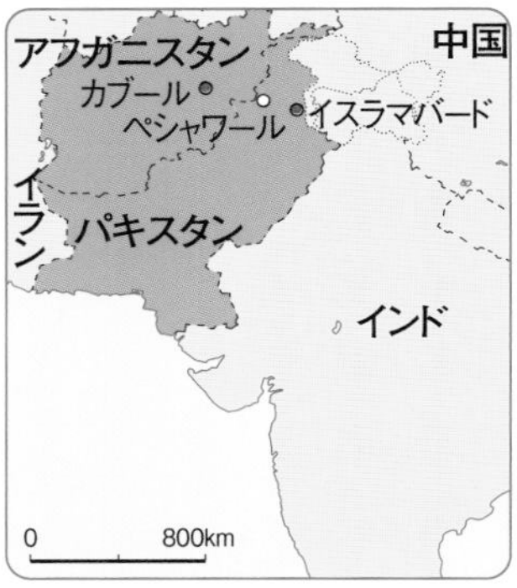

アフガニスタン
中国
カブール
ペシャワール
イスラマバード
イラン
パキスタン
インド
0
800km

NGO(非政府組織)
平和や人権、環境などの問題に取り組む民間の団体。

2 ユニセフのはたらき／国際連合のはたらき

●困難な状況の子どもたちを守るために⑦(　　　　)(国連児童基金)が活動している。

◆世界中の人々に⑧(　　　　)を呼びかけて、子どもたちの支援に使っている。

◆活動の中心となる考え方は⑨(　　　　)**の権利条約**に示されている。

■**生きる権利、育つ権利、**⑩(　　　　)**権利、参加する権利**の四つの柱がある。

よみトク! SDGs

国連の活動費用の負担割合

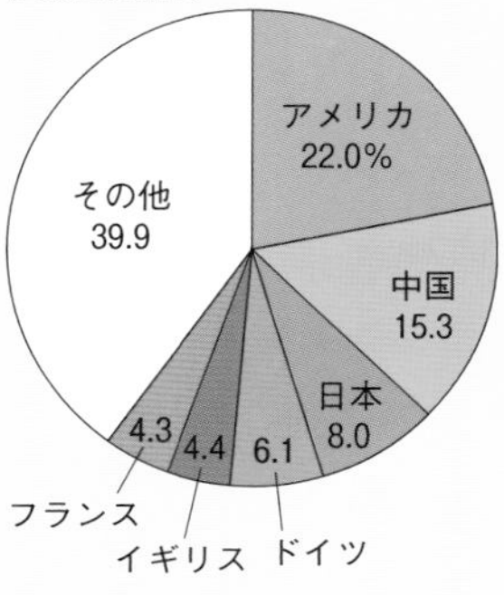

アメリカ 22.0%
その他 39.9
中国 15.3
日本 8.0
6.1
4.4
4.3
フランス
イギリス
ドイツ

(2022～2024年　国連広報センター)

⑪(　　　　)(国連) のはたらき

●**安全保障理事会**を中心に戦争を防いだり、国どうしが結ぶ調停の仲立ちをしたりしている。

●1945年、世界の⑫(　　　　)を守り、社会を発展させていくことを目的につくられた。

●世界のほとんどの国が加盟し、⑬(　　　　)に出席する。

●国連難民高等弁務官事務所(UNHCR)や、世界遺産の修復を行う⑭(　　　　)(国連教育科学文化機関)などの機関がある。

●日本は1956年に加盟。現在は多くの活動費用を負担している。

◆国連の⑮(　　　　)(PKO)には自衛隊も参加した。

ユニセフも国連の機関の一つだよ。

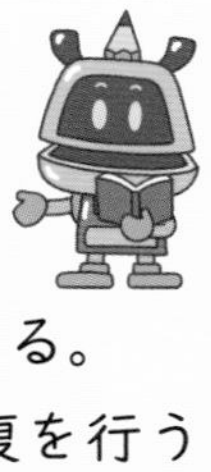

●日本はゆいいつ原子爆弾の被害を受けた国として**核兵器廃絶**の大切さをうったえている。

 しゃかい工場

ユニセフは保健や栄養指導、教育などにも力を入れているよ。予防接種をしたり、食料や文房具を届けるなどして子どもたちの成長を支えているんだ。

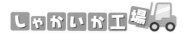

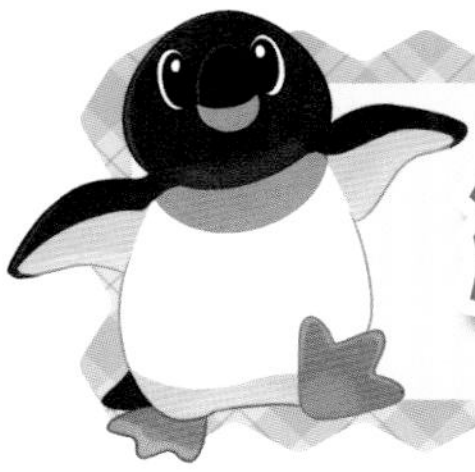

練習のワーク

教科書 272〜279ページ　答え 20ページ

できた数　　／16問中

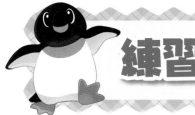

1 次の問いに答えましょう。

(1) 中村哲さんが治療をした難民は、どこの国からのがれてきましたか。（　　　　　）

(2) 活動を支えてきたペシャワール会について、次の文の□にあてはまる言葉を、右の□から選びましょう。（　　　　　）

政府　民間　国連

●ペシャワール会は日本のＮＧＯの一つで、ＮＧＯは国のちがいをこえて平和や人権、環境などの問題に取り組む□の団体である。

(3) 中村さんが2001年と2003年に始めた活動を、次からそれぞれ選びましょう。

①2001年（　　　）　②2003年（　　　）

㋐ 大干ばつの中、安全な水を確保するためにたくさんの井戸をほった。

㋑ 大きな河川から用水路を引いて、砂漠化した土地の緑化に取り組んだ。

㋒ ハンセン病に苦しむ患者の治療を行った。

㋓ アメリカがテロを防ぐためとして空爆を始めたため、避難民に食料を配った。

(4) 困難な状況にある人々や地域を救うために、世界の人々が協力して取り組んでいる問題を、次から２つ選びましょう。（　　　）（　　　）

㋐ 地球環境　㋑ 世界の平和　㋒ 軍事力の強化　㋓ 他国への移住

2 次の問いに答えましょう。

(1) ユニセフの正式な名前を何といいますか。（　　　　　）

(2) ユニセフについて、次の文の｛　｝にあてはまる言葉に○を書きましょう。

①世界中の人々から集めた｛ 借金　募金 ｝を、子どもたちのために使っている。

②世界の国々と協力して、保健や｛ 栄養　介護 ｝指導、教育にも力を入れている。

(3) ユニセフの活動の中心となる考え方について、右の**資料**の□にあてはまる言葉を書きましょう。（　　　　　）

子どもの権利条約の柱

・□権利
・育つ権利
・守られる権利
・参加する権利

(4) 国際連合が行っている、平和を守るための活動の中心となる機関を何といいますか。（　　　　　）

(5) 次の文にあてはまる国連の機関を、あとからそれぞれ選びましょう。

①（　　　）②（　　　）③（　　　）

① 教育や文化などを通して世界の平和の実現を目ざしている。

② 会議で決定されたことは、世界の国々を代表する意見としての重みをもつ。

③ 難民となった人々の安全を守り、生活支援をしている。

㋐ 総会　㋑ 国連難民高等弁務官事務所　㋒ ユネスコ（国連教育科学文化機関）

(6) 国連の平和維持活動（ＰＫＯ）に参加するために日本が派遣した、日本の防衛をになう組織を何といいますか。（　　　　　）

(7) 世界でゆいいつ原子爆弾の被害を受けた国として、日本は何の廃絶の大切さをうったえる取り組みをしていますか。（　　　　　）

ポイント 国際連合は世界の平和を守るための活動をしている。

勉強した日 月 日

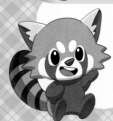

2 地球規模の課題の解決と国際協力②

学習の目標

環境問題やこれからの社会を考えた取り組みを調べよう。

基本のワーク

教科書 280～287ページ　答え 20ページ

1 地球の環境とともに生きる

●世界各地では、地球①(　　　　)化の影響で深刻な被害が起きている。

◆豪雨や干ばつなど。氷河がとけて②(　　　　)面が上昇し、水没の危機にある地域もある。

◆暮らしが豊かになる一方、エネルギーを大量消費し、二酸化炭素などの③(　　　　)ガスを出していることが原因。

■温暖化以外にも④(　　　　)林の減少や酸性雨、砂漠化、大気や水の汚染などが人間や他の生物に大きな影響をあたえている。

地球温暖化の被害(ツバル)

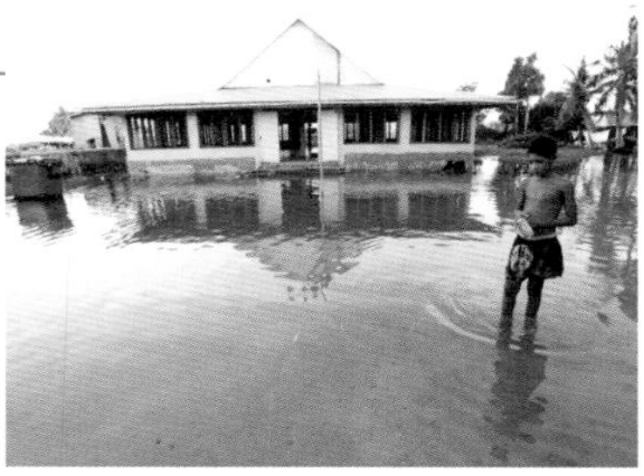

●地球環境の悪化を防ぐために、国際連合を中心として各国の政府や⑤(　　　　)(非政府組織)が協力している。

●石油などにたよらない新しい⑥(　　　　)の開発も進んでいる。

●2015年、国連総会で「持続可能な開発目標(⑦(　　　　))」が採択された。

◆社会のあり方や暮らしを見直し、持続可能な社会を目ざした協力が重要である。

将来の世代のことも考えた社会だね。

2 よりよい社会をともにひらく

SDGs ●世界では３人に一人が水不足、10人に３人が安全な水を使えない環境にいるといわれる。

◆日本は安全な水を供給するための井戸の建設や⑧(　　　　)の整備に協力している。

よみトク! SDGs

青年海外協力隊が活動している地域

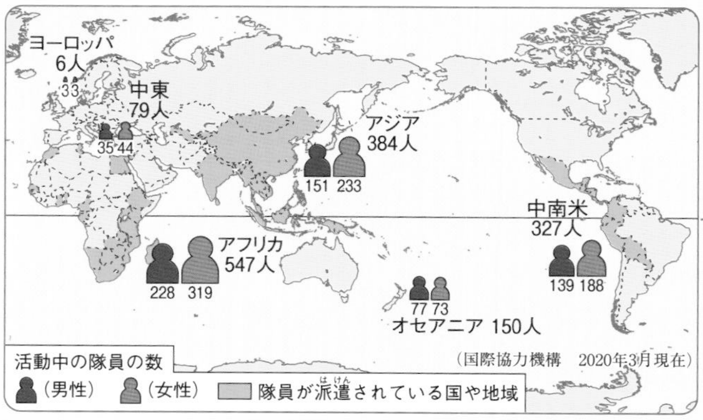
ヨーロッパ
6人
3 3
中東
79人
35 44
アジア
384人
151 233
アフリカ
547人
228 319
中南米
327人
139 188
77 73
オセアニア 150人
(国際協力機構　2020年3月現在)
活動中の隊員の数
(男性)　(女性)　隊員が派遣されている国や地域

●⑨(　　　　)(ODA)…支援を必要とする国々に対して、政府が資金や技術を提供して行う援助。

◆国際協力機構(⑩(　　　　))は日本のODAの実施機関。

■⑪(　　　　)やシニア海外ボランティアはその事業の一部。

●日本はこれまで世界各国を支援してきたが、2011年に⑫(　　　　)が起きたときは世界から多くの支援を受けた。

●地球上には、自然災害や、政治や⑬(　　　　)の対立による紛争、食料・資源の不足、⑭(　　　　)の抑圧や差別などによって、大勢の人々が困難な状況におかれている。

◆このような人々を支援するために、政府や民間の人々の協力による活動が行われている。

■女子児童への教育をうったえたマララ＝ユスフザイさんはノーベル平和賞を受賞した。

●おたがいの権利を尊重し、⑮(　　　　)の一員として助け合うことが大切である。

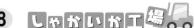

しゃかい工場　ノーベル平和賞は、マララさんのような個人だけでなく、国際連合(国連)や国境なき医師団などの団体が受賞したこともあるよ。

練習のワーク

教科書 280〜287ページ 答え 20ページ

できた数

／14問中

1 地球の環境問題について、次の問いに答えましょう。

(1) 気候変動を引き起こしている、地球全体の気温が高くなっている問題を何といいますか。漢字5字で書きましょう。 (   )

(2) (1)の被害や原因について、次の文の{   }にあてはまる言葉に○を書きましょう。

① 海水面が上がり、島国のツバルは{ 干ばつ 水没 }の危機にさらされている。

② 大量のエネルギーを消費して{ 温室効果 天然 }ガスを出していることが大きな原因。

(3) 環境問題について、次の文の□□□にあてはまる言葉を、あとの□□□からそれぞれ選びましょう。 ①(   ) ②(   ) ③(   )

① 大気が汚染されて、有害な物質をふくんだ□□□が降ると森林は枯れてしまう。

② 干ばつが続くと、干上がった土地は□□□してしまう。

③ 開発のために焼きはらわれるなどして□□□が進んでいる。

> 砂漠化　　豪雨　　酸性雨　　水の汚染　　熱帯林の減少

(4) 世界の国々が目ざす持続可能な社会とはどのような社会ですか。次の文の□□□にあてはまる言葉を、漢字2字で書きましょう。 (   )

●地球環境や限りある資源を守り、□□□の世代の人々も豊かに暮らせる社会。

2 次の問いに答えましょう。

(1) 次の文の――線部①・②を表す言葉を、あとの□□□からそれぞれ選びましょう。 ①(   ) ②(   )

●日本は、社会の発展や福祉の向上に必要な資金や技術を提供する①政府開発援助を行っていて、その事業は②国際協力機構が実施している。

> ピーケーオー　　エヌジーオー　　ジャイカ　　オーディーエー
> PKO　　NGO　　JICA　　ODA

(2) 右の**写真**は、国際協力機構が行っている発展途上国での活動の様子です。農林水産業や土木、教育、保健衛生などの分野で活躍する**写真**のような人々を何といいますか。 (   )

(3) 次の文の{   }にあてはまる言葉に○を書きましょう。

① 政治や宗教の対立から{ 紛争 環境問題 }が続いている。

② 人権の{ 保障 抑圧 }によって教育を受けられない人もいる。

(4) よりよく生きられる社会をつくるために大切なことを、次から2つ選びましょう。 (   )(   )

㋐ 一つの課題だけに集中して取り組む。　㋑ おたがいの権利を尊重する。

㋒ 現代の世代の利益を優先する。　㋓ 国際社会の一員として助け合う。

ポイント 持続可能な社会を目ざして政府や民間の人々が協力している。

109

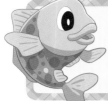

まとめのテスト

2　地球規模の課題の解決と国際協力

時間20分

得点　/100点

教科書 272〜287ページ　答え 20ページ

1 [国際連合] **次の文を読んで、あとの問いに答えましょう。**　1つ4点〔52点〕

国際連合（国連）は[①]年につくられ、日本は[②]年に加盟した。国連の目的は世界の[③]を守り、社会を[④]させていくことである。⑤国連の活動はさまざまで、⑥加盟国の声を聞きながら⑦平和維持活動などを行うほか、⑧ユニセフや⑨ユネスコなどが専門の仕事を行っている。また、⑩日本は核兵器のおそろしさをうったえる取り組みを続けている。

(1) [　]①〜④にあてはまる数字や言葉を、次の[　]からそれぞれ選びましょう。

①（　　　）②（　　　）③（　　　）④（　　　）

1920　1945　1956　講和　発展　時間　平和

(2) ——線部⑤について、国連の活動費用の負担割合を示した**資料1**中のⓍにあてはまる国を、次から選びましょう。（　　）

㋐ アメリカ　㋑ 韓国　㋒ ロシア　㋓ ブラジル

資料1

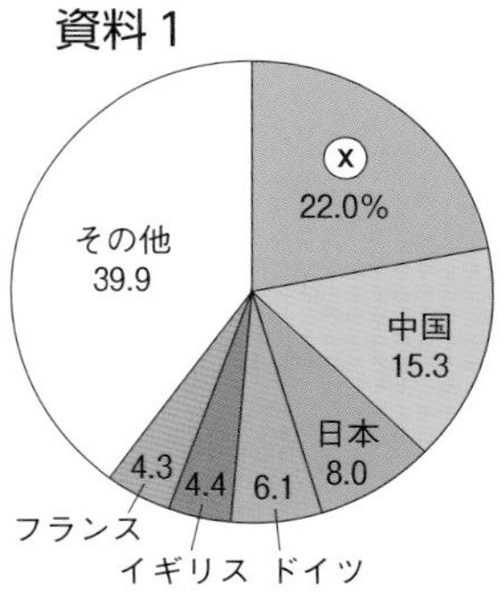
x
22.0%
中国
15.3
日本
8.0
6.1
4.4
4.3
その他
39.9
フランス
イギリス
ドイツ

（2022〜2024年　国連広報センター）

(3) ——線部⑥のすべての国が決定に参加する機関は、次のどちらですか。○を書きましょう。

㋐（　　）安全保障理事会　㋑（　　）総会

(4) ——線部⑦について、国連の平和維持活動(PKO)に参加した日本の組織を何といいますか。漢字3字で書きましょう。（　　　）

(5) ——線部⑧について、次の問いに答えましょう。

① ユニセフの正式名称について、次の{　}にあてはまる言葉に○を書きましょう。　●国連{ 文化　児童 }基金

[思考] ② **資料2**からわかることを、次から2つ選びましょう。（　　）（　　）

㋐ ユニセフの活動には募金が使われている。

㋑ 少しのお金では支援ができない。

㋒ 日本はユニセフの支援を受けたことがない。

㋓ ユニセフは教育にも力を入れている。

資料2　募金でできる支援の例

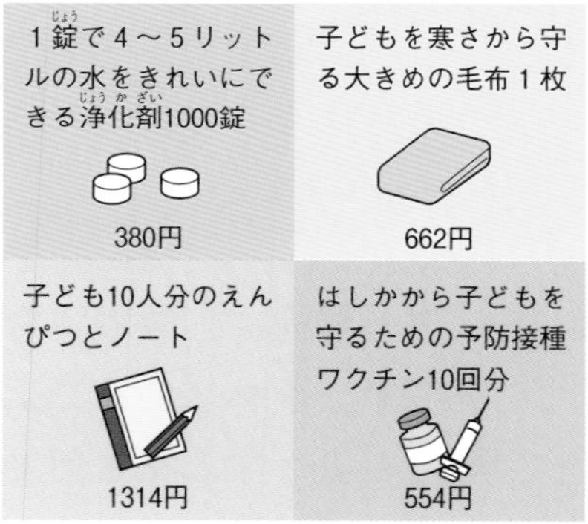
1錠で4〜5リットルの水をきれいにできる浄化剤1000錠
380円
子どもを寒さから守る大きめの毛布1枚
662円
子ども10人分のえんぴつとノート
1314円
はしかから子どもを守るための予防接種ワクチン10回分
554円

（2022年12月現在　日本ユニセフ協会）

③ ユニセフの活動の中心となる子どもの権利条約について、防げる病気で命をうばわれないことは、何という権利にあてはまりますか。次から選びましょう。（　　）

㋐ 生きる権利　㋑ 育つ権利　㋒ 守られる権利　㋓ 参加する権利

[よく出る] (6) ——線部⑨が行う活動を、次から選びましょう。（　　）

㋐ 国どうしの調停の仲介　㋑ 難民の保護　㋒ 文化遺産の保存　㋓ 道路の補修

[記述] (7) ——線部⑩について、日本がこの取り組みを行う理由を、「原子爆弾」の言葉を用いて簡単に書きましょう。

（　　　　　　　　　　　　　　　　）

2 地球環境 次の問いに答えましょう。

1つ4点〔20点〕

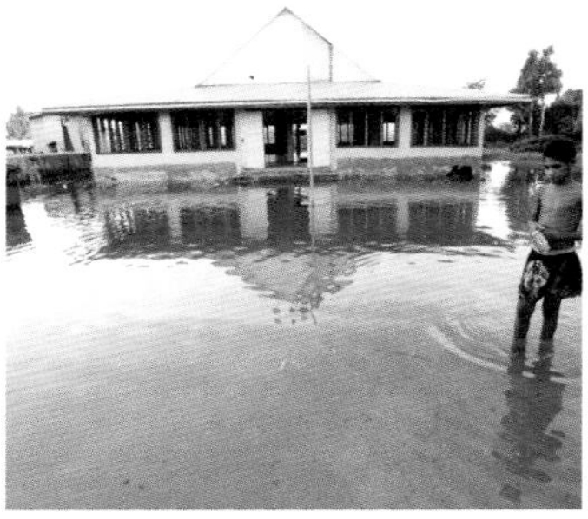

(1) **写真**は、水没の危険がある島国のツバルの様子です。水没の可能性がある理由を、次から選びましょう。（　　）

㋐ 土地があれて島の高さが低くなっているから。

㋑ 豪雨が起こる日が増えているから。

㋒ 氷河がとけて海水面が上昇しているから。

(2) (1)のような被害を引き起こしている地球全体の環境問題を、何といいますか。（　　　　）

(3) 環境の汚染につながらないとされる新しいエネルギーの資源として、あてはまらないものを次から選びましょう。（　　）

㋐ 石油　㋑ 太陽光　㋒ 地熱　㋓ 風力

(4) 世界の国々の取り組みについて、次の文の□に共通してあてはまる言葉を書きましょう。（　　　　）

●国連では、2015年に「□な開発目標」が採択され、世界の国々は17項目の目標に向けて取り組むことで□な社会を目ざすことになった。

(5) 国連や各国の政府と協力して活動しているＮＧＯとはどのような団体ですか。「国」「民間」の言葉を用いて簡単に書きましょう。

（　　　　　　　　　　　　　　　　　　　　）

3 よりよい社会をつくる 次の問いに答えましょう。

1つ4点〔28点〕

(1) **資料**を見て、青年海外協力隊が活動している人数が最も多い地域を書きましょう。（　　　　）

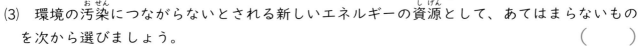

青年海外協力隊が活動している地域

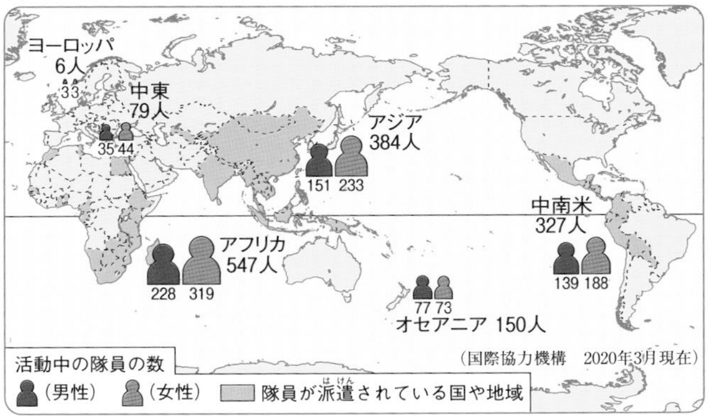

(国際協力機構　2020年3月現在)

(2) **資料**について、次の文の□①・②にあてはまる言葉を、あとの[　]からそれぞれ選びましょう。

①（　　　　）

②（　　　　）

●青年海外協力隊は、日本の ① の一つであり、主に ② を支援している。

PKO	発展途上国	ODA

(3) 現在の世界の様子について、正しい文を次から2つ選びましょう。（　　）（　　）

㋐ 国連や政府の取り組みによって、紛争はほとんど起きなくなっている。

㋑ 安全な水を使うことができず、感染症などでなくなる子どもがいる。

㋒ 支援を行ってきた国が、支援を受ける側になることもある。

㋓ 人口が増加している地域では、食料不足は改善されつつある。

(4) 世界の課題の解決に向けた取り組みについて、次の文の｛　｝にあてはまる言葉に○を書きましょう。

① 教育の平等をうったえたマララ=ユスフザイさんはノーベル｛ 平和　文学 ｝賞を受賞した。

② よりよい社会にするため、おたがいの権利を｛ 主張　尊重 ｝することが大切である。

地図を使ってチャレンジ！
プラスワーク

1　**昔の地図とくらべてみよう。**

「**白地図ノート**」の**6ページ**は1868年の日本地図、**7ページ**は現在の日本地図です。自分が住んでいる都道府県が、昔はどんな国だったのか調べてみましょう。

例　①　7ページの地図で自分の住んでいる都道府県を探して…　　②　6ページの地図でその場所にある国を探し、地図帳で国名を調べてみよう。

千葉県はここ！

千葉県の位置には、むかし3つの国があったんだね！

いまの千葉県

2　**歴史に出てくる場所を地図で覚えよう。**

①　「**白地図ノート**」の**7ページ**を使って、次のものがある場所に印をつけましょう。

三内丸山遺跡　　法隆寺　　金閣　　安土城　　富岡製糸場　　原爆ドーム

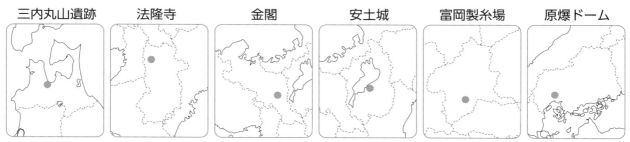

②　①の他にも、戦いがあった場所や建物の場所などを白地図に書きこんでみましょう。

3　**歴史年表をつくってみよう。**

「**白地図ノート**」の**16ページ**では、自由に年表をつくることができます。ふろくの「**わくわくポスター**」も参考にしながら、好きな時代の年表をつくってみましょう。

どの時代にしようかな？

好きな歴史上の人物について調べて、年表にまとめたいな。

年表の空いたスペースにイラストをかいてもいいね！

●勉強した日　　月　　日

時間 30分

名前　　　　　　　　　得点

/100点

おわったら
シールを
はろう

実力判定テスト 夏休みのテスト①

憲法とわたしたちの暮らし

1 次の図を見て、答えましょう。　1つ5点〔50点〕

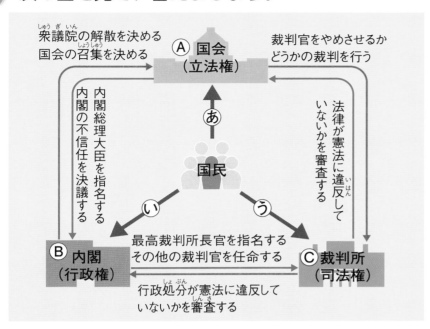

(1) 次の話にあてはまる機関を、図中のⒶ〜Ⓒからそれぞれ選びましょう。

 争いごとや犯罪が起こったとき、憲法や法律にもとづいて、解決するよ。 □

 決められた予算を使って、国民の暮らしを支える仕事をするところだね。 □

 国民の暮らしに関わる法律や予算について話し合って決めるところだよ。 □

(2) 次の文のうち、図からわかること2つに〇を書きましょう。

㋐（　　）内閣総理大臣は国会が選ぶ。

㋑（　　）内閣は、立法権をもっている。

㋒（　　）国会には、裁判官をやめさせる権限がある。

㋓（　　）最高裁判所の長官は国会が選ぶ。

(3) 図中のあ〜うの矢印が示すはたらきについて、次の文の{　}にあう言葉に〇を書きましょう。

あ　国会議員を{ 裁判　審査　選挙 }によって選ぶ。

い　{ 世論　選挙　裁判 }によって、内閣の政治に影響をあたえる。

う　{ 裁判　国民審査　選挙 }によって、最高裁判所の裁判官が適当かどうかを投票できる。

(4) (3)のような国民の権利は、日本国憲法の三つの原則のうち、どれにもとづいていますか。（　　　　　）

(5) くじで選ばれた国民が、裁判官とともに話し合いながら、重大な犯罪に関わる裁判の判決の内容を判断する制度を何といいますか。（　　　　　）

わたしたちの暮らしを支える政治

2 次の資料を見て、答えましょう。　1つ5点〔50点〕

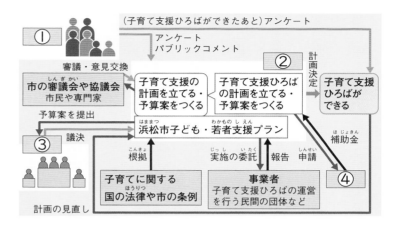

(1) 資料中の①〜④にあてはまる言葉を、次からそれぞれ選びましょう。

①（　　）②（　　）③（　　）④（　　）

㋐　会社　㋑　市議会　㋒　市役所

㋓　市民　㋔　国・県

(2) 上の写真あ・いについて、次の{　}にあう言葉に〇を書きましょう。

あ　東日本大震災で被害を受けた岩手県釜石市では、地震の前の暮らしを取りもどす{ 復興　再開 }にむけたまちづくりが進められた。

い　北海道札幌市の「さっぽろ雪まつり」は、人々の暮らしのさまたげだった雪を{ なくす　生かす }イベントである。

(3) 次の文の□□にあてはまる言葉を、あとの□□からそれぞれ選びましょう。

①（　　　　）②（　　　　）

③（　　　　）④（　　　　）

▶住民の願いを実現させるための費用は、住民から集めた ① の他、国などからの ② も使われている。

▶震災の被災地には、国が派遣した ③ や、自主的に活動する ④ がかけつけ、支援活動を行った。

補助金　税金　ボランティア　自衛隊

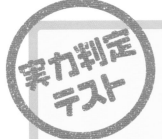

実力判定テスト

夏休みのテスト②

時間 30分

名前	得点
	/100点

おわったらシールをはろう

教科書 68ページ〜109ページ　答え 21ページ

国づくりへの歩み

1 次の問いに答えましょう。
1つ5点〔25点〕

(1) 大昔に使われた道具について、次の表中の①〜③にあてはまる言葉を、あとからそれぞれ選びましょう。

米づくりが広まる前		米づくりが広まった後	
①(　　)	土偶	②(　　)	③(　　)
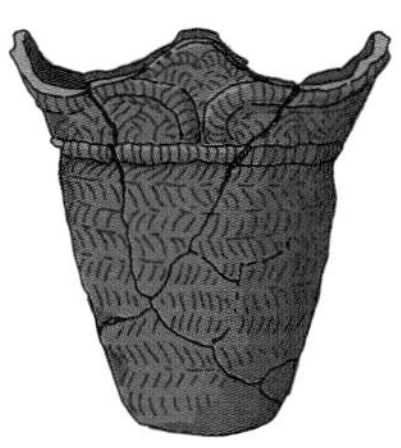	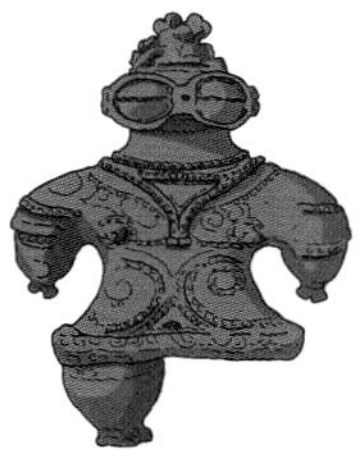	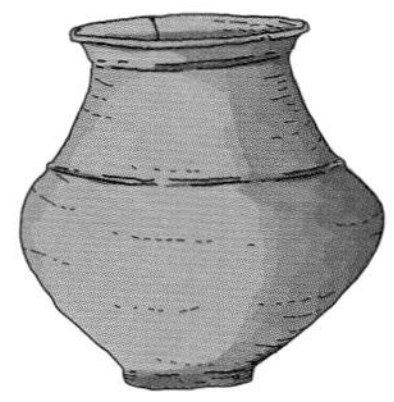	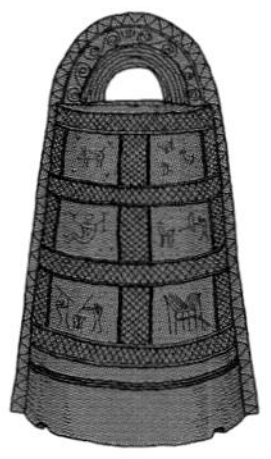

㋐ 縄文土器　㋑ 弥生土器　㋒ 銅たく

(2) 次の文のうち、米づくりが広まった後のむらについて、正しいもの1つに○を書きましょう。

㋐(　　)ほりやさくで集落が囲まれるようになった。
㋑(　　)他のむらとの争いが起こらなくなった。
㋒(　　)代表的な遺跡に、三内丸山遺跡がある。

(3) 5世紀ごろから、中国や朝鮮半島から日本に移り住んだ人々を何といいますか。　(　　　　)

大陸に学んだ国づくり①

2 次の資料を見て、答えましょう。
1つ5点〔25点〕

[あ] 十七条の憲法（一部）
第一条　人の和を大切にしなさい。
第二条　仏の教えを厚く敬いなさい。
第三条　天皇の命令には、必ず従いなさい。

[い] 律令で定められた農民の負担

租	収穫した稲の約3％を納める。
調	地方の特産物を納める。
庸	都で働くか、布を納める。
兵役	都や九州などの警備をする。
雑徭	土木工事をする。

[う] 中大兄皇子らの政治改革
・蘇我氏をたおして、天皇中心の政治の実現を目ざした。
・初めて「大化」という年号（元号）を定めた。
・すべての土地と人民を、天皇が治める政治のしくみを整えようとした。

(1) 次のことを調べるための資料を選び、調べた答えを(　　)に書きましょう。

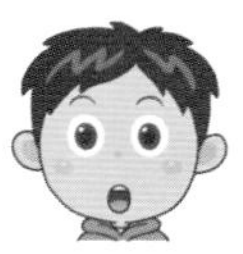
律令で農民が納めた特産物の税を何というかな。　□　(　　　　)

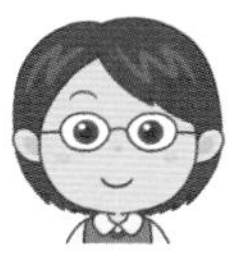
聖徳太子が大切だと考えた宗教は何かな。　□　(　　　　)

(2) 中大兄皇子らが進めた政治改革を何といいますか。
(　　　　)

大陸に学んだ国づくり②

3 次の資料を見て、答えましょう。
1つ5点〔50点〕

[あ] 東大寺の大仏ができるまで
・聖武天皇…「仏教の力で伝染病や反乱などから国を守ろう」
・全国の人々…大量の物資と作業で大仏づくりに貢献。
・渡来人の子孫…すぐれた技術で大仏づくりに参加。
・僧の行基…したう人々とともに大仏づくりに協力。

[い] 東大寺のある建物の宝物

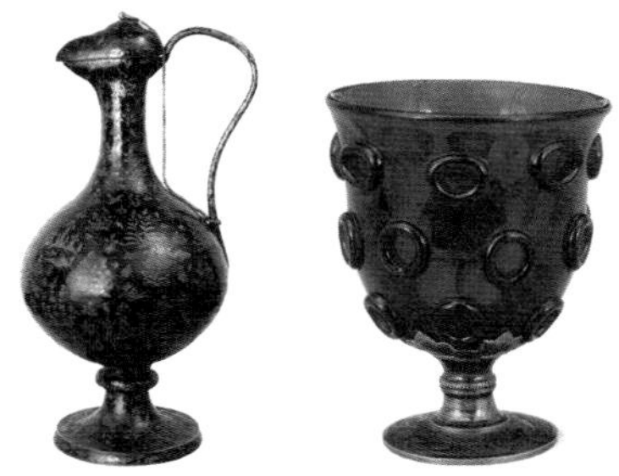

ペルシャ（今のイラン）などの影響が見られる。

[う]

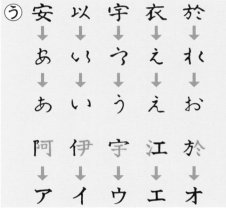

安	以	宇	衣	於
↓	↓	↓	↓	↓
あ	い	う	え	お
↓	↓	↓	↓	↓
あ	い	う	え	お
阿	伊	宇	江	於
↓	↓	↓	↓	↓
ア	イ	ウ	エ	オ

[え]

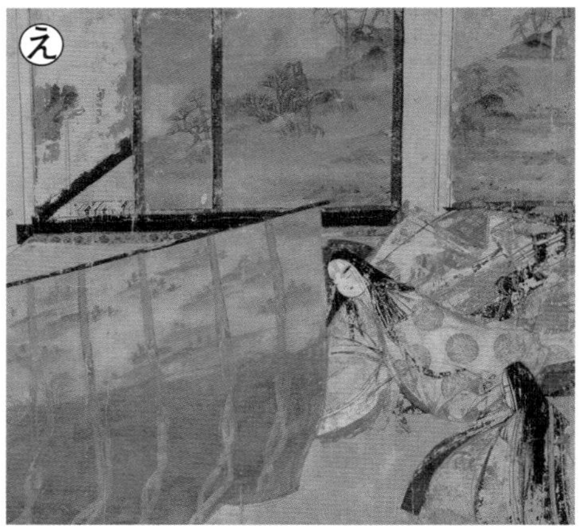

(1) 次の文の(　　)にあてはまる言葉を書き、そのことがわかる資料をそれぞれ選びましょう。

① 僧の(　　　　)は、聖武天皇の大仏づくりに協力した。　□
② 東大寺の(　　　　)には、大陸の文化の影響を受けた宝物が納められた。　□
③ 十二単の女性が大和絵にえがかれた平安時代の文化は、(　　　　)とよばれる。　□

(2) 次の文のうち、東大寺の大仏がつくられたころの様子について、正しいもの1つに○を書きましょう。

㋐(　　)蘇我氏が天皇をしのぐほどの力をもっていた。
㋑(　　)人々は伝染病に苦しんでいた。
㋒(　　)大きな反乱もなく、平和な世の中だった。

(3) かな文字を使って、「源氏物語」を書いた女性はだれですか。　(　　　　)

(4) 次の問いに答えましょう。

この世をば
わが世とぞ思う
もち月の
欠けたることも
なしと思えば

① 右のうたをよんだ人物を、次から選びましょう。　(　　)

㋐ 藤原道長　㋑ 小野妹子
㋒ 中臣鎌足　㋓ 鑑真

② ①の人物はどのようにして力を強めましたか。「むすめ」という言葉を使って簡単に書きましょう。
(　　　　)

●勉強した日　　月　　日

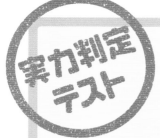

実力判定テスト

冬休みのテスト②

時間 30分

名前　　得点　　／100点

おわったらシールをはろう

教科書　170ページ～219ページ　　答え　22ページ

明治の新しい国づくり

1 次の資料を見て、答えましょう。　1つ5点〔25点〕

[あ]富岡製糸場

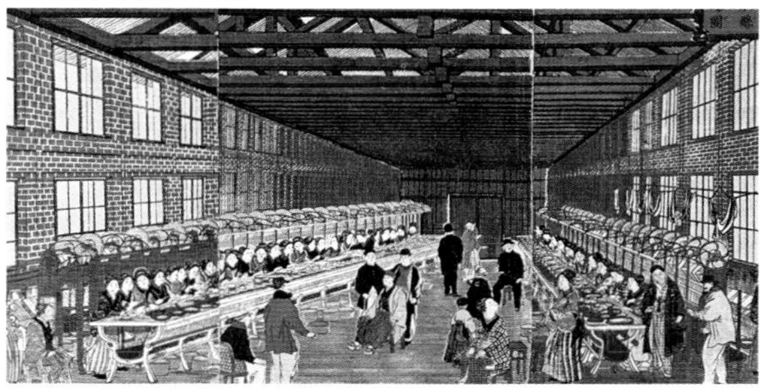

[い]明治時代初めごろの人口割合

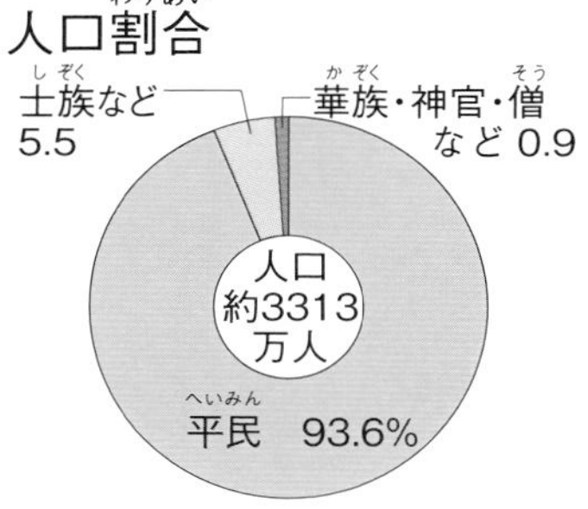
士族など
5.5
華族・神官・僧
など 0.9
人口
約3313
万人
平民　93.6%

(1)　[あ]は、何県につくられましたか。（　　　　　　　）

(2)　江戸時代の町人は、[い]のグラフ中のどれにふくまれますか。（　　　　　　　）

(3)　次の文にあてはまる政策を、右の□からそれぞれ選びましょう。

①（　　　　　）　②（　　　　　）

①　すべての藩を廃止して県を置く。

②　経済を発展させ、強い軍隊をもつ。

富国強兵　殖産興業　廃藩置県　文明開化

(4)　明治政府が地租改正を行った目的を、「収入」という言葉を使って簡単に書きましょう。

（　　　　　　　　　　　　　　　　　　　　　）

近代国家を目ざして

2 次の問いに答えましょう。　1つ5点〔25点〕

(1)　次の人物にあてはまる文を、あとからそれぞれ選びましょう。　①（　　）　②（　　）　③（　　）

① 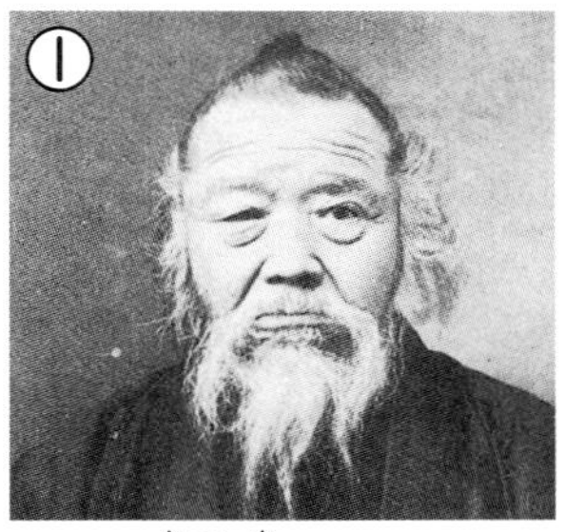
② 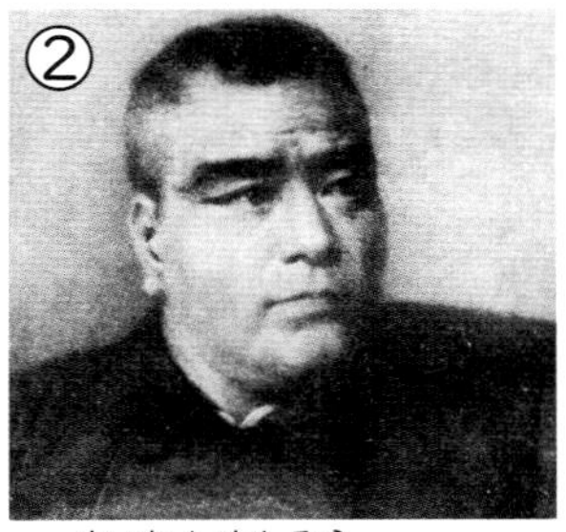
③ 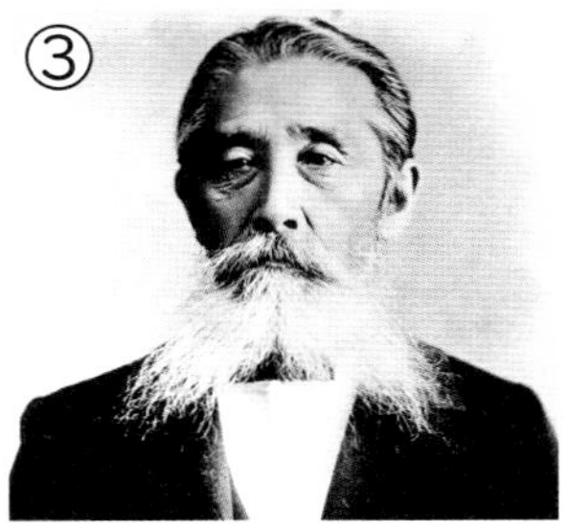

㋐　薩摩藩出身で、西南戦争の指導者となった。

㋑　国会開設を求めて、自由民権運動を始めた。

㋒　足尾銅山の鉱毒に苦しむ人々の救済をうったえた。

(2)　右の風刺画の事件で、罪をおかした外国人を日本の法律で裁けなかったのは、日本が何を認めていたからですか。（　　　　　　）

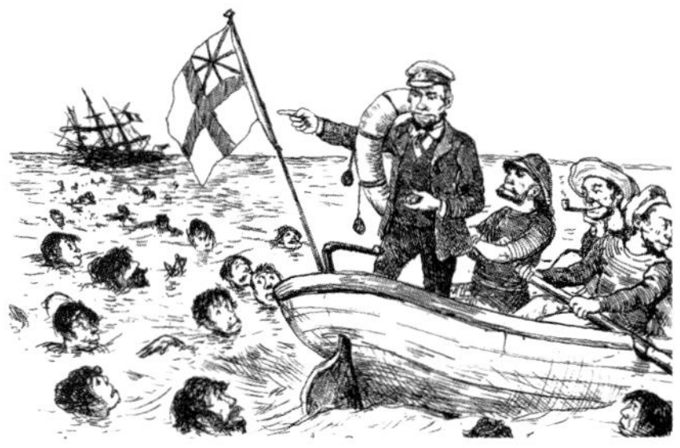

(3)　日清戦争にあてはまるもの1つに○を書きましょう。

㋐（　　）日本は多額の賠償金を得た。

㋑（　　）与謝野晶子が戦地の弟を思ううたをよんだ。

㋒（　　）東郷平八郎の艦隊が相手国の艦隊を破った。

戦争と人々の暮らし

3 次の年表を見て、答えましょう。　1つ5点〔50点〕

年		1931	1933	1937	1939	1940	1941	1945	1945
主なできごと	日本が不景気になる	㋐満州事変が起こる	日本が[①]の脱退を表明する	㋑日中戦争が始まる	㋒第二次世界大戦が始まる	ドイツ・[②]と同盟を結ぶ	㋓太平洋戦争が始まる	㋔原子爆弾が落とされる	㋕長く続いた戦争が終わる

(1)　年表中の□にあてはまる言葉を、次の□からそれぞれ選びましょう。

①（　　　　　　）　②（　　　　　　）

国際連盟　隣組　イタリア　イギリス

(2)　次の話にあてはまるできごとを、年表中の㋐～㋕からそれぞれ選びましょう。

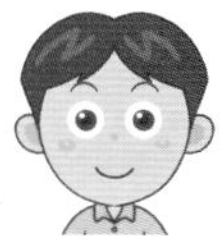

日本が真珠湾のアメリカ海軍基地を攻撃したことで始まったよ。　□

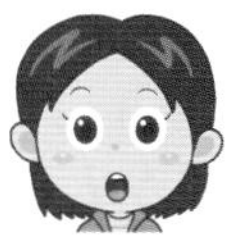

ペキン（北京）の近くでの中国軍との衝突がきっかけで始まったよ。　□

(3)　年表中の㋑～㋕のころの国民生活について、正しいものには○を、誤っているものには×を書きましょう。

①（　　）食料や燃料などが配給制になった。

②（　　）小学生は、空襲をさけるために農村から都市へ集団で疎開した。

③（　　）勉強が大切だったため、学生が兵士になったり、工場で働かされたりすることはなかった。

④（　　）報道や出版の内容が制限され、戦争の正確な情報が国民に知らされなかった。

(4)　年表中の㋔について、右の写真を見て答えましょう。

①　この建物がある都市はどこですか。

（　　　　　　）

②　ここに原爆が落とされたのは、何月何日ですか。

（　　月　　日）

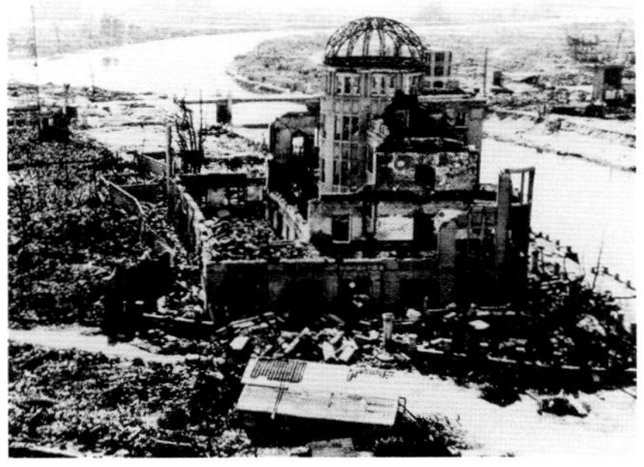

実力判定テスト

冬休みのテスト①

時間30分

名前	得点
	/100点

おわったらシールをはろう

教科書　110ページ～169ページ　答え　22ページ

武士の政治が始まる

1 次の問いに答えましょう。　(3)は10点、他は1つ5点〔35点〕

(1) 次の説明にあてはまる人物を、あとからそれぞれ選びましょう。　①(　　)　②(　　)　③(　　)

① 武士の政治の体制を整え、征夷大将軍となった。

② 武士で初めて太政大臣になった。

③ 壇ノ浦の戦いで、平氏をほろぼした。

㋐
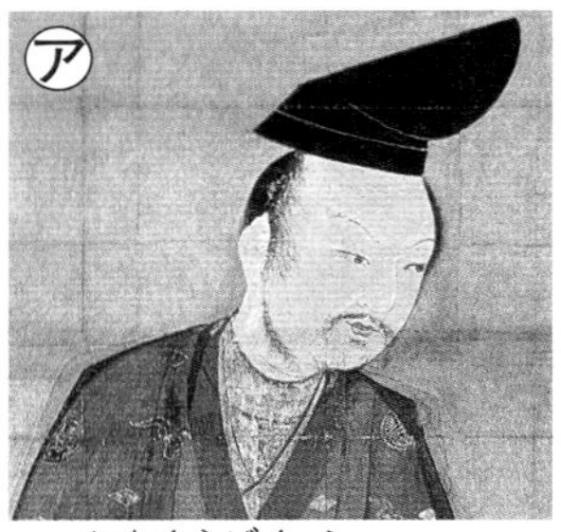
㋑
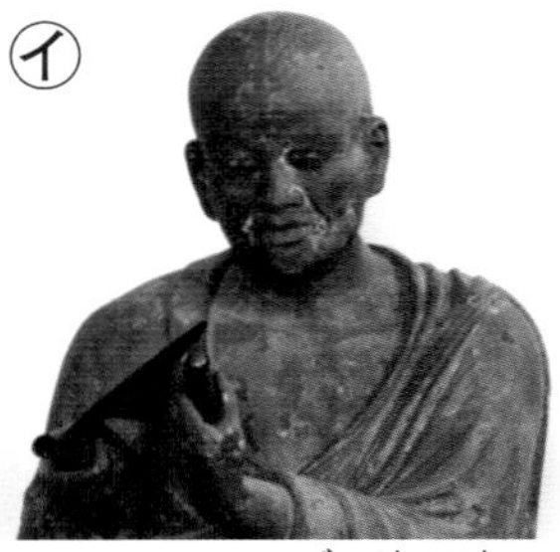
㋒
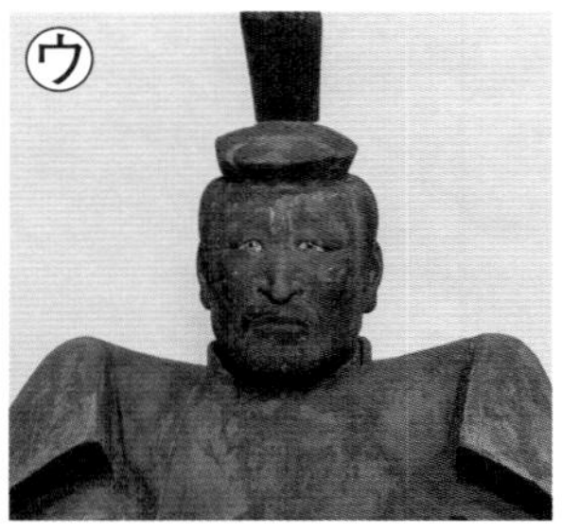

(2) 鎌倉幕府における幕府と御家人の関係を、何といいますか。　(　　　　)と(　　　　)

(3) 右の戦いのあと、御家人が幕府に不満をもつようになったのはなぜですか。「土地」という言葉を使って書きましょう。(　　　　)

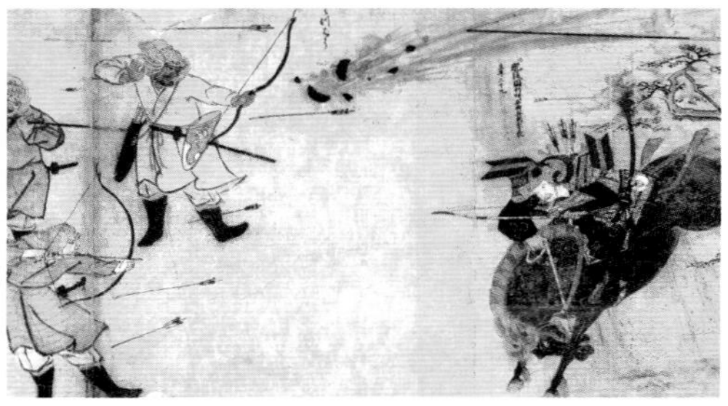

室町文化と力をつける人々

2 次の資料を見て、答えましょう。　1つ5点〔15点〕

①
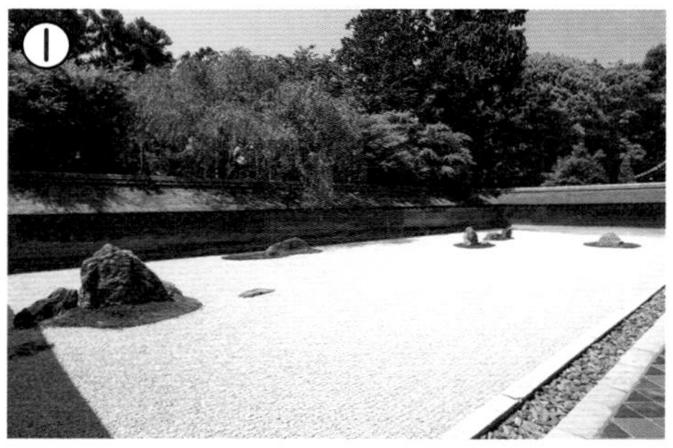
②
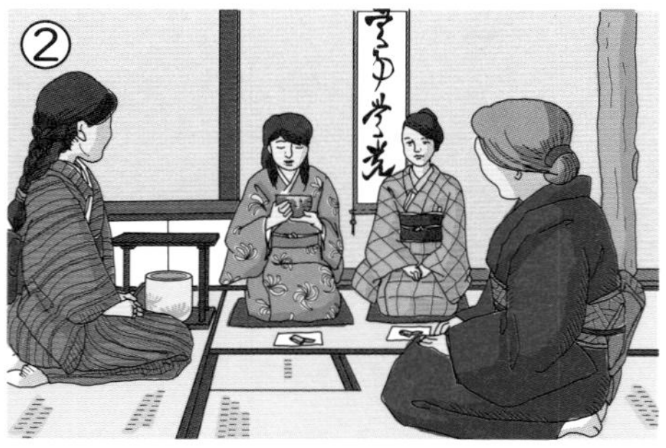
③
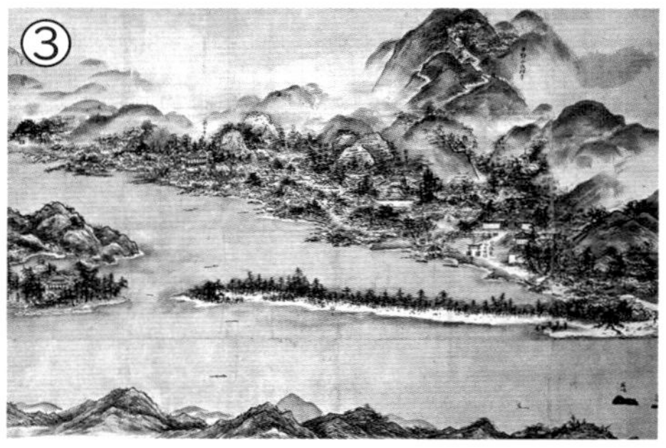
④
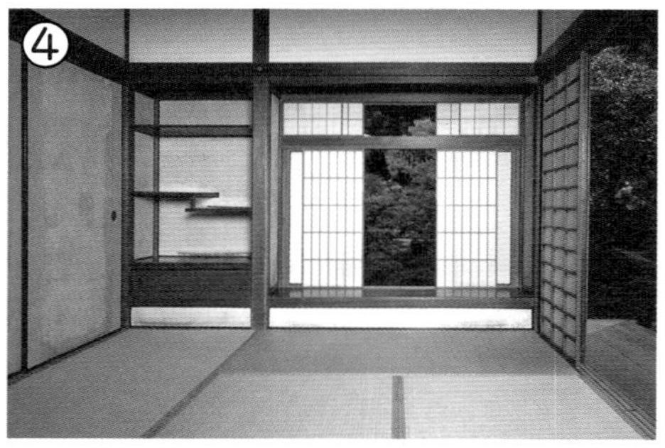

(1) 資料からわかること2つに○を書きましょう。

㋐(　　)現代の人々にも楽しまれている文化がある。

㋑(　　)雪舟の水墨画は世界中で人気がある。

㋒(　　)簡素で静かな美しさに特徴がある。

㋓(　　)金閣は3代将軍の足利義満が建てた。

(2) ④のような建築様式を何といいますか。

(　　　　)

全国統一への動き

3 次の資料を見て、答えましょう。　1つ5点〔30点〕

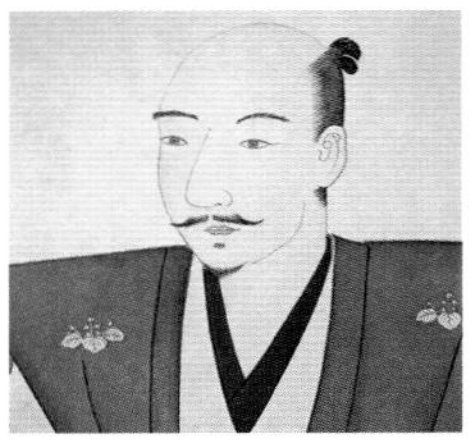

将軍を京都から追い出して、[①]幕府をほろぼした。

2度にわたって[②]に大軍を送りこんだ。

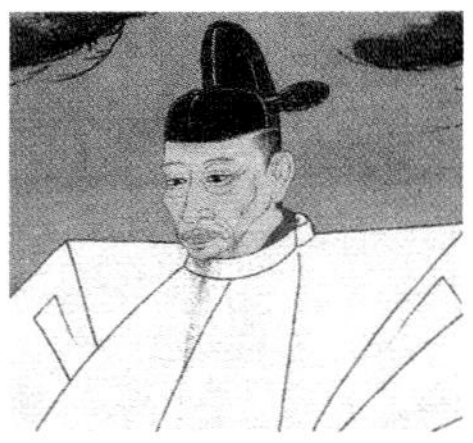

(1) 上の文の[　]にあてはまる言葉を、次からそれぞれ選びましょう。①(　　　　)　②(　　　　)

室町　鎌倉　唐　朝鮮

(2) 次のうち、織田信長が行ったことには○を、豊臣秀吉が行ったことには△を書きましょう。

①(　　)明智光秀をたおし、8年後に全国を統一した。

②(　　)キリスト教を保護した。

③(　　)城下町で、商人が自由に営業することを認めた。

④(　　)検地と刀狩を行った。

幕府の政治と人々の暮らし/新しい文化と学問

4 次の資料を見て、答えましょう。　1つ5点〔20点〕

① 武家諸法度

一、大名は、領地と江戸に交代で住み、毎年4月に江戸に参勤すること。

一、大きな船をつくってはならない。

(一部)

②
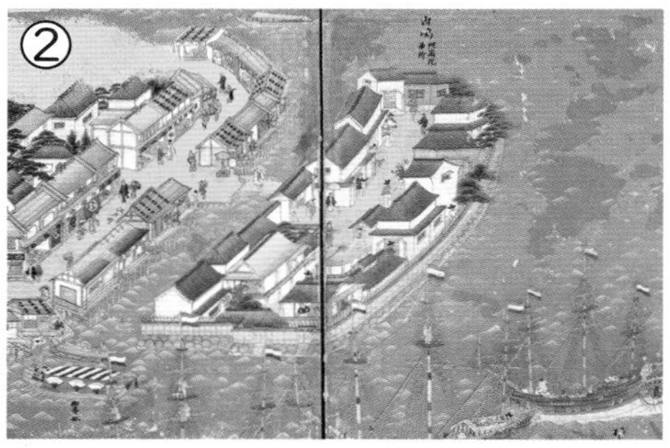
③
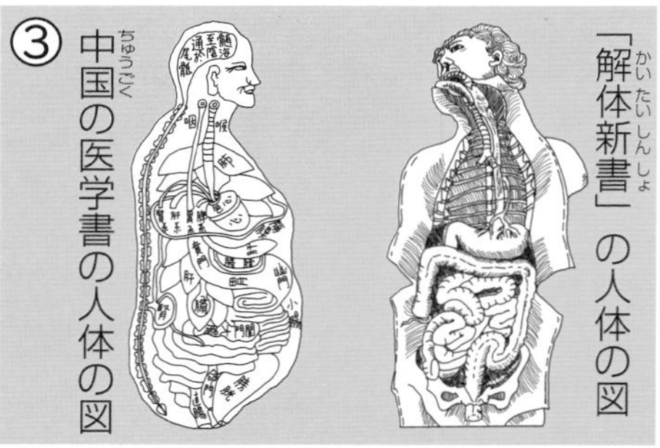
中国の医学書の人体の図
「解体新書」の人体の図
④
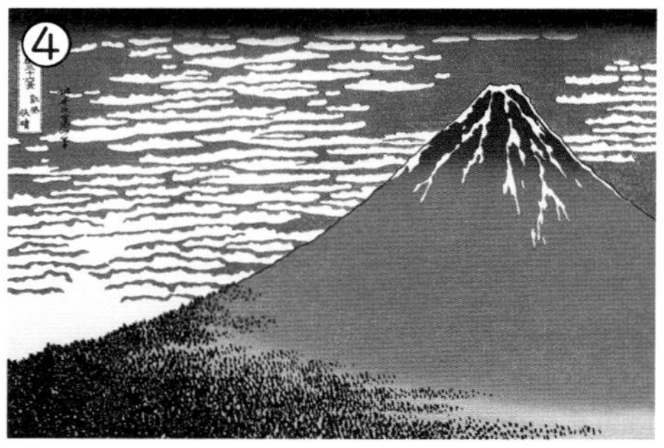

(1) ①の――線部を制度にした、江戸幕府の3代将軍はだれですか。　(　　　　)

(2) ②の人工の島を何といいますか。(　　　　)

(3) ③・④に関係の深い人物を、次からそれぞれ選びましょう。　③(　　)　④(　　)

㋐ 近松門左衛門　㋑ 葛飾北斎

㋒ 本居宣長　㋓ 杉田玄白

●勉強した日　　月　　日

時間 30分

名前　　　　　　　　　　得点

／100点

おわったら
シールを
はろう

実力判定テスト 学年末のテスト①

平和で豊かな暮らしを目ざして

1 次の資料を見て、答えましょう。　1つ5点〔25点〕

あ
「あたらしい憲法のはなし」
　こんどの憲法では、日本の国が、決して二度と□をしないように、二つのことを決めました。その一つは、兵隊も軍艦も飛行機も、およそ□をするためのものは、いっさいもたないということです。　（一部）

(1) あについて、次の問いに答えましょう。
　① 下線部の「こんどの憲法」を何といいますか。
　　　　　　　　　　　　　（　　　　　　　）
　② 資料中の□に共通してあてはまる言葉を、漢字2字で書きましょう。　（　　　　　　　）

(2) 次の①〜③は、い〜えのどれを説明したものですか。
　① 民主的な選挙権が保障された。　　　　（　　）
　② 日本は独立を回復した。　　　　　　　（　　）
　③ 日本の復興と発展が世界に示された。　（　　）

2 次の問いに答えましょう。　1つ5点〔25点〕

(1) 高度経済成長のころの日本の様子について正しく説明したもの2つに○を書きましょう。
　㋐（　　）テレビや洗濯機、冷蔵庫が家庭に普及した。
　㋑（　　）都会の若者が地方に集団で就職した。
　㋒（　　）新幹線や高速道路などの整備が進んだ。
　㋓（　　）環境をこわすことなく、産業が発展した。

(2) 次の文の{　　}にあてはまる言葉に○を書きましょう。
　① 日本とロシアの間には{ 治外法権　北方領土 }の問題が残っている。
　② 日本は{ 中国　韓国 }と1972年に国交を正常化し、さらに1978年に平和友好条約を結んだ。
　③ 1972年にアメリカから日本に復帰した沖縄には、現在も広大な{ あれ地　基地 }が残っている。

日本とつながりの深い国々

3 次の地図を見て、答えましょう。　1つ5点〔20点〕

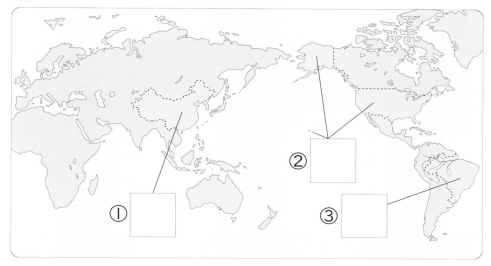

(1) 地図中の①〜③の国の国旗として正しいものを次からそれぞれ選び、□に書きましょう。

㋐ 　㋑ 　㋒

(2) 次の文のうち、①の国にあてはまるもの1つに○を書きましょう。
　㋐（　　）ポルトガル語が話されている。
　㋑（　　）漢字やはしなど、日本と共通した文化が多い。
　㋒（　　）ジーンズやジャズ音楽が生まれた国である。
　㋓（　　）国民の多くがイスラム教を信仰している。

地球規模の課題の解決と国際協力

4 次の問いに答えましょう。　(3)は10点、他は1つ5点〔30点〕

(1) 次の話にあてはまる国際連合の組織を、あとの□□□からそれぞれ選びましょう。

　病気や栄養不足など、困難な状況にある子どもを守るんだ。（　　　　　）

　教育や文化の専門機関で、文化財の保存もするよ。（　　　　　）

　戦争を防いだり、国どうしが調停を結ぶ仲立ちをするよ。（　　　　　）

　ユニセフ　ユネスコ　安全保障理事会　総会

(2) 温室効果ガスの増加が原因と考えられている環境問題を、何といいますか。（　　　　　　　）

(3) 持続可能な社会の実現のためにどんなことができますか。「資源」という言葉を使って簡単に書きましょう。
（　　　　　　　　　　　　　　　　　　　　）

●勉強した日　　月　　日

名前　　　　　　　　　　得点

時間 30分　　　　　　　　　　/100点

おわったらシールをはろう

実力判定テスト　**学年末のテスト②**

教科書　8ページ〜219ページ　　答え 23ページ

1・2学期の復習

1 次の問いに答えましょう。　　1つ5点〔25点〕

(1) 右の図を見て、次の問いに答えましょう。

① このしくみを何といいますか。（　　　　）

② このしくみがとられる理由を、「権力」という言葉を使って簡単に書きましょう。

（　　　　　　　　　　　　　　）

衆議院の解散を決める 国会の召集を決める
裁判官をやめさせるかどうかの裁判を行う
国会（立法権）
内閣総理大臣を指名する 内閣の不信任を決議する
法律が憲法に違反していないかを審査する
国民
最高裁判所長官を指名する その他の裁判官を任命する
内閣（行政権）
行政処分が憲法に違反していないかを審査する
裁判所（司法権）

(2) 日本国憲法の三つの原則を書きましょう。

（　　　　　）（　　　　　）（　　　　　）

2 次の資料を見て、答えましょう。　　1つ5点〔25点〕

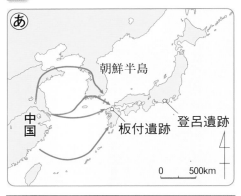

あ　中国　朝鮮半島　板付遺跡　登呂遺跡　0 500km
い　想像図
う　復元
え

(1) 次の人は、上のどの資料を見て話していますか。

平安時代に貴族が暮らしていた屋しきの様子だね。　□

米づくりの技術は、中国や朝鮮半島から移り住んだ人々が伝えたんだよ。　□

(2) 次の文のうち、正しいものには〇を、誤っているものには×を書きましょう。

①（　　）いの時代には、紫式部や清少納言が、かな文字で文学作品を書いた。

②（　　）うの時代には、各地に古墳がつくられていた。

③（　　）えの法隆寺を建てた人物は、645年に蘇我氏をたおして政治の改革を進めた。

3 左の表は、歴史上の人物を生まれた順に並べたものです。次の①〜⑥にあてはまる人物をそれぞれ選びましょう。　　1つ5点〔30点〕

12世紀	源頼朝
15世紀	足利義政
16世紀	織田信長
16世紀	徳川家康
18世紀	伊能忠敬
19世紀	伊藤博文

① ある幕府をほろぼし、安土に城を築いた。（　　　　）

② 関ヶ原の戦いに勝ち、幕府を開いた。（　　　　）

③ 憲法の案をつくり、初代の内閣総理大臣になった。（　　　　）

④ 平氏をたおし、武士による政治の体制を整えた。（　　　　）

⑤ 幕府の8代将軍で、京都の東山に銀閣を建てた。（　　　　）

⑥ 西洋の測量術を学び、正確な日本地図をつくった。（　　　　）

4 次のできごとが起きたわけをあとの㋐〜㋒から選び、そのできごとに関係の深い資料をあとのあ〜うから選びましょう。　　1つ5点〔20点〕

わけ　資料

(1) 貿易の相手を中国とオランダの商人に限り、貿易港も長崎だけとした。　□　□

(2) 国際連盟からの脱退を表明し、対立する国々との戦争への道を進んだ。　□　□

㋐ キリスト教の広まりをおそれたから。

㋑ 朝鮮の支配をめぐり、周りの国々と対立したから。

㋒ 中国の東北部を占領し、国をつくったから。

あ

い

う　あゝをとうとよ　君を泣く　君死にたまふことなかれ　（うたの一部分）

●勉強した日　　月　　日

名前

できた数

おわったら
シールを
はろう

/24問中

実力判定テスト　かくにん！日本の歴史②

時間 30分

教科書を見て、歴史のできごとの名前を調べよう。　答え　24ページ

1 年表中の□にあてはまる時代名を、次からそれぞれ選びましょう。

㋐ 昭和　　㋑ 江戸　　㋒ 大正　　㋓ 明治

2 年表中の（　　）にあてはまる言葉や人名を、あとの□からそれぞれ選びましょう。

時代	年	できごと
	1603	（　　　　　　）が江戸幕府を開く
	1615	大名を支配するため、（　　　　　　）を定める
	1635	３代将軍徳川家光が（　　　　　　）の制度を定める
	1637	島原・天草一揆が起こる
	1641	鎖国が完成する
	1853	（　　　　　　）が浦賀に来る
	1854	（　　　　　　）条約を結ぶ
	1858	（　　　　　　）条約を結び、鎖国が終わる
	1867	15代将軍徳川慶喜が政権を朝廷に返す
	1873	（　　　　　　）が行われる
	1881	板垣退助が自由党をつくる
	1885	（　　　　　　）が初代内閣総理大臣になる
	1889	（　　　　　　）が発布される
	1894	（　　　　　　）戦争が起こる
	1904	（　　　　　　）戦争が起こる
	1914	第一次世界大戦が起こる
	1925	普通選挙制度が定められる
	1931	（　　　　　　）が起こる
	1933	日本が（　　　　　　）の脱退を表明する
	1937	（　　　　　　）戦争が始まる
	1939	第二次世界大戦が始まる
	1941	（　　　　　　）戦争が始まる
	1945	広島・（　　　　　　）に原子爆弾が落とされる
	1946	（　　　　　　）が公布される
	1951	サンフランシスコ平和条約と（　　　　　　）条約を結ぶ
	1956	日本が（　　　　　　）に加盟する
	1964	東京オリンピック・パラリンピックが開かれる
	1978	（　　　　　　）条約を結ぶ
平成	2011	東日本大震災が起こる
令和	2021	東京オリンピック・パラリンピックが開かれる

徳川家康　ペリー　地租改正　伊藤博文　西郷隆盛　大隈重信　参勤交代　武家諸法度
日本国憲法　大日本帝国憲法　廃藩置県　長崎　沖縄島　太平洋　日露　日清　日中
満州事変　国際連盟　国際連合　日中平和友好　日米和親　日米修好通商　日米安全保障

実力判定テスト かくにん！日本の歴史①

●勉強した日　月　日

名前

できた数

／24問中

おわったらシールをはろう

時間30分

教科書を見て、歴史のできごとの名前を調べよう。　答え　24ページ

1 年表中の□にあてはまる時代名を、次からそれぞれ選びましょう。

㋐ 平安　㋑ 室町　㋒ 弥生　㋓ 奈良

2 年表中の（　　）にあてはまる言葉や人名を、あとの□からそれぞれ選びましょう。

時代	年	できごと
縄文	1万年前ごろ	狩りや漁・採集をして暮らす
		（　　　　　　　　）土器がつくられる
	2500年前ごろ	米づくりが中国や朝鮮半島から伝わる
		（　　　　　　　　）土器がつくられる
	239年	邪馬台国の卑弥呼が中国（魏）に使いを送る
古墳	4世紀ごろ	各地の豪族が古墳をつくる
		（　　　　　　　　）朝廷が各地の豪族を従える
飛鳥		大陸から仏教が伝わる
	604	（　　　　　　　　）が十七条の憲法を定める
	645	中大兄皇子らによって（　　　　　　　　）が行われる
	710	（　　　　　　）（奈良）に都を定める
	752	（　　　　　　）の大仏ができる
	794	（　　　　　　）（京都）に都を定める
	11世紀	かな文字が広く使われ始める
		（　　　　　　　　）が「枕草子」を、（　　　　　　　　）が「源氏物語」を書く
	1016	（　　　　　　　　）が摂政となる
		武士が力をもち始める
	1167	（　　　　　　　　）が太政大臣となる
	1185	源氏が平氏をほろぼす
鎌倉	1192	（　　　　　　　　）が征夷大将軍になる
	1274・1281	（　　　　　　　　）が二度にわたってせめてくる
	1333	鎌倉幕府がほろびる
	1338	（　　　　　　　　）氏が室町幕府を開く
	1397	（　　　　　　　　）が北山に金閣を建てる
	1467	応仁の乱が起こる
	1489	（　　　　　　　　）が東山に銀閣を建てる
	1543	鉄砲が伝えられる
	1549	（　　　　　　　　）がキリスト教を伝える
安土桃山	1573	（　　　　　　　　）が室町幕府をほろぼす
	1590	（　　　　　　　　）が全国を統一する

源頼朝　　藤原道長　　足利義満　　足利義政　　織田信長　　法隆寺　　足利

北条　　紫式部　　豊臣秀吉　　聖徳太子　　ザビエル　　平清盛　　清少納言

元　明　平安京　平城京　弥生　大和　縄文　大化の改新　東大寺

教科書ワーク

答えとてびき

「答えとてびき」は、とりはずすことができます。

教育出版版

社会6年

使い方

まちがえた問題は、もういちどよく読んで、なぜまちがえたのかを考えましょう。正しい答えを知るだけでなく、なぜそうなるかを考えることが大切です。

1 ともに生きる暮らしと政治

2ページ 基本のワーク

1 ①オリンピック ②平和
③パラリンピック ④バリアフリー
⑤ユニバーサル ⑥日本国憲法

2 ⑦政治 ⑧法律 ⑨国民
⑩基本的人権 ⑪平和 ⑫公布
⑬施行 ⑭戦争 ⑮学習問題

3ページ 練習のワーク

1 (1)4(年)
(2)①Ⓐ ②Ⓑ
(3)㋑ (4)㋒ (5)バリアフリー
(6)㋒

2 (1)①㋒ ②㋐ ③㋑
(2)公布：(1946年)11(月)3(日)
施行：(1947年)5(月)3(日)
(3)①自由 ②政府 ③国民

てびき 1 (2)Ⓑの絵では、車いすの選手がプレーをしています。

(4)車いすでは、小さな段差でも乗りこえるのがむずかしく、移動に苦労します。

(5)生活を送るうえでのさまたげになるものを「バリア」とよんでいます。

2 (2)**日本国憲法**は、公布された半年後に施行されました。公布された11月3日は文化の日、施行された5月3日は憲法記念日という国民の祝日になっています。

4ページ 基本のワーク

1 ①選挙権 ②国民主権
③期日前投票 ④象徴
⑤国事行為 ⑥憲法改正

2 ⑦権利 ⑧基本的人権
⑨アイヌ ⑩義務

3 ⑪原子爆弾 ⑫平和主義
⑬戦力〔武力〕 ⑭非核三原則
⑮自衛隊

5ページ 練習のワーク

1 (1)18(才以上) (2)㋐、㋓
(3)天皇 (4)国民投票

2 (1)①文化 ②尊重
(2)国民の権利：㋐、㋒
国民の義務：㋑

3 (1)①沖縄 ②広島、長崎
(2)(第)9(条) (3)つくらない
(4)平和

てびき 1 (3)「日本国の**象徴**であり日本国民統合の象徴」の内容から**天皇**があてはまります。

(4)憲法改正に賛成か反対かを、国民が投票をして意思を示します。

2 (1)**基本的人権の尊重**は、日本国憲法の原則の一つです。

(2)国民が納めた税金で国の仕事が行われるため、税金を納めることは**義務**になっています。

3 (2)**平和主義**の原則は、日本国憲法の**前文**と**第9条**に示されています。

6・7ページ　まとめのテスト

[1] (1)パラリンピック　(2)㋓

[2] (1)さまたげ
(2)ユニバーサルデザイン
(3)㋑、㋓　(4)①国民主権
②基本的人権の尊重　③平和主義
(5)②

[3] (1)①請求　②国民投票
③国民審査　(2)㋒
(3)〈例〉より多くの人が選挙で投票できるようにするため。
(4)国事行為　(5)①㋑　②㋐
③㋒　(6)働く義務

[4] (1)都市名：広島(市)
日付：８(月)６(日)
(2)①放棄　②交戦　(3)非核三原則

てびき [1] (1)**パラリンピック**は、障がいのあるスポーツ選手が競技をする大会です。

[2] (3)㋐1946年11月３日に公布され、翌年の５月３日に施行されました。

(5)障がいのあるなしに関わらず、すべての人が**基本的人権**をもち、尊重されます。

[3] (3)政治に参加する大切な機会である選挙で、投票しやすい環境づくりが行われています。

[4] (2)②交戦権は国が戦争を行う権利のことです。

なぞり道場　何回も書いてかくにんしよう！

に	ほん	こく	けん	ぽう		し	こう
日	本	国	憲	法		施	行
しょう	ちょう			こく	じ	こう	い
象	徴			国	事	行	為
き	ほん	てき	じん	けん		そん	ちょう
基	本	的	人	権	の	尊	重

8ページ　基本のワーク

① ①国会議員　②条約　③多数決
④参議院　⑤法律　⑥衆議院
⑦30

② ⑧国会　⑨内閣　⑩内閣総理大臣
⑪指名　⑫国務大臣　⑬閣議
⑭庁　⑮厚生労働

9ページ　練習のワーク

1 (1)(国民による)選挙　(2)㋑、㋓
(3)㋒　(4)Ⓐ衆議院　Ⓑ参議院
(5)慎重　(6)25(才)

2 (1)㋒、㋓　(2)内閣総理大臣〔首相〕
(3)閣議
(4)内閣府、文部科学省、復興庁
(5)㋑

てびき 1 (2)法律案は国会議員と内閣が提出できます。法律を公布するのは天皇の仕事です。

(4)Ⓐのほうが任期が短く解散があるので、**衆議院**があてはまります。

(5)国の政治の大切なことを決めるので、しくみがちがう二つの議院で慎重に検討します。

2 (1)予算を決定するのは**国会**の仕事です。条約は**内閣**が結び、国会が承認します。

(5)㋐は農林水産省、㋒は国土交通省が行っています。

10ページ　基本のワーク

① ①犯罪　②裁判所　③権利
④三審制　⑤裁判員　⑥行政
⑦立法　⑧司法　⑨集中
⑩三権分立

② ⑪税金　⑫消費税　⑬土地
⑭公共　⑮教育

11ページ　練習のワーク

1 (1)Ⓐ高等裁判所　Ⓑ地方裁判所
Ⓒ家庭裁判所　(2)３(回)
(3)立法(権)　(4)国民審査
(5)①㋑　②㋒　(6)三権分立

2 (1)㋐　(2)①国税　②地方税
(3)国会〔議会〕　(4)㋐、㋒

てびき 1 (1)家庭裁判所は、地方裁判所や簡易裁判所とはあつかう内容が異なります。

(5)①は裁判所が国会に対して、②は国会が裁判所に対してもっている役割です。

2 (1)品物を買う人がはらうお金には、**消費税**がふくまれています。

(4)税金は、すべての国民に関わる**公共の仕事**に使われています。

12・13ページ　まとめのテスト

[1]　(1)㋑、㋓　(2)衆議院　(3)㋐、㋒
(4)〈例〉二つの議院で話し合うことで、物事を慎重に決定するため。
(5)建国記念の日　(6)助言　(7)首相
(8)国務大臣　(9)予算　(10)㋑

[2]　(1)㋒、㋓　(2)①立法　②司法
③行政　(3)①国会　②裁判所
③内閣　(4)Ⓐ選挙　Ⓑ世論
(5)やめさせたほうがよい
(6)〈例〉一つの機関に権力が集中しないようにするため。

[3]　(1)消費税　(2)㋓　(3)㋑、㋒

[てびき]　[1]　(2)(4)国会は、衆議院と参議院の二つの議院で構成されています。一つの議案を二つの議院で審議し、慎重に判断しています。

[2]　(1)㋐1つの事件で裁判を受けられるのは、3回までです。㋑2回めの裁判が地方裁判所で行われるのは、簡易裁判所であつかった事件です。

(4)Ⓐ国民の選挙で選ばれた議員が、国民の代表者として国会で話し合いをします。

(6)**国会・内閣・裁判所**が監視し合うことで、権力が大きくなりすぎないようにしています。

[3]　(2)税金には2つの種類があり、国税は国が、地方税は都道府県や市区町村が集めています。

なぞり道場　何回も書いてかくにんしよう！

ほう	りつ				しゅう	ぎ	いん
法	律				衆	議	院
ない	かく	そう	り	だい	じん		
内	閣	総	理	大	臣		
さい	ばん	いん		こく	みん	しん	さ
裁	判	員		国	民	審	査

14ページ　基本のワーク

[1]　①大家族　②核家族　③一人
④子ども　⑤平均寿命　⑥高齢化
⑦多　⑧減少

[2]　⑨少子　⑩介護　⑪子育て
⑫条例　⑬保育園　⑭放課後
⑮相談

15ページ　練習のワーク

[1]　(1)Ⓐ　(2)㋐、㋒　(3)(約)55%
(4)㋑　(5)①少子化　②高齢化
(6)㋑

[2]　(1)①㋑　②㋐　③㋒
(2)条例　(3)㋑

[てびき]　[1]　(2)**核家族**は、夫婦または親と子の2世代の家族のことです。

(4)一人がになう仕事が多くなり、家庭内での役割も変わってきています。

(6)人口が減り続けていく、人口減少社会です。

[2]　(2)条例はその地域だけにあてはまるきまりで、法律が定める範囲のなかでつくられます。

(3)助産師が出産や育児の相談に応じたり、情報を伝えたりしています。

16ページ　基本のワーク

[1]　①予算　②市議会　③法律
④税金　⑤補助金　⑥市長
⑦選挙　⑧暮らし〔生活〕
⑨地方自治体

[2]　⑩介護保険　⑪社会保障　⑫財源
⑬育児・介護休業　⑭不足
⑮就職

17ページ　練習のワーク

[1]　(1)市役所　(2)市議会
(3)①条例　②市民　③補助金
(4)㋑、㋒　(5)㋐、㋓　(6)地方自治

[2]　(1)㋒　(2)㋐　(3)税金
(4)減り続ける、保育園　(5)地方

[てびき]　[1]　(2)計画や予算案は市役所が立てて市議会へ提出し、市議会で検討して決定します。

(3)③市の予算だけで足りないときは、国や県の補助金を使って計画を実行します。

(5)市や県は、住民の生活に直接関わる仕事をしています。㋑・㋒は国が行う仕事です。

[2]　(1)介護保険制度では、介護が必要と認められた人が支援を受けられます。

(2)㋐は医療や介護、保育などの仕事、㋑は学校などの仕事、㋒は飲み水やごみ処理などの仕事、㋓は公共の建物や道路などの仕事に使われています。

18・19ページ まとめのテスト

1 (1)㋓　(2)㋐、㋒　(3)少子化・高齢化
(4)㋑　(5)〈例〉人口が減り続けていく。

2 (1)Ⓒ(→)Ⓑ(→)Ⓐ　(2)[あ]予算案
[い]法律　[う]補助金　(3)㋒、㋓

3 (1)地方自治体〔地方公共団体〕
(2)①(市民からの)税金　②福祉
③市議会
(3)Ⓐ選挙　Ⓑ解散　Ⓒ不信任

4 (1)介護、40才　(2)社会保障
(3)東京都　(4)㋒
(5)〈例〉都市から移住してくる人を増やすため。

てびき **1** (4)現在は、夫婦のみや親・子の２世代が暮らす「**核家族**」が増えています。
(5)生まれてくる子どもの数よりなくなる人の数のほうが多い、人口減少社会です。

2 (3)市の仕事は、法律や補助金などで国の政治とも関わっています。

3 (2)③お金の使い道は、市役所が考えて予算案をつくり、市議会で決定されます。
(3)Ⓐ**地方自治体**では、都道府県知事や市区町村長と議員を、住民が選挙で選びます。

4 (2)国民の健康で文化的な生活を、社会全体で保障するしくみです。
(5)地方では、人口の減少を止めるための取り組みが各地で行われています。

なぞり道場　何回も書いてかくにんしよう！

かく	か	ぞく			こう	れい	か
核	家	族			高	齢	化
かい	ご	ほ	けん	せい	ど		
介	護	保	険	制	度		

20ページ 基本のワーク

1 ①東日本大震災　②津波　③原子力
④災害対策本部　⑤県〔岩手県〕
⑥自衛隊　⑦医療　⑧ボランティア

2 ⑨市議会　⑩地方自治体　⑪法律
⑫税金　⑬復興基本　⑭共助
⑮自助

21ページ 練習のワーク

1 (1)2011(年)3(月)11(日)
(2)東北(地方)　(3)福島(県)
(4)①市　②日本赤十字社
(5)災害救助法　(6)仮設住宅

2 (1)予算案　(2)①議決　②補助金
(3)地方自治　(4)復興庁
(5)①㋒　②㋑　③㋐

てびき **1** (2)宮城県沖で起きた地震により、東北地方の太平洋側で被害が大きくなりました。
(4)①市は被害状況を県に報告し、県は国へ報告を行いました。

2 (1)計画を実施するのに必要な費用を計算し、予算案をつくります。
(5)㋐はおたがいに助け合う行動、㋑は国や地方自治体が行う仕事、㋒は自分で自分の命を守るための活動です。

22ページ 基本のワーク

1 ①北海道　②明治
③オリンピック　④除雪
⑤排雪　⑥法律　⑦税金
⑧市議会　⑨予算
⑩補助金　⑪地方公共団体

2 ⑫さっぽろ雪まつり　⑬観光客
⑭冬　⑮交流

23ページ 練習のワーク

1 (1)㋓　(2)㋑
(3)㋐、㋒　(4)①予算　②市役所
(5)㋓　(6)地方自治

2 (1)①選挙　②自衛隊、警察、民間企業
(2)㋑、㋒　(3)〈例〉生かす

てびき **1** (3)冬の積雪によって暮らしが不便なことが課題となっていました。
(5)計画を立てたり、計画を実行したりするのは市役所の仕事です。

2 (2)冬に人々が楽しめるイベントを行うことで観光客を集めようとしています。
(3)「さっぽろ雪まつり」は雪が多いことをまちの特色として生かした行事です。「利用する」や「楽しむ」などでもよいでしょう。

24ページ　まとめのテスト

1 (1)㋑　(2)自衛隊
(3)①応援　②避難所　(4)㋒

2 (1)㋐復興庁　㋑自助　㋒市役所
(2)①㋒　②㋐　③㋑

てびき **1** (1)**東日本大震災**では、地震による被害より津波による被害のほうが大きくなりました。

(2)国の機関である**自衛隊**は、都道府県の派遣要請を受けると政府の命令で出動します。

(3)市は、住民の安全を確保するために地域の公共施設を開放して避難所を開設します。

(4)**日本赤十字社**は医療活動を行う機関です。

2 (1)㋐復興庁は、被災地の復興をあとおししていくためにつくられました。

(2)③避難訓練をして、実際に災害が起きたときに命を守る行動ができるようにしています。

なぞり道場　何回も書いてかくにんしよう！

ひがし	に	ほん	だい	しん	さい		
東	日	本	大	震	災		
し	えん				ふっ	こう	ちょう
支	援				復	興	庁

25ページ　まとめのテスト

1 (1)㋒　(2)市議会
(3)①市民　②法律　③市役所

2 (1)①積雪　②予算　③観光客
(2)①㋑　②㋐　③㋒

てびき **1** (2)市役所から出された計画案や予算案を決定するのは、**市議会**の仕事です。

(3)①市役所はアンケートなどを実施して市民から要望や意見を聞き、計画をつくりました。

2 (2)①資料のタイトルに注目します。㋑の資料から札幌市は世界の人口が多い都市と比べて、とくに降雪量が多いことがわかります。

なぞり道場　何回も書いてかくにんしよう！

さっ	ぽろ	し				じょ	せつ
札	幌	市				除	雪

2－1　国づくりへの歩み

26ページ　基本のワーク

1 ①遺跡　②博物館　③政治
④西暦　⑤キリスト　⑥世紀
⑦2100　⑧文化財

2 ⑨三内丸山　⑩竪穴　⑪狩り
⑫採集　⑬土偶　⑭縄文
⑮縄文

27ページ　練習のワーク

1 (1)㋒、㋓
(2)①キリスト〔イエス＝キリスト〕
②7（世紀）
③1201（年から）1300（年まで）
④㋑
⑤Ⓐ奈良（時代）　Ⓑ明治（時代）

2 (1)青森（県）　(2)㋒
(3)①しか、いのしし　②漁　③秋
(4)縄文土器　(5)㋓

てびき **1** (2)②西暦601年から700年までが7世紀です。100年単位の最後の西暦が何年になるかを考えると世紀がわかりやすいです。

④古墳は、この時代の文化を代表する遺跡です。飛鳥時代から江戸時代までは、政治の中心地が時代名になっています。

2 (2)**三内丸山遺跡**は、およそ5500年前から4000年前までの集落のあとです。

(5)**土偶**は、狩りや漁・採集での豊かなめぐみを願ってつくられたと考えられています。

28ページ　基本のワーク

1 ①米づくり　②板付　③田げた
④石包丁　⑤弥生　⑥鉄器

2 ⑦人口　⑧ほり　⑨首長
⑩祭り　⑪水　⑫身分
⑬豪族　⑭くに　⑮邪馬台国

29ページ　練習のワーク

1 (1)中国、朝鮮半島　(2)㋐
(3)㋐、㋓　(4)高床　(5)弥生土器

2 (1)㋑、㋒　(2)銅たく　(3)①争い
②ほりやさく　(4)吉野ヶ里遺跡
(5)広がり、王　(6)卑弥呼

てびき **1** (2)水をはった田に種もみをまいている人がいるので、春から夏の様子です。

(3)米づくりが伝わったころの農具は木製でした。また、石包丁は稲かりに使う道具です。

2 (1)米づくりには人々の協力が必要だったので、しだいにむらをまとめる指導者が現れました。

(3)米づくりに必要な土地や水を手に入れるために争いが起こり、むらを守るためにほりやさくで周りを囲みました。

30ページ 基本のワーク

1 ①前方後円墳　②豪族　③はにわ
④長　⑤渡来人　⑥中国
⑦仏

2 ⑧大和　⑨大和朝廷　⑩大王
⑪九州　⑫日本書紀　⑬金印

31ページ 練習のワーク

1 (1)大仙〔仁徳陵〕古墳　(2)3　(3)㋓
(4)㋒、㋓　(5)㋑、㋓　(6)漢字

2 (1)大和：奈良県　河内：大阪府
(2)大和朝廷〔大和政権〕　(3)大王
(4)㋑
(5)古事記　(6)漢

てびき **1** (2)古墳は3世紀の終わりごろから5世紀にかけて多くつくられました。

(4)古墳の規模が大きいほど、多くの人や物を動かすことができたことを示しています。

2 (4)(3)の鉄刀や鉄剣が、江田船山古墳と稲荷山古墳から発見されていることから考えます。

32・33ページ まとめのテスト

1 (1)①㋒　②㋐　③㋕
(2)竪穴住居
(3)①Ⓑ　②Ⓑ　③Ⓐ
(4)①縄文　②弥生　③祭り
(5)㋑
(6)〈例〉米づくりが始まって、安定して食料が手に入るようになったから。

2 (1)吉野ヶ里遺跡　(2)㋓
(3)①㋑〔㋒〕　②㋒〔㋑〕　③㋐
(4)前方後円墳
(5)墓、権力　(6)大王
(7)〈例〉大和朝廷の支配が九州から関東まで広がっていた。

3 (1)金印　(2)3(世紀)　(3)卑弥呼
(4)渡来人　(5)㋒

てびき **1** (2)**竪穴住居**は、穴を掘って床をつくり、柱を組んで屋根をかけた住居です。

(3)①は石包丁、②は銅たく、③は土偶です。

(5)**図**には米づくり(農業)がかかれているので、弥生時代の人々の食べ物を示しています。

(6)米は長い間保存できるので、縄文時代に比べて食べ物に困ることが少なくなりました。

2 (3)身分の差が生まれ、むらどうしの争いからいくつかのむらがまとまり、くにができました。

(7)ワカタケルの名をきざんだ鉄刀や鉄剣が出土したことは、ここにほうむられた豪族が大和朝廷に従っていたことを表します。

3 (5)絹織物の技術は渡来人が日本に伝えました。

なぞり道場　何回も書いてかくにんしよう！

じょう	もん	ど	き			やよい	
縄	文	土	器			弥	生
どう	けん			や	ま	たい	こく
銅	剣			邪	馬	台	国
ひ	み	こ		だい	せん	こ	ふん
卑	弥	呼		大	仙	古	墳

2－2　大陸に学んだ国づくり

34ページ 基本のワーク

1 ①遣唐使　②留学生　③航海
④政治　⑤文化　⑥仏教

2 ⑦天皇　⑧蘇我　⑨冠
⑩能力　⑪十七条の憲法
⑫遣隋使　⑬法隆寺　⑭渡来人

35ページ 練習のワーク

1 (1)唐　(2)㋐、㋒　(3)㋑
(4)9(世紀)

2 (1)㋒、㋓　(2)冠位十二階　(3)能力
(4)①和　②仏　③命令
(5)小野妹子　(6)法隆寺
(7)㋐、㋒

[てびき] **1** (2)遣唐使には、大使のほかに留学生や留学僧が参加していました。

(3)中国の進んだ制度や文化を日本の国づくりに生かすため、朝廷は遣唐使を送りました。

2 (1)朝廷では豪族たちが勢力争いをしていて、天皇はそれをおさえられませんでした。

(7)仏教を重んじることや天皇中心の政治を行うことは、十七条の憲法にも示されています。

36ページ 基本のワーク

1 ①中大兄皇子 ②中臣鎌足
③天皇 ④律令 ⑤貴族
⑥稲 ⑦調 ⑧九州
⑨木簡 ⑩平城京

2 ⑪大仏 ⑫行基
⑬鑑真 ⑭唐招提寺 ⑮正倉院

37ページ 練習のワーク

1 (1)大化の改新 (2)すべて
(3)唐 (4)①㋒ ②㋐ ③㋑
(5)奈良(県)

2 (1)聖武天皇 (2)東大寺 (3)㋒
(4)①㋐、㋓ ②㋑、㋒
(5)万葉集 (6)大陸の文化

[てびき] **1** (2)大化の改新では、すべての土地と人民は天皇(国)のものとされました。

2 (3)聖武天皇のころ、都では伝染病やききんが広がり、地方では反乱が起きていました。

(6)正倉院の宝物には、交易路を通して中国と交流していた地域の文化の特徴が見られます。

38ページ 基本のワーク

1 ①平安京 ②藤原 ③きさき
④寝殿造 ⑤和歌 ⑥行事

2 ⑦国風 ⑧貴族 ⑨大和絵
⑩ひらがな ⑪かたかな
⑫紫式部 ⑬枕草子 ⑭十二単

39ページ 練習のワーク

1 (1)京都府 (2)794(年) (3)中臣鎌足
(4)藤原道長 (5)㋑
(6)㋒ (7)㋓

2 (1)源氏物語 (2)清少納言 (3)㋐、㋒
(4)①かたかな ②ひらがな (5)日本

[てびき] **1** (5)都に住む貴族は、広い寝殿造の屋しきに住んでいました。

(6)㋐、㋑、㋓は奈良時代につくられました。

2 (3)貴族の女性たちや、屋しきの様子がえがかれています。

(4)かたかなは漢字の一部をとったもの、ひらがなは漢字を変形させたものです。

40・41ページ まとめのテスト

1 (1)[あ]聖徳太子 [い]聖武天皇
[う]藤原道長
(2)①十七条の憲法 ②㋒ ③㋓
(3)①大化の改新 ②天皇
(4)平城京 (5)㋑、㋒
(6)〈例〉自分のむすめを天皇のきさきにした。
(7)小野妹子 (8)[あ]

2 (1)①㋑ ②㋒ ③㋐
(2)木簡 (3)㋓ (4)㋒

3 (1)Ⓐ㋓ Ⓑ㋑ Ⓒ㋐ Ⓓ㋒
(2)遣唐使 (3)かな文字
(4)Ⓐ、Ⓒ
(5)〈例〉日本の風土や生活に合った文化。

[てびき] **1** (2)②十七条の憲法は、政治を行う役人の心構えを示したものです。

(6)藤原道長はむすめを天皇のきさきにして、天皇家と関係を深めて力をふるいました。

2 (4)地方の特産物をみずから都へ運んだり、兵役についたりすることは、重い負担でした。

3 (1)㋐は大和絵、㋑は正倉院の宝物、㋒は法隆寺、㋓は寝殿造の屋しきの様子です。

なぞり道場 何回も書いてかくにんしよう！

そ	が	し			けん	ずい	し
蘇	我	氏			遣	隋	使
ぞう	よう			しょう	む	てん	のう
雑	徭			聖	武	天	皇
がん	じん			とう	しょう	だい	じ
鑑	真			唐	招	提	寺
しん	でん	づくり			まくらの	そう	し
寝	殿	造			枕	草	子

42ページ　基本のワーク

1　①武士　②館（やかた・たち・たて）　③ほり
　④武芸　⑤都
2　⑥平氏（へいし）　⑦太政大臣（だいじょうだいじん）　⑧宋（そう）
　⑨厳島神社（いつくしまじんじゃ）　⑩源頼朝（みなもとのよりとも）　⑪関東（かんとう）
　⑫壇ノ浦（だんのうら）　⑬平泉（ひらいずみ）

43ページ　練習のワーク

1　(1)㋐、㋒、㋔　(2)戦い、領地
2　(1)源氏（げんじ）　(2)平清盛（たいらのきよもり）　(3)㋓
　(4)広島（県）（ひろしま）
　(5)①天皇（てんのう）　②貴族（きぞく）
　(6)①㋑　②石橋山の戦い（いしばしやま）
　③壇ノ浦　(7)源義経（みなもとのよしつね）

てびき　1　(1)㋑㋓㋔は都の貴族の暮らしの様子（く）です。
2　(3)唐（とう）がほろびたあと、平清盛のころには宋が中国を支配（ちゅうごく）していました。
　(5)平安時代の藤原氏（へいあん）（ふじわら）と平氏が同じようなことを行ったことに注目しましょう。

44ページ　基本のワーク

1　①御家人（ごけにん）　②地頭（じとう）　③守護（しゅご）
　④征夷大将軍（せいいたいしょうぐん）　⑤鎌倉幕府（かまくらばくふ）
　⑥ご恩（おん）　⑦奉公（ほうこう）
　⑧土地　⑨執権（しっけん）
2　⑩モンゴル　⑪元（げん）　⑫北条時宗（ほうじょうときむね）
　⑬集団　⑭博多（はかた）　⑮ほうび

45ページ　練習のワーク

1　(1)源頼朝（みなもとのよりとも）　(2)鎌倉　(3)地頭
　(4)①Ⓑ　②Ⓐ
　(5)ご恩と奉公　(6)㋑　(7)北条政子（まさこ）
2　(1)元（げん）　(2)高麗（こうらい）　(3)執権　(4)火薬
　(5)防塁（ぼうるい）　(6)㋒　(7)くずれた

てびき　1　(3)村に配置された地頭に対し、国ごとに配置された守護は、軍事や警察の仕事（けいさつ）にあたりました。
　(4)Ⓐはご恩、Ⓑは奉公を表しています。
2　(7)元軍との戦いでは新しい領地を得られなかったため、幕府は御家人にほうびの土地をあたえられませんでした。

46・47ページ　まとめのテスト

1　(1)㋒
　(2)①貴族（きぞく）　②太政大臣（だいじょうだいじん）
　(3)㋐、㋓　(4)厳島神社（いくしまじんじゃ）
　(5)①Ⓑ　②㋑　③壇ノ浦（だんのうら）
　④平泉　⑤中尊寺（ちゅうそんじ）
2　(1)源頼朝（みなもとのよりとも）　(2)㋐
　(3)①守護　②鎌倉（かまくら）
　(4)Ⓐご恩（おん）　Ⓑ奉公（ほうこう）　(5)執権（しっけん）
3　(1)モンゴル　(2)㋓　(3)北条時宗（ほうじょうときむね）
　(4)Ⓐ　(5)㋐、㋓
　(6)〈例〉ほうびの土地をもらえなかったから。
　(7)〈例〉力がおとろえた。

てびき　1　(1)平治の乱は、朝廷や貴族の勢力争（へいじ）（らん）（ちょうてい）いが原因で起こりました。
　(4)瀬戸内海に勢力をもち、中国（宋）との貿易（せとないかい）（ちゅうごく）（そう）を行っていた平氏は、航海の守り神として一族（へいし）で厳島神社を敬いました。（うやま）
　(5)①東日本では源氏（げんじ）が、西日本では平氏が主に勢力をもっていました。
　②平氏は敗戦が続き、戦いの場所は西へ移っていったことがわかります。
2　(2)鎌倉は四方を山と海に囲まれ、大軍が一度にせめこめないようになっていました。
　(3)戦いが起こると、御家人は鎌倉にいる将軍（ごけにん）（しょうぐん）の所へかけつけました。
3　(5)火薬を使った新兵器や集団戦法など、これまでとはちがった戦い方に、御家人たちは苦しみました。
　(7)土地を仲立ちとして結びついていた幕府（ばくふ）と御家人の関係がくずれ、幕府に不満をもつ御家人が多くなりました。

なぞり道場　　何回も書いてかくにんしよう！

たいらの	きよ	もり		みなもとの	より	とも
平	清	盛		源	頼	朝

しゅ	ご		せい	い	たい	しょう	ぐん
守	護		征	夷	大	将	軍

かま	くら	ばく	ふ			しっ	けん
鎌	倉	幕	府			執	権

2－4　室町文化と力をつける人々

48ページ　基本のワーク

1 ①京都　②足利　③室町幕府
④足利義満　⑤守護大名
⑥貿易　⑦金閣　⑧足利義政
⑨銀閣　⑩書院造

2 ⑪水墨画　⑫床の間　⑬茶の湯
⑭生け花　⑮枯山水

49ページ　練習のワーク

1 (1)室町（時代）　(2)（約）240（年間）
(3)３（代）　(4)明
(5)①Ⓑ　②北山、３層　③Ⓑ

2 (1)雪舟　(2)㋑　(3)①[い]　②[あ]
(4)㋒　(5)㋐、㋓

てびき **1** (1)(2)室町幕府による政治が行われた約240年間を室町時代といいます。
(5)②金閣は京都の北山に、銀閣は京都の東山につくられました。

2 (5)**茶の湯**や**生け花**は現代でも親しまれています。また、書院造の部屋は現在の和室のもとになっています。

50ページ　基本のワーク

1 ①祭り　②田植え　③田楽
④猿楽　⑤能　⑥観阿弥
⑦狂言　⑧祇園

2 ⑨水　⑩二毛作　⑪牛
⑫きまり　⑬養蚕
⑭手工業　⑮市

51ページ　練習のワーク

1 (1)①㋒　②㋑　(2)①[あ]Ⓑ　[い]Ⓐ
②Ⓐ能　Ⓑ狂言　③足利義満
(3)町衆

2 (1)麦　(2)㋐、㋓、㋔
(3)①争い　②話し合い　③手工業
(4)市

てびき **1** (1)①**田楽**は、田植えのときに豊作をいのっておどられました。
(2)①人々を楽しませる[あ]の芸能は狂言です。

2 (2)水車や用水路など、田に水を行きわたらせる技術が進みました。
(3)米以外の作物の生産量が増えたことで、手工業も発達しました。

52・53ページ　まとめのテスト

1 (1)室町幕府
(2)資料１　足利義満
資料２　足利義政
(3)㋒　(4)金閣　(5)応仁の乱

2 (1)書院造　(2)水墨画　(3)雪舟
(4)①生け花　②茶の湯　③枯山水
(5)〈例〉現代でも親しまれている文化が多い。

3 (1)田楽　(2)㋐　(3)祇園祭
(4)①[い]　②Ⓐ世阿弥　Ⓑ狂言

4 (1)①二毛作　②鉄　③養蚕
(2)㋒　(3)㋓
(4)〈例〉輸送が発達して、各地で市が開かれるようになった。

てびき **1** (3)明は、鎌倉時代に日本にせめてきた元をほろぼし、中国を支配しました。
(4)足利義満が建てた**金閣**には、金ぱくがはられていました。

2 (1)**書院造**はたたみやふすま、障子などが使われているのが特徴です。

3 (1)田植えをしているそばで行われている田楽の様子を表しています。
(4)①**能**は面をつけて演じられるので[い]があてはまります。能と狂言は、ユネスコの無形文化遺産に登録されています。

4 (4)農作物や手工業の製品の生産量が増えたことで、輸送や売買に関わる産業もさかんになりました。

なぞり道場　何回も書いてかくにんしよう！

金閣（きんかく）　書院造（しょいんづくり）
水墨画（すいぼくが）　猿楽（さるがく）
世阿弥（ぜあみ）　養蚕（ようさん）

2−5　全国統一への動き

54ページ 基本のワーク

1
①戦国大名　②織田信長
③武田勝頼　④豊臣秀吉
⑤応仁の乱　⑥鉄砲　⑦堺

2
⑧桶狭間　⑨室町幕府　⑩一向宗
⑪安土城　⑫楽市・楽座
⑬明智光秀　⑭ザビエル
⑮ポルトガル

55ページ 練習のワーク

1
(1)長篠の戦い　(2)①ウ　②イ
(3)ア　(4)ア、エ　(5)種子島
(6)国友

2
(1)織田信長
(2)①足利氏　②キリスト教
(3)堺　(4)ア　(5)本能寺
(6)スペイン　(7)エ

てびき **1** (1)長篠の戦いは、現在の愛知県で起きました。

(2)新しい武器である鉄砲をたくさん使ったのは信長です。

(6)鉄砲は国友（滋賀県）や堺（大阪府）で大量に生産されるようになりました。

2 (2)②織田信長は、キリスト教の宣教師たちが教会や学校を建てることを許しました。

(4)商工業をさかんにすることを重視していた信長は、商人の自由な活動を認めるとともに、各地の関所も廃止しました。

56ページ 基本のワーク

1
①大阪城　②統一　③検地
④年貢　⑤百姓　⑥一揆
⑦刀狩　⑧町人　⑨身分　⑩朝鮮

2
⑪関東　⑫関ヶ原
⑬征夷大将軍　⑭豊臣　⑮江戸

57ページ 練習のワーク

1
(1)豊臣秀吉　(2)①収穫量　②年貢
(3)百姓　(4)ウ　(5)商人、職人
(6)ア　(7)明

2
(1)エ　(2)東軍　(3)1603(年)
(4)江戸幕府　(5)イ、ウ

てびき **1** (2)検地では、土地のよしあしを調べるために、とれた米の量をますで量りました。

(4)百姓から武器を取り上げることで、支配者である武士に反抗できないようにしました。

(6)戦いに出たり、田畑を耕したりすることなどの役割が分けられ、それぞれの役割を負う人々の身分の区別も進みました。

2 (2)関東地方を拠点にしていた徳川家康は東軍の中心になりました。

(5)家康は江戸を政治の中心として整えるとともに、2度にわたる戦いで豊臣氏をほろぼしました。これにより戦国の世は終わりました。

58・59ページ まとめのテスト

1
(1)長篠の戦い　(2)Ⓐ　(3)鉄砲
(4)①戦国大名　②織田・徳川
(5)エ

2
(1)ザビエル　(2)ア、ウ
(3)石見銀山　(4)イ

3
(1)Ⓐ1　Ⓑ3　Ⓒ2
(2)Ⓐ安土城　Ⓑ大阪城　Ⓒ江戸城
(3)Ⓑ　(4)刀狩令　(5)Ⓑ
(6)ウ　(7)楽市・楽座　(8)江戸幕府
(9)検地
(10)〈例〉身分がはっきり区別されるようになった。

てびき **1** (3)Ⓐは大量の鉄砲を使い、もう一方のⒷは騎馬隊がせめこむ戦い方をしています。

(4)守護大名は幕府のもとで力をもっていた大名です。長篠の戦いのころは、実力をたくわえた戦国大名たちがたがいに争っていました。

(5)朝鮮に大軍を送ったのは、豊臣秀吉です。

2 (2)スペインやポルトガルの商人は東南アジアや中国の方からやってきて九州の港や京都に近い港で貿易を行いました。

3 (3)信長の死後、その事業を受けついだ秀吉は、1590年に全国を統一しました。

(6)延暦寺の勢力は大名に対抗するほどでしたが、信長に武力でおさえられました。

(10)検地と刀狩によって、武士と百姓・町人の役割が明らかになり、住む場所も分けられたことで身分の区別が進みました。

なぞり道場　何回も書いてかくにんしよう！

長篠の戦い

鉄砲　安土城

百姓　刀狩

2-6　幕府の政治と人々の暮らし

60ページ　基本のワーク

1 ①江戸　②親藩　③外様　④武家諸法度　⑤負担　⑥3　⑦参勤交代　⑧日光東照宮

2 ⑨武士　⑩刀　⑪百姓　⑫年貢　⑬五人組　⑭大阪

61ページ　練習のワーク

1 (1)㋑　(2)①㋑　②㋒　③㋐　(3)関ヶ原の戦い　(4)武家諸法度　(5)江戸　(6)徳川家光　(7)日光東照宮

2 (1)百姓　(2)①㋑　②㋐　③㋒　(3)㋒、㋓

てびき **1** (3)**徳川家康**を中心とした東軍と、対抗する大名による西軍が戦った**関ヶ原の戦い**は、天下分け目といわれる重要な戦いでした。

(5)大名は、将軍がいる江戸に参勤することで幕府への服従を示しました。

2 (1)人口のほとんどは、年貢となる米などを生産して人々の生活を支える**百姓**でした。

(2)名字を名のることや刀を差すことは、支配者の身分である**武士**の特権でした。

62ページ　基本のワーク

1 ①ポルトガル　②日本町　③宣教師　④禁止　⑤日本人　⑥島原・天草一揆　⑦絵ふみ　⑧オランダ　⑨長崎　⑩鎖国

2 ⑪対馬　⑫琉球王国　⑬薩摩　⑭アイヌ　⑮松前

63ページ　練習のワーク

1 (1)㋓　(2)増えた　(3)㋒　(4)帰国　(5)天草四郎〔益田時貞〕　(6)中国、オランダ　(7)出島

2 (1)朝鮮通信使　(2)㋐、㋒　(3)蝦夷地　(4)シャクシャイン　(5)①㋒　②㋑　③㋐

てびき **1** (1)**日本町**はシャム(タイ)やカンボジア、ルソン(フィリピン)などにありました。

(3)**キリスト教**の信者が増えていくと、幕府は、キリスト教を通して団結した信者が反抗することを警戒しました。

(7)**出島**にはオランダ商館が置かれ、オランダ人はふだんは出島の中で生活しました。

2 (2)**琉球王国**は、東アジアや東南アジアの国々の貿易を中継して栄えていました。さまざまな地域との交流は文化にも影響をあたえました。

64・65ページ　まとめのテスト

1 (1)Ⓐ親藩　Ⓑ譜代　Ⓒ外様　(2)幕府　(3)㋑、㋓　(4)〈例〉参勤交代には多くの費用がかかったから。

2 (1)百姓　(2)①年貢　②五人組　(3)武士

3 (1)島原・天草一揆　(2)㋓　(3)①中国　②〈例〉キリスト教を広めない国だったから。　(4)日本町　(5)Ⓓ(→)Ⓑ(→)Ⓐ(→)Ⓒ

4 (1)①㋐　②㋒　③㋑　(2)アイヌ(の人たち)　(3)㋑　(4)朝鮮通信使　(5)琉球王国　(6)Ⓐ

てびき **1** (1)徳川家の親類は**親藩**です。江戸から遠い地域には**外様**が置かれました。

(3)**武家諸法度**は、大名を従わせるために定められました。２代将軍秀忠のときに出され、その後は将軍の代替わりのたびに出されました。

(4)**参勤交代**では大名行列をつくって移動したため、大勢の家臣の食料や宿泊にかかる費用は大きなものでした。

2 (1)最も多くの割合をしめているので、百姓があてはまります。
(2)②五人組は年貢を納めなかったり、罪をおかしたりする者が出ないように、幕府や藩がつくらせたものです。

3 (2)像はふみ絵です。幕府や藩はキリストやマリアの絵をふませてキリスト教信者でないことを証明させました。
(3)②スペインやポルトガルは、キリスト教を広めるおそれのある国でした。

4 (2)アイヌの人たちは北海道の先住民です。
(6)アイヌの人たちは、松前藩との交易が不平等であることに反対して戦いを起こしました。

なぞり道場 何回も書いてかくにんしよう！

しん	ぱん		ぶ	け	しょ	はっ	と
親	藩		武	家	諸	法	度
ねん	ぐ			さ	こく		
年	貢			鎖	国		
ちょう	せん	つう	しん	し			
朝	鮮	通	信	使			
りゅう	きゅう	おう	こく		さつ	ま	はん
琉	球	王	国		薩	摩	藩

2-7 新しい文化と学問

66ページ 基本のワーク

1 ①江戸 ②日本橋 ③大阪
④町人 ⑤歌舞伎 ⑥浮世絵
⑦葛飾北斎 ⑧松尾芭蕉

2 ⑨五街道 ⑩航路 ⑪新田開発
⑫千歯こき ⑬商品作物 ⑭旅

67ページ 練習のワーク

1 (1)㋓ (2)①将軍のおひざもと
②天下の台所

2 (1)①歌川広重 ②近松門左衛門
③松尾芭蕉 (2)Ⓐ浮世絵
Ⓑ人形浄瑠璃 Ⓒ俳句 (3)㋑

3 (1)①㋓ ②㋒ (2)大阪
(3)備中ぐわ (4)㋐

てびき **1** (2)江戸は将軍のいる都市、大阪は全国の産物が集まることからそれぞれのよび名がつきました。

2 (1)①歌川広重と同じころ、葛飾北斎も「富嶽三十六景」などの風景画をえがき活躍しました。
(3)江戸時代には、都市で力をつけた町人が文化のにない手になりました。

3 (1)㋐は日光街道、㋑は奥州街道です。
(2)大阪には蔵屋敷という藩の施設が置かれ、年貢米や特産物が運びこまれました。そのため大阪と各地を結ぶ航路も発達しました。
(4)㋐商品作物は売ることを目的につくられた作物です。主に綿花やなたね、茶などがあり、製品の原料となりました。

68ページ 基本のワーク

1 ①オランダ ②前野良沢
③解体新書 ④蘭学 ⑤古事記伝
⑥国学 ⑦伊能忠敬

2 ⑧寺子屋 ⑨藩校 ⑩儒学
⑪ききん ⑫打ちこわし
⑬大塩平八郎

69ページ 練習のワーク

1 (1)杉田玄白 (2)[い]
(3)㋒ (4)本居宣長
(5)㋑、㋓

2 (1)寺子屋 (2)㋑、㋓
(3)①中国 ②上下の関係
(4)百姓一揆 (5)㋑ (6)㋑、㋓

てびき **1** (2)「解体新書」は、正確な人体解剖図がのっていたオランダ語の医学書を翻訳してつくられました。
(5)西洋の天文学や測量術を学んだ伊能忠敬が独自に地図をつくると、その技術の高さから幕府は全国の測量を忠敬に命じました。

2 (2)寺子屋では、読み書きやそろばんなど、日常で必要な知識が学ばれました。
(3)儒学は日本が古くから学んできた中国文化の一つです。身分の上下を重んじる考えは、幕府の支配にとって都合がよいものでした。
(6)幕府や藩は世の中の問題に上手く対応できず、それまでの支配はゆらぎ始めました。

70・71ページ まとめのテスト

[1] (1)資料1㋔　資料2㋒
(2)㋑　(3)浮世絵
(4)㋐　(5)俳句

[2] (1)①大阪　②江戸
(2)台所　(3)㋐　(4)㋑、㋓

[3] (1)㋑　(2)千歯こき、備中ぐわ　(3)㋐
(4)〈例〉現金の収入を得ること。

[4] (1)Ⓐ藩校　Ⓑ打ちこわし
(2)㋒　(3)㋓
(4)国学　(5)㋐、㋓
(6)〈例〉読み書きやそろばんなどの生活に役立つ学問。

てびき [1] (1)㋐、㋑、㋓は室町時代やそれ以前に演じられるようになったものです。
(4)浮世絵は版画として大量につくられ、海外にも伝わりました。オランダの画家のゴッホは浮世絵に影響を受けた作品を残しています。

[2] (3)街道の名称は現在でも使われ、Ⓐとほぼ同じルートを東海道新幹線が通っています。

[3] (1)耕地面積が増えていることから、新しく土地が開かれたことがわかります。
(2)備中ぐわや千歯こきによって農業の効率が上がって生産力が高まりました。

[4] (1)Ⓑききんで生活が苦しくなると、都市では商人の家や蔵をおそう打ちこわしが起きました。
(2)「解体新書」はオランダ語の医学書を杉田玄白や前野良沢らが翻訳したものです。
(5)私塾では、さまざまな身分の人が蘭学や国学などを学びました。

なぞり道場　何回も書いてかくにんしよう！

ご	かい	どう			か	ぶ	き
五	街	道			歌	舞	伎
にん	ぎょう	じょう	る	り			
人	形	浄	瑠	璃			
らん	がく			もと	おり	のり	なが
蘭	学			本	居	宣	長
じゅ	がく			ひゃく	しょう	いっ	き
儒	学			百	姓	一	揆

2-8 明治の新しい国づくり

72ページ 基本のワーク

① ①鉄道　②洋服
③明治維新　④開国
⑤函館　⑥日米修好通商条約
⑦治外法権　⑧輸入品

② ⑨世直し　⑩薩摩　⑪倒幕
⑫長州　⑬徳川慶喜　⑭勝海舟

73ページ 練習のワーク

[1] (1)㋑、㋒　(2)ペリー
(3)日米和親条約　(4)㋐
(5)①㋒　②㋐

[2] (1)㋑、㋒　(2)大久保利通、西郷隆盛
(3)坂本龍馬　(4)天皇
(5)㋓　(6)五稜郭

てびき [1] (4)下田は日米和親条約を結んだときに函館とともに開かれた港です。
(5)治外法権を認めていたので、外国人が事件を起こしたときは外国の法律で裁かれました。

[2] (2)木戸孝允は長州藩の下級武士、勝海舟は幕府の役人です。
(4)幕府をたおそうとする動きを見た徳川慶喜は、それより先に政権を天皇に返しました。

74ページ 基本のワーク

① ①五か条の御誓文　②明治
③版籍奉還　④岩倉使節団
⑤平民　⑥解放令

② ⑦富国強兵　⑧地租　⑨収入
⑩徴兵令　⑪産業
⑫富岡製糸場　⑬渋沢栄一
⑭文明開化　⑮学問のすゝめ

75ページ 練習のワーク

[1] (1)天皇〔明治天皇〕　(2)東京
(3)領地、領民　(4)廃藩置県
(5)㋓　(6)士族　(7)平民

[2] (1)地租改正　(2)20(才以上)
(3)官営工場　(4)殖産興業
(5)渋沢栄一　(6)欧米
(7)㋒　(8)福沢諭吉

てびき 1 (1)五か条の御誓文は、明治天皇が神に誓うという形式で発表されました。

(3)版は領地、籍は領民の意味です。

(6)平民は江戸時代の百姓や町人など、華族は江戸時代の大名と公家(貴族)です。

2 (1)土地にかけられた税金を**地租**といいます。

(4)政府は外国の技術を取り入れることで、近代的な産業を興そうとしました。

76・77ページ まとめのテスト

1 (1)ペリー (2)軍艦 (3)㋐、㋓
(4)鎖国 (5)㋒
(6)①外国 ②安い
(7)〈例〉外国との力の差を思い知らされたから。 (8)坂本龍馬 (9)政権
(10)㋐(→)㋒(→)㋑ (11)平民

2 (1)地租改正 (2)安定した
(3)〈例〉20才以上のすべての男子に兵役を義務づけること。
(4)㋑ (5)㋐、㋒ (6)富国強兵

3 (1)①ガス灯 ②人力車
(2)㋑ (3)①小学校 ②文明開化

てびき 1 (2)突然現れた軍艦に人々はおどろき、その力をおそれました。

(5)日本は、ヨーロッパの4か国と日米修好通商条約と同様の条約を結びました。

(7)長州藩や薩摩藩の人々は、日本を外国に対抗できる国にすることが重要と考えました。

2 (4)富岡製糸場は群馬県につくられました。

(6)明治政府は、国を豊かにして強い軍隊をもつ国づくりを目ざしました。

3 (3)②西洋のものは進んだ文明であるとして、もてはやされました。

なぞり道場

何回も書いてかくにんしよう！

めい	じ	い	しん				
明	治	維	新				
はん	せき	ほう	かん			ち	そ
版	籍	奉	還			地	租
ちょう	へい	れい		しょく	さん	こう	ぎょう
徴	兵	令		殖	産	興	業

2-9 近代国家を目ざして

78ページ 基本のワーク

1 ①ノルマントン号事件
②治外法権 ③条約改正
④陸奥宗光 ⑤関税自主権
⑥西南戦争 ⑦言論 ⑧国会
⑨自由民権 ⑩大隈重信

2 ⑪ドイツ ⑫大日本帝国憲法
⑬天皇 ⑭教育勅語
⑮帝国議会

79ページ 練習のワーク

1 (1)㋒ (2)イギリス
(3)治外法権 (4)1911(年)
(5)西郷隆盛 (6)㋑、㋒
(7)①自由党 ②立憲改進党

2 (1)皇帝 (2)伊藤博文
(3)元首 (4)法律 (5)㋐、㋓

てびき 1 (1)欧米諸国が行っていた、法にもとづく政治や議会のしくみを、日本はまだ取り入れていませんでした。

(6)自由民権運動は全国に広まりましたが、政府はこの動きを取りしまりました。

2 (1)天皇中心の国を理想としていた政府は、その考えに近いドイツの憲法を参考にしました。

(3)第4条に天皇の地位が示されています。

80ページ 基本のワーク

1 ①朝鮮 ②清 ③日清戦争
④下関 ⑤台湾 ⑥賠償金
⑦アジア ⑧満州 ⑨ドイツ
⑩日露戦争 ⑪日本海海戦

2 ⑫増税 ⑬樺太
⑭植民地 ⑮小村寿太郎

81ページ 練習のワーク

1 (1)不利 (2)朝鮮 (3)㋑、㋒
(4)㋐ (5)リヤオトン〔遼東〕半島
(6)東郷平八郎 (7)Ⓑ

2 (1)与謝野晶子 (2)㋑、㋒
(3)㋐ (4)朝鮮〔韓国〕
(5)㋒ (6)関税自主権

てびき [1] (2)朝鮮で反乱が起こると、朝鮮政府は清に援助を求めました。朝鮮に支配を広げたい日本も出兵し、日清戦争が起こりました。

(3)日本は清の領土の一部や賠償金を得たほか、朝鮮の独立を清に認めさせました。

(7)大国のロシアとの戦いでは、日清戦争よりはるかにたくさんの国力がつぎこまれました。

[2] (3)日露戦争の講和条約で、日本は樺太の南部を手に入れました。

(5)韓国併合後、朝鮮の人々を天皇に従う日本国民とする政策が行われました。

82ページ 基本のワーク

[1] ①繊維 ②八幡製鉄所
③重 ④田中正造
⑤北里柴三郎 ⑥黄熱

[2] ⑦バス ⑧第一次世界大戦
⑨米騒動 ⑩新渡戸稲造
⑪民主主義 ⑫女性
⑬全国水平社 ⑭普通選挙
⑮治安維持法 ⑯関東大震災

83ページ 練習のワーク

[1] (1)生糸
(2)①北九州 ②八幡製鉄所
(3)足尾銅山
(4)①志賀潔 ②野口英世
③北里柴三郎

[2] (1)㋐、㋒ (2)上がった
(3)国際連盟 (4)①㋓ ②㋒
(5)①男性 ②治安維持法

てびき [1] (2)八幡製鉄所は現在の北九州市につくられました。日露戦争後には重工業が発達し、八幡製鉄所はその成長を支えました。

(3)田中正造は足尾銅山がある栃木県の衆議院議員でした。

[2] (1)㋑、㋓は明治時代の初めごろに見られるようになったものです。

(2)米騒動は、米の安売りを求めて起きました。

(4)②全国水平社は、江戸時代に差別されてきた人々が、なくならない差別からの解放を求めてつくりました。

(5)①1925年に**男子の普通選挙**が実現しました。

84・85ページ まとめのテスト

[1] (1)①イギリス ②日本 (2)軽い
(3)〈例〉不平等な条約の改正を求める声が高まった。

[2] (1)㋒ (2)自由民権運動
(3)㋐ (4)大日本帝国憲法
(5)天皇 (6)①㋒ ②㋐ ③㋑

[3] (1)㋒ (2)①㋑、㋒ ②㋐、㋓
(3)〈例〉賠償金をとることができなかったから。
(4)公害

[4] (1)①㋓ ②㋒ ③㋐ ④㋑
(2)全国水平社
(3)〈例〉一定の金額以上の税金を納めていること。

てびき [1] (2)イギリス人船長の裁判は、イギリス人によって行われました。

(3)当時、治外法権を認めていた日本は不当な判決を受け入れるしかありませんでした。

[2] (1)板垣退助は、国民が政治に参加する権利を求めて国会を開くことを要求しました。

(5)大日本帝国憲法は、天皇を元首として、天皇に権力を集中させた憲法でした。

[3] (1)日本と清が朝鮮をつり上げようとしているところを、うしろでロシアがねらっています。

[4] (1)①小村寿太郎によって関税自主権が確立されて、日本は条約改正を達成しました。

(3)第1回の衆議院議員選挙で選挙権があたえられたのは高額納税をした25才以上の男性に限られ、全人口のわずか1.1%にすぎませんでした。

なぞり道場

何回も書いてかくにんしよう！

だい	にっ	ぽん	てい	こく	けん	ぽう	
大	日	本	帝	国	憲	法	
きょう	いく	ちょく	ご		ばい	しょう	きん
教	育	勅	語		賠	償	金
や	はた	せい	てつ	しょ			
八	幡	製	鉄	所			
こめ	そう	どう		ふ	つう	せん	きょ
米	騒	動		普	通	選	挙

2-10 戦争と人々の暮らし

86ページ 基本のワーク

1 ①東京　②焼夷弾
③満州　④日本　⑤満州国
⑥国際連盟　⑦日中戦争　⑧長期

2 ⑨ドイツ　⑩同盟　⑪アメリカ
⑫ハワイ　⑬マレー　⑭太平洋
⑮不利

87ページ 練習のワーク

1 (1)空襲　(2)㋒　(3)満州事変
(4)㋑　(5)取り消し　(6)㋑、㋓

2 (1)第二次世界大戦　(2)㋒、㋓
(3)石油　(4)アメリカ
(5)太平洋戦争　(6)①勝利　②不利

てびき **1** (2)満州には豊かな資源があり、また、朝鮮の支配など政治の面でも重要でした。

(4)満州とは中国の東北部の地域を指します。

(6)㋐日中戦争はペキン(北京)の近くで始まりました。㋒アメリカやイギリスは中国を援助しました。

2 (1)このころ、ドイツは各地で侵略を進めていて、戦場はヨーロッパ中に広がりました。

(3)国内の資源が少ない日本は、戦争に必要な石油の輸入をアメリカにたよっていました。

88ページ 基本のワーク

1 ①兵士　②軍事　③労働
④国民　⑤軍需　⑥配給
⑦隣組　⑧召集令状
⑨訓練　⑩女学生

2 ⑪空襲　⑫疎開　⑬アメリカ
⑭ドイツ　⑮原子爆弾　⑯降伏

89ページ 練習のワーク

1 (1)㋓　(2)協力
(3)㋑　(4)Ⓒ国民学校　Ⓓ切符
(5)赤紙　(6)㋒

2 (1)アメリカ　(2)都市
(3)沖縄戦　(4)ヨーロッパ
(5)[あ]長崎(市)　[い]広島(市)
(6)ソビエト連邦〔ソ連〕
(7)8(月)15(日)

てびき **1** (2)法律により、政府の命令で国民や物資を国のために動員できるようになりました。

(3)大人の男性が戦場に行ったため、女性や中学生が働き手として工場に動員されました。

2 (1)アメリカ軍が太平洋上の島々を占領すると、そこから日本を攻撃するようになりました。

(2)空襲は、主に人口が多い都市をねらって行われました。

90・91ページ まとめのテスト

1 (1)㋒　(2)中国　(3)満州国
(4)〈例〉国際連盟を脱退した。
(5)軍人　(6)ペキン
(7)①㋐　②イタリア
(8)①㋓　②㋐

2 (1)資料1：[え]　資料2：[い]
資料3：[あ]　資料4：[う]
(2)[あ]隣組　[い]空襲　[う]兵士
(3)〈例〉国民の生活はすべて戦争に協力するためのものになっていった。

3 (1)沖縄　(2)㋑　(3)長崎(市)
(4)原爆ドーム　(5)㋒
(6)①支配　②シベリア

てびき **1** (2)(3)満州事変のあと、日本軍は満州を中国から切り離して満州国をつくらせました。

(4)日本は国際連盟の決定に従わず、一方的に国際連盟からの脱退を表明しました。

(5)政府や政党は軍の行動をおさえられず、力を失っていきました。

2 (3)戦争に勝つことが優先され、小学校でも子どもを戦争に向かわせる教育が行われました。

3 (6)②満州や樺太南部にいた日本人の中には、ソ連軍に抑留され、シベリアで強制労働をさせられた人もいました。

なぞり道場 何回も書いてかくにんしよう！

くう	しゅう			まん	しゅう	じ	へん
空	襲			満	州	事	変
となり	ぐみ				おき	なわ	せん
隣	組				沖	縄	戦
そ	かい			げん	し	ばく	だん
疎	開			原	子	爆	弾

2−11　平和で豊かな暮らしを目ざして

92ページ　基本のワーク

❶ ①孤児　②青空教室　③買い出し
④連合国　⑤選挙権
⑥日本国憲法　⑦義務教育
⑧共学　⑨民主

❷ ⑩警察予備隊　⑪独立
⑫日米安全保障　⑬国際連合〔国連〕
⑭日中平和友好条約
⑮パラリンピック

93ページ　練習のワーク

❶ (1)㋑、㋒　(2)女性
(3)1947(年) 5(月) 3(日)　(4)国民
(5)(小学校) 6(年間と中学校) 3(年間)
(6)①学校給食　②民主主義

❷ (1)国際連合〔国連〕　(2)㋐、㋓
(3)朝鮮戦争
(4)サンフランシスコ平和条約
(5)沖縄　(6)㋒
(7)東京オリンピック

てびき ❶ (2)選挙法が改正されて、**20才以上のすべての男女**に選挙権が認められました。

(4)**日本国憲法**は、**国民主権**、**基本的人権の尊重**、**平和主義**を原則としています。

❷ (3)日本にいたアメリカ軍が朝鮮戦争に出兵することになったため、国内の警察力を高めるためとして警察予備隊がつくられました。

(6)**日米安全保障条約**での取り決めにより、日本が独立したあともアメリカ軍が日本にとどまることになりました。

94ページ　基本のワーク

❶ ①貿易　②工業　③電気
④三種の神器　⑤団地　⑥公害
⑦イタイイタイ病　⑧法律

❷ ⑨国交
⑩朝鮮民主主義人民共和国〔北朝鮮〕
⑪日中平和友好
⑫尖閣　⑬北方領土
⑭ロシア連邦　⑮アメリカ

95ページ　練習のワーク

❶ (1)東京オリンピック　(2)貿易
(3)工業　(4)㋐、㋒、㋔
(5)高度経済成長
(6)①増や　②都市　③法律

❷ (1)①中国　②韓国　③北朝鮮
(2)①韓国　②中国
(3)択捉島　(4)ソビエト連邦〔ソ連〕
(5)沖縄県

てびき ❶ (2)**東京オリンピック**が開かれたころから外国との貿易がさかんになりました。

(3)自動車をはじめとした機械製品の輸出が増えて、重化学工業が発展しました。

(5)経済成長率の高い年が何年も続き、この間に国民の収入も増えました。

❷ (3)**北方領土**は、北から択捉島、国後島、色丹島、歯舞群島が連なっています。

(4)ソ連は1991年に解体し、返還の交渉は**ロシア連邦**に引きつがれました。

(5)日本国内にあるアメリカ軍施設のうち、約70%は沖縄県にあり、沖縄県の面積の約8%をしめています。

96・97ページ　まとめのテスト

[1] (1)青空教室　(2)民主
(3)〈例〉20才以上のすべての男女に選挙権が認められた。
(4)①日本国憲法　②戦争
(5)9(年間)

[2] (1)①国際連合　②警察予備隊
(2)㋑
(3)①独立　②アメリカ　③安全保障

[3] (1)東海道新幹線〔新幹線〕
(2)よび名：三種の神器　Ⓐ冷蔵庫
(3)㋒、㋓
(4)〈例〉環境が汚染されて公害が起きた。

[4] (1)①㋓　②㋑
(2)Ⓐ㋑　Ⓑ㋒
(3)㋓　(4)ロシア連邦〔ロシア〕
(5)〈例〉県内に広い面積のアメリカ軍の基地が置かれていること。

[てびき] [1] (2)戦後の改革の目的は、日本を国民のための政治を行う国にすることでした。

(3)女性にも選挙権が認められたことで、選挙権をもつ人の割合が大はばに増えました。

[2] (2)中国は、アメリカで開かれた講和会議にはよばれませんでした。また、ソ連とも講和条約は結ばれず、国交も回復しませんでした。

[3] (4)経済成長が優先されて、環境を守ることがおろそかにされた結果、大気や水の汚染が進みました。

[4] (1)㋐はソ連(ロシア連邦)、㋒は中国です。

(5)アメリカ軍基地をめぐっては、住民の安全をおびやかす事故や事件も起きており、基地の撤退や県外への移設が求められています。

[なぞり道場] 何回も書いてかくにんしよう！

とう	かい	どう	しん	かん	せん		
東	海	道	新	幹	線		
こう	ど	けい	ざい	せい	ちょう		
高	度	経	済	成	長		
かん	こく			せん	かく	しょ	とう
韓	国			尖	閣	諸	島

3 世界の中の日本

98ページ 基本のワーク

[1] ①国旗 ②国歌 ③アメリカ ④中国 ⑤貿易

[2] ⑥ワシントンD.C. ⑦英語 ⑧ファーストフード ⑨ジャズ音楽 ⑩多民族 ⑪自動車 ⑫大規模 ⑬小麦 ⑭情報通信 ⑮機械

99ページ 練習のワーク

[1] (1)①日章旗〔日の丸〕 ②君が代
(2)アメリカ (3)(約) 4 (分の 1)

[2] (1)①アメリカ合衆国
②ワシントンD.C.
(2)ファーストフード、ジーンズ
(3)①アフリカ ②スポーツ
③多民族
(4)日系人 (5)高速道路 (6)㋑、㋓
(7)機械類 (8)自動車 (9)国旗

[てびき] [1] (2)日本の貿易相手国の中で、アメリカと中国は特に重要な国になっています。

[2] (1)首都を、代表的な都市であるニューヨークとまちがえないように注意しましょう。

(2)英語はもともとイギリスの言葉です。キリスト教は、おもにヨーロッパの人々が世界に広めました。

(5)写真は、ハイウェイとよばれる自動車専用の道路です。

(9)多民族国家のアメリカの小学校では、心を一つにするための日課として国旗に向かって「忠誠のちかい」を行っています。

100ページ 基本のワーク

[1] ①中国語 ②貿易相手国 ③金融 ④企業 ⑤観光 ⑥はし ⑦中華人民共和国 ⑧漢民族

[2] ⑨ポルトガル語 ⑩日系人 ⑪熱帯林 ⑫コーヒー ⑬ヨーロッパ ⑭サンバ ⑮キリスト

101ページ 練習のワーク

[1] (1)中華人民共和国 (2)㋒
(3)①シャンハイ ②銀行
(4)㋐、㋓ (5)少数民族

[2] (1)ブラジル連邦共和国
(2)㋒ (3)アマゾン川
(4)①ブラジリア ②サンパウロ
③リオデジャネイロ
(5)㋒ (6)サッカー

[てびき] [1] (2)㋐はロシア連邦、㋑はモンゴル、㋓はインドです。

(3)金融業は、お金を預かったり、お金が必要な人に貸し出したりする仕事です。

(4)日本と中国は、1972年に国交を正常化したあと、日中平和友好条約を結びました。

[2] (2)ブラジルは、南アメリカ大陸で最も面積が大きい国です。

(5)ブラジルは世界有数のコーヒー豆の生産国・輸出国です。

(6)ブラジルは、サッカーチームが強いことでも有名です。

102ページ　基本のワーク

1 ①リヤド　②アラビア語　③石油
④砂漠　⑤イスラム教　⑥コーラン
⑦メッカ　⑧モスク

2 ⑨ソウル　⑩韓国語
⑪プサン〔釜山〕　⑫文化
⑬チマ　⑭テコンドー
⑮キムチ

103ページ　練習のワーク

1 (1)サウジアラビア王国　(2)㋒
(3)①アラビア語　②砂漠
(4)㋑　(5)イスラム教　(6)㋑、㋒

2 (1)大韓民国　(2)㋓
(3)㋒　(4)①キムチ
②チマ・チョゴリ　③テコンドー
(5)①２学期　②プログラミング
(6)朝鮮民主主義人民共和国〔北朝鮮〕

てびき **1** (2)サウジアラビアはアラビア半島にあります。面積は日本の約5.7倍もあります。

(4)サウジアラビアやその周辺の国々では**石油**が豊富にとれます。日本の石油の輸入先の多くは、この地域にある国です。

2 (3)福岡市から見て、プサン(釜山)は東京より近い距離にあり、高速船を利用する人も多くいます。

(4)③テコンドーは武器を持たず、けりを中心として行われる武術です。

104・105ページ　まとめのテスト

1 ①国名：サウジアラビア〔サウジアラビア王国〕
国旗：㋑
②国名：中国〔中華人民共和国〕
国旗：㋐
③国名：アメリカ〔アメリカ合衆国〕
国旗：㋒
④国名：ブラジル〔ブラジル連邦共和国〕
国旗：㋓

2 (1)㋑、㋒
(2)①大型　②自動車
(3)〈例〉さまざまな民族の文化や広い国土を生かした産業がみられる。

3 (1)㋓　(2)㋐
(3)①漢民族　②観光客
(4)〈例〉古くから交流が行われてきた

4 (1)①熱帯林　②カーニバル
③サッカー
(2)㋒
(3)〈例〉日本から移住した人々の子孫。

5 (1)石油　(2)㋑
(3)①モスク　②ヒジャブ
(4)〈例〉豚肉を食べることは禁止されている。

てびき **1** **国旗**は国を象徴する旗です。国名とあわせて覚えましょう。

2 (1)日本では20世紀初めからアメリカへの移民が増えました。アメリカで活躍する**日系人**の中には、そのころの移民の子孫もいます。

(3)**多民族国家**のアメリカでは、多様な民族の文化が混ざって新しい文化が生まれました。

3 (2)中国には日本の企業もたくさん進出しており、日本にさまざまな製品を輸出しています。

(4)渡来人が来たり、遣唐使が送られるなど、古代から交流がさかんに行われてきました。

4 (1)②「リオのカーニバル」は海外でもよく知られていて、外国人観光客も見物におとずれます。

5 (1)石油は、サウジアラビアの経済を支える重要な資源です。

(3)①モスクは、イスラム教の礼拝所です。

(4)イスラム教では、豚はけがれた動物とされていて、肉だけでなくあぶらやスープなどを使った料理も禁止されています。

なぞり道場　何回も書いてかくにんしよう！

だい	き	ぼ	のう	ぎょう			
大	規	模	農	業			
きん	ゆう	ぎょう		かん	みん	ぞく	
金	融	業		漢	民	族	
ねっ	たい	りん		こう	ぶつ	し	げん
熱	帯	林		鉱	物	資	源
さ	ばく			かん	こく		
砂	漠			韓	国		

106ページ 基本のワーク

1 ①治療　②難民　③NGO
④干ばつ　⑤用水路　⑥テロ

2 ⑦ユニセフ　⑧募金　⑨子ども
⑩守られる　⑪国際連合　⑫平和
⑬総会　⑭ユネスコ
⑮平和維持活動

107ページ 練習のワーク

1 (1)アフガニスタン　(2)民間
(3)①㋓　②㋑　(4)㋐、㋑

2 (1)国連児童基金
(2)①募金　②栄養
(3)生きる
(4)安全保障理事会
(5)①㋒　②㋐　③㋑
(6)自衛隊　(7)核兵器

[てびき] **1** (2)NGOは非政府組織といいます。民間の人々が活動しているので、政府や国連の支援を受けにくい分野にも取り組めるよさがあります。

2 (2)②ユニセフは子どもたちが健やかに成長できるように支援をしています。

108ページ 基本のワーク

1 ①温暖　②海水　③温室効果
④熱帯　⑤NGO　⑥エネルギー
⑦SDGs

2 ⑧水道　⑨政府開発援助
⑩JICA　⑪青年海外協力隊
⑫東日本大震災　⑬宗教
⑭人権　⑮国際社会

109ページ 練習のワーク

1 (1)地球温暖化
(2)①水没　②温室効果
(3)①酸性雨　②砂漠化
③熱帯林の減少
(4)将来

2 (1)①ODA　②JICA
(2)青年海外協力隊
(3)①紛争　②抑圧
(4)㋑、㋓

[てびき] **1** (2)②石油や石炭などを燃やすときに出る二酸化炭素は温室効果ガスの一つです。

(4)将来の人々のためにも豊かな自然や資源を残していくことが大切です。

2 (3)②教育を受けることは人間として大切な権利ですが、世界には学校に行くことができない子どもたちもいます。

110・111ページ まとめのテスト

1 (1)①1945　②1956　③平和
④発展　(2)㋐　(3)㋑　(4)自衛隊
(5)①児童　②㋐、㋓　③㋐　(6)㋒
(7)〈例〉日本は世界でゆいいつ原子爆弾の被害を受けた国だから。

2 (1)㋒　(2)地球温暖化
(3)㋐　(4)持続可能
(5)〈例〉国のちがいをこえて協力して活動する民間の団体。

3 (1)アフリカ
(2)①ODA　②発展途上国
(3)㋑、㋒　(4)①平和　②尊重

[てびき] **1** (1)国際連合は、２度も世界大戦を起こした反省からつくられました。

(5)③子どもには病気やけがをしたら治療を受けて、生きる権利があります。

2 (3)太陽光や風力、地熱はエネルギーを生み出すときに二酸化炭素を排出しません。

3 (2)青年海外協力隊はODA(政府開発援助)の実施機関である国際協力機構(JICA)が派遣し、経済的に厳しい国や地域を中心に活動しています。

なぞり道場　何回も書いてかくにんしよう！

へい	わ	い	じ	かつ	どう		
平	和	維	持	活	動		
ち	きゅう	おん	だん	か			
地	球	温	暖	化			
さん	せい	う		じ	ぞく	か	のう
酸	性	雨		持	続	可	能
せい	ふ	かい	はつ	えん	じょ		
政	府	開	発	援	助		

実力判定テスト

憲法とわたしたちの暮らし

1 次の図を見て、答えましょう。　1つ5点【50点】

A 国会（立法権）
B 内閣（行政権）
C 裁判所（司法権）

(1) 次の話にあてはまる機関を、図中のⒶ～Ⓒからそれぞれ選びましょう。

㋐ 争いごとや犯罪が起こったとき、憲法や法律にもとづいて、解決する。 Ⓒ
㋑ 決められた予算を使って、国民の暮らしを支える仕事をするところだよ。 Ⓑ
㋒ 国民が選んだ人が集まって、法律や国の決まりをつくるところだよ。 Ⓐ

(2) 次の文のうち、図からわかることを2つについて○を書きましょう。
㋐（　）内閣総理大臣は国会が選ぶ。
㋑（　）内閣は、立法権をもっている。
㋒（○）国会には、裁判官をやめさせる権限がある。
㋓（　）最高裁判所の長官は国会が選ぶ。

(3) 図中の㋐～㋒の矢印が示すはたらきについて、次の文にあてはまる言葉を○に書きましょう。
㋐（世論）㋑（選挙）㋒（国民審査）

(4) 国会議員を選ぶ（選挙）によって、最高裁判所の裁判官がふさわしいかどうかを投票する（国民審査）にようて、内閣の政治に影響をあたえる。

(5) くじで選ばれた国民が、裁判官とともに話し合いな、重大な犯罪に関わる裁判の内容を判断する制度を何といいますか。（裁判員制度）

(3)のような国民の権利は、日本国憲法の三つの原則のうち、どれにもとづいていますか。（国民主権）

わたしたちの暮らしを支える政治

2 次の資料を見て、答えましょう。

(1) 資料中の①～④にあてはまる言葉を、次からそれぞれ選びましょう。
①（エ）②（ウ）
③（イ）④（オ）

㋐ 会社　㋑ 市議会　㋒ 市民
㋓ 市役所　㋔ 国・県

(2) 上の写真㋐・㋑について、次の問いに答えましょう。

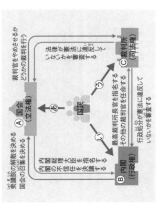

㋐ 東日本大震災で被害を受けた岩手県釜石市では、地震の前の暮らしを取りもどす（復興）に向けた、まちづくりが進められた。

㋑ 北海道札幌市でさかんだった雪（さっぽろ雪まつり）なくす（生かす）イベント

(3) 次の文の　　にあてはまる言葉を、あとの　　からそれぞれ選びましょう。
▶住民の願いを実現させるための費用には、住民から集めた①（税金）の他、国などから②（補助金）が使われている。
▶震災の被災地には、国が派遣した③や、自主的に活動する④（ボランティア）がかけつけ、支援活動を行った。
①（税金）②（自衛隊）
③（自衛隊）④（ボランティア）

補助金　税金　ボランティア　自衛隊

国づくりの歩み

1 次の問いに答えましょう。　1つ5点【25点】

(1) 大昔に使われた道具について、次の表中の①～③にあてはまる言葉を、あとからそれぞれ選びましょう。

米づくりが広まる前	米づくりが広まった後	

①（㋐）	②（イ）	③（ウ）

㋐ 縄文土器　㋑ 弥生土器
㋒ 埴輪　㋓ 銅たく

(2) 次の文のうち、米づくりが広まった後のむらについて、正しいもの1つに○を書きましょう。
㋐（○）ほりやさくで集落が囲まれるようになった。
㋑（　）他のむらとの争いが起こらなくなった。
㋒（　）代表的な遺跡に、三内丸山遺跡がある。

(3) 5世紀ごろから、中国や朝鮮半島から日本に移り住んだ人々を何といいますか。（渡来人）

大陸に学んだ国づくり①

2 次の資料を見て、答えましょう。　1つ5点【25点】

十七条の憲法（一部）
第一条　人の和を大切にしなさい。
第二条　仏の教えを厚く敬いなさい。
第三条　天皇の命令には、必ず従いなさい。

㋐蘇我氏をたおして、天皇中心の政治の実現を目ざした。
㋑初めて「大化」という年号（元号）を定めた。
㋒すべての土地と人民を、天皇が治めるための改革を行った。

(1) 年貢として定められた農民の負担

租	収穫した稲の約3％を納める。
調	地方の特産物などを納める。
庸	都で働くか、布を納める。
兵役	都や九州などの警備をする。
雑徭	土木工事をする。

(1) 律令で農民が納めた物の税を何といいますか。
Ⓘ（調）
Ⓐ（仏教）

聖徳太子が大切だと考え た宗教は何か→（仏教）

(2) 中大兄皇子らが進めた政治改革を何といいますか。（大化の改新）

大陸に学んだ国づくり②

3 次の資料を見て、答えましょう。

㋐東大寺の大仏づくりができるまで〔仏教の力で国を守ろう〕
・聖武天皇、「仏教などで国家の乱を治めよう」や反乱などが広がる
・全国の人々へ、大量の物資と作業で大仏づくりに動員
・渡来人の子孫や、すぐれた技術で大仏づくりに参加
・僧の行基が、したう人々とともに大仏づくりに協力。

ペルシャ（今のイラン）などの影響が見られる。

(1) 次の文の（　）にあてはまる言葉をそれぞれ選びましょう。
① 僧の（行基）は、聖武天皇の大仏づくりに協力した。
② 東大寺の（正倉院）には、大陸の文化の影響を受けた宝物が納められた。
③ 十二単の女性が大和絵にえがかれた平安時代の文化を、（国風文化）とよばれる。

(2) 次の文のうち、正しいものに○をつけましょう。
㋐（　）蘇我氏が天皇をしのぐほどの力をもっていた。
㋑（○）人々は伝染病に苦しんでいた。
㋒（○）戦乱もなく、平和な世の中だった。

(3) かな文字を使って、『源氏物語』を書いた女性は（紫式部）

(4) 次の問いに答えましょう。
① 右のうたをよんだ人物を、次から選びましょう。（ア）
㋐ 藤原道長　㋑ 小野妹子
㋒ 中臣鎌足　㋓ 鑑真

この世をば わが世とぞ思ふ 望月の 欠けたることも なしと思へば

② この人物はどのような言葉で力を強めましたか。「むすめ」という言葉を使って簡単に書きましょう。
（例：むすめを天皇のきさきにし、天皇とのむすびつきを強めた。）

実力判定テスト　冬休みのテスト①

武士の政治が始まる

1 次の問いに答えましょう。　(3)は10点。他は1つ5点　35点

(1) 次の説明にあてはまる人物を、あとからそれぞれ選びましょう。
　①（　㋔　）　②（　㋑　）　③（　㋐　）
　① 武士の政治の体制を整え、
　② 武士で初めて太政大臣になった。
　③ 壇ノ浦の戦いで、平氏をほろぼした。

(2) 鎌倉幕府における幕府と御家人の関係を、何といいますか。
　（　御恩　）と（　奉公　）

(3) 右の戦いのあと、
家人が幕府に不満をもつ
ようになったのはな
ぜですか。（㋐）幕府から
いう言葉を使って簡単に書
きましょう。
　《例》国の収入を安定させるため。

室町文化と力をつける人々

2 次の資料を見て、答えましょう。　1つ5点　15点

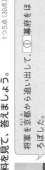

(1) 資料からわかることを2つに〇を書きましょう。
　㋐（　〇　）現代の人々にも楽しまれている文化がある。
　㋑（　　）雪舟の水墨画は世界中で人気がある。
　㋒（　〇　）簡素で静かな美しさに特徴がある樹木がある。
　㋓（　　）金閣は3代将軍の足利義満が建てた。

(2) ④のような建築様式を何といいますか。
　（　書院造　）

全国統一への動き

3 次の資料を見て、答えましょう。　1つ5点　30点

（上の文の　①　にあてはまる　①　幕府をほろぼした。）

(1) 上の文の　　　にあてはまる言葉を、次からそれぞれ
選びましょう。①（　室町　）②（　朝鮮　）
　　室町　鎌倉　唐　朝鮮

(2) 次のうち、織田信長に関することには〇を、豊臣秀
吉が行ったことには◎を書きましょう。
　①（　◎　）明智光秀をたおし、8年後に全国を統一した。
　②（　〇　）キリスト教を保護した。
　③（　〇　）城下町で、商人が自由に営業することを認め
た。
　④（　◎　）検地と刀狩を行った。

幕府の政治と人々の暮らし、新しい文化と学問

4 次の資料を見て、答えましょう。　1つ5点　20点

（一部）
一、大名は、領地と江戸に交代で
　住み、毎年4月に江戸に参勤
　すること。
一、大きな船をつくってはならな
　い。

(1) ①の　　線部分を制度にした、江戸幕府の3代将軍は
だれですか。（　徳川家光　）

(2) ②の人工の島を何といいますか。（　出島　）

(3) ③・④に関係の深い人物を、次からそれぞれ選びま
しょう。　③（　㋓　）④（　㋑　）
　㋐ 近松門左衛門　㋑ 葛飾北斎
　㋒ 本居宣長　㋓ 杉田玄白

実力判定テスト　冬休みのテスト②

明治の新しい国づくり

1 次の資料を見て、答えましょう。　1つ5点　25点

多田岡製糸場

①明治時代初めのころの
人口割合
[円グラフ] 人口　約3313万人　平民 93.6%
　士族など5.5　公家・僧など0.9

(1) ⑧は、何県につくられましたか。（　群馬県　）

(2) 江戸時代の町人は、①のグラフ中のどれにふくまれ
ますか。（　平民　）

(3) 次の文にあてはまる言葉を、右の　　から
それぞれ選びましょう。
　① すべての藩を廃止して県を置く。（　廃藩置県　）
　② 経済を発展させ、強い軍隊をもつ。（　富国強兵　）
　　廃藩置県　文明開化
　　富国強兵　殖産興業

(4) 明治政府が③地租改正を行った目的を、右の
う言葉を使って簡単に書きましょう。
　《例》国の収入を安定させるため。

近代国家を目ざして

2 次の問いに答えましょう。　1つ5点　25点

(1) 次の人物にあてはまるものを、あとからそれぞれ選び
ましょう。①（　㋒　）②（　㋐　）③（　㋑　）
　㋐ 薩摩藩出身で、西南戦争の指導者となった。
　㋑ 国会開設を求めて、自由民権運動を始めた。
　㋒ 足尾銅山の鉱毒に苦しむ人々の救済をうったえた。

(2) 右の風刺画は日本の
をおかした外国人を日本の
法律で裁けなかったのは、
日本が何を認めていたから
ですか。（　治外法権　）

(3) 日清戦争に関することには〇を書きましょう。
　㋐（　〇　）日本は多額の賠償金を得た。
　㋑（　　）与謝野晶子が戦地の弟を思ううたをよんだ。
　㋒（　〇　）東郷平八郎が相手国の艦隊を破った。

戦争と人々の暮らし

3 次の年表を見て、答えましょう。　1つ5点　50点

年	1931	1933	1937	1939	1940	1941	1945	1945
おもなできごと	㋐日本が不景気になる	㋑満州事変が起こる 日本が①の脱退を表明する	㋒日中戦争が始まる	㋓第二次世界大戦が始まる	ドイツ・②と同盟を結ぶ	㋔太平洋戦争が始まる	㋕原子爆弾が落とされる	㋖長く続いた戦争が終わる

(1) 年表中の　　にあてはまる言葉を、次の　　から
それぞれ選びましょう。
　①（　国際連盟　）②（　イタリア　）
　　国際連盟　隣組　イタリア　イギリス

(2) 次の話にあてはまるできごとを、年表中の㋐～㋖か
らそれぞれ選びましょう。

[人物①] ㋔　ヘキン（北京）の近くでの中国軍と
の衝突がきっかけで始まった。

[人物②] ㋓　日本が真珠湾のアメリカ海軍基地を
攻撃したことでとても強くなった。

(3) 年表中の①～㋕の国民生活について、正しい
ものには〇を、誤っているものには×を書きましょう。
　①（　〇　）食料や燃料など配給制になった。
　②（　×　）小学生は、空襲をさけるために農村から都市
へ集団で疎開した。
　③（　×　）勉強が大切だったため、学生が兵士になった
り、工場で働かされたりすることはなかった。
　④（　〇　）報道や出版の内容が制限され、戦争の正確な
情報が国民に知らされなかった。

(4) 年表中の㋕について、右の写真を見て答えましょう。

　① この建物が落とされた都市は
どこですか。（　広島市　）
　② ここに原爆が落とされ
たのは、何年何月何日ですか。（　8月6日　）

実力判定テスト　学年末のテスト①

平和で豊かな暮らしを目ざして

1 次の資料を見て、答えましょう。　1つ5点〔25点〕

あ
「あたらしい憲法のはなし」
こんどの憲法では、日本の国が、決して二度と□をしないように、二つのことを決めました。その一つは、兵隊も軍艦も飛行機も、およそ□をするためのものは、いっさいもたないということです。（一部）

い

う

え

(1) あについて、次の問いに答えましょう。
① 下線部の「こんどの憲法」を何といいますか。（日本国憲法）
② 資料中の□に共通してあてはまる言葉を、漢字2字で書きましょう。（戦争）
(2) 次の①～③は、い～えのどれを説明したものですか。
① 民主的な選挙権が保障された。（え）
② 日本は独立を回復した。（う）
③ 日本の復興と発展が世界に示された。（い）

2 次の問いに答えましょう。　1つ5点〔25点〕

(1) 高度経済成長のころの日本の様子について正しく説明したもの2つに○を書きましょう。
ア（○）テレビや洗濯機、冷蔵庫が家庭に普及した。
イ（　）都会の若者が地方に集団で就職した。
ウ（○）新幹線や高速道路などの整備が進んだ。
エ（　）環境をこわすことなく、産業が発展した。
(2) 次の文の{　}にあてはまる言葉に○を書きましょう。
① 日本とロシアの間には{治外法権　(北方領土)}の問題が残っている。
② 日本は{(中国)　韓国}と1972年に国交を正常化し、さらに1978年に平和友好条約を結んだ。
③ 1972年にアメリカから日本に復帰した沖縄には、現在も広大な{あれ地　(基地)}が残っている。

日本とつながりの深い国々

3 次の地図を見て、答えましょう。　1つ5点〔20点〕

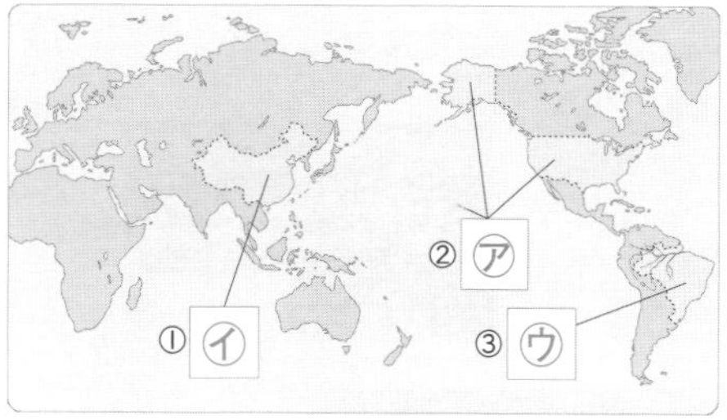

(1) 地図中の①～③の国の国旗として正しいものを次からそれぞれ選び、□に書きましょう。

ア

イ

ウ

(2) 次の文のうち、①の国にあてはまるもの1つに○を書きましょう。
ア（　）ポルトガル語が話されている。
イ（○）漢字やはしなど、日本と共通した文化が多い。
ウ（　）ジーンズやジャズ音楽が生まれた国である。
エ（　）国民の多くがイスラム教を信仰している。

地球規模の課題の解決と国際協力

4 次の問いに答えましょう。　(3)は10点、他は1つ5点〔30点〕

(1) 次の話にあてはまる国際連合の組織を、あとの□からそれぞれ選びましょう。
病気や栄養不足など、困難な状況にある子どもを守るんだ。（ユニセフ）
教育や文化の専門機関で、文化財の保存もするよ。（ユネスコ）
戦争を防いだり、国どうしが調停を結ぶ仲立ちをするよ。（安全保障理事会）

ユニセフ　ユネスコ　安全保障理事会　総会

(2) 温室効果ガスの増加が原因と考えられている環境問題を、何といいますか。（地球温暖化）
(3) 持続可能な社会の実現のためにどんなことができますか。「資源」という言葉を使って簡単に書きましょう。
（〈例〉限りある資源にたよらない、新しいエネルギーを開発する。）

実力判定テスト　学年末のテスト②

1・2学期の復習

1 次の問いに答えましょう。　1つ5点〔25点〕

(1) 右の図を見て、次の問いに答えましょう。

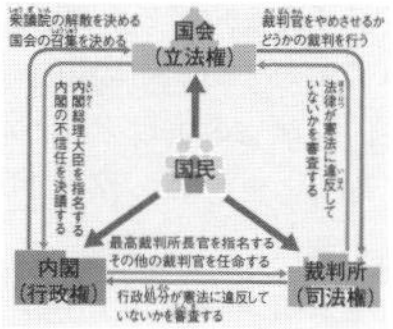

① このしくみを何といいますか。（三権分立）
② このしくみがとられる理由を、「権力」という言葉を使って簡単に書きましょう。
（〈例〉権力が一つの機関に集中しないようにするため。）
(2) 日本国憲法の三つの原則を書きましょう。
（国民主権）（基本的人権の尊重）（平和主義）

2 次の資料を見て、答えましょう。　1つ5点〔25点〕

あ

い

う

え

(1) 次の人は、上のどの資料を見て話していますか。
平安時代に貴族が暮らしていた屋しきの様子だね。　い
米づくりの技術は、中国や朝鮮半島から移り住んだ人々が伝えたんだよ。　あ
(2) 次の文のうち、正しいものには○を、誤っているものには×を書きましょう。
①（○）いの時代には、紫式部や清少納言が、かな文字で文学作品を書いた。
②（×）うの時代には、各地に古墳がつくられていた。
③（×）えの法隆寺を建てた人物は、645年に蘇我氏をたおして政治の改革を進めた。

3 左の表は、歴史上の人物を生まれた順に並べたものです。次の①～⑥にあてはまる人物をそれぞれ選びましょう。　1つ5点〔30点〕

12世紀		源頼朝
15世紀		足利義政
16世紀		織田信長
		徳川家康
18世紀		伊能忠敬
19世紀		伊藤博文

① ある幕府をほろぼし、安土に城を築いた。（織田信長）
② 関ヶ原の戦いに勝ち、幕府を開いた。（徳川家康）
③ 憲法の案をつくり、初代の内閣総理大臣になった。（伊藤博文）
④ 平氏をたおし、武士による政治の体制を整えた。（源頼朝）
⑤ 幕府の8代将軍で、京都の東山に銀閣を建てた。（足利義政）
⑥ 西洋の測量術を学び、正確な日本地図をつくった。（伊能忠敬）

4 次のできごとが起きたわけをあとのア～ウから選び、そのできごとに関係の深い資料をあとのあ～うから選びましょう。　1つ5点〔20点〕

	わけ	資料
(1) 貿易の相手を中国とオランダの商人に限り、貿易港も長崎だけとした。	ア	い
(2) 国際連盟からの脱退を表明し、対立する国々との戦争への道を進んだ。	ウ	あ

ア キリスト教の広まりをおそれたから。
イ 朝鮮の支配をめぐり、周りの国々と対立したから。
ウ 中国の東北部を占領し、国をつくったから。

あ

い
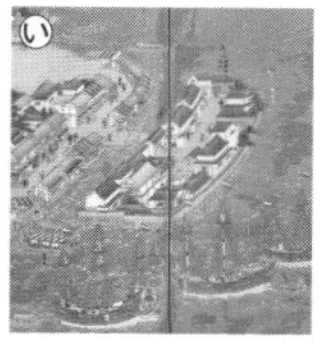

う
あゝおとうとよ　君を泣く　君死にたまふことなかれ（うたの一部分）

実力判定テスト かくにん! 日本の歴史①

1 年表中の□にあてはまる時代名を、次からそれぞれ選びましょう。

㋐ 平安　㋑ 室町　㋒ 弥生　㋓ 奈良

2 年表中の(　　)にあてはまる言葉や人名を、あとの□からそれぞれ選びましょう。

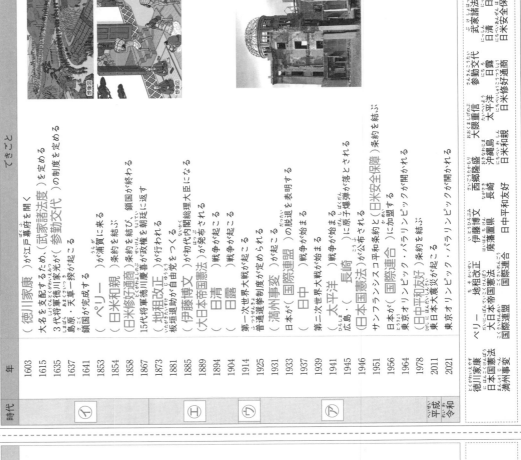

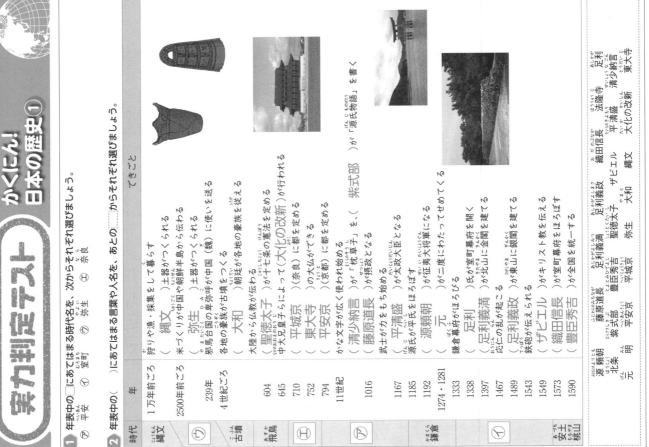

時代	年	できごと
縄文	1万年前ごろ	狩りや漁・採集をして暮らす
		(縄文)土器がつくられる
	2500年前ごろ	米づくりが中国や朝鮮半島から伝わる
㋒		(弥生)土器がつくられる
	239年	邪馬台国の卑弥呼が中国（魏）に使いを送る
	4世紀ごろ	各地の豪族が古墳をつくる
古墳		(大和)朝廷が各地の豪族を従える
		大陸から仏教が伝わる
飛鳥	604	(聖徳太子)が十七条の憲法を定める
	645	中大兄皇子らによって(大化の改新)が行われる
㋓	710	(平城京)（奈良）に都を定める
	752	(東大寺)の大仏ができる
	794	(平安京)（京都）に都を定める
	11世紀	かな文字が広く使われ始める
㋐		(清少納言)が「枕草子」を、(紫式部)が「源氏物語」を書く
	1016	(藤原道長)が摂政となる
		武士が力をもち始める
	1167	(平清盛)が太政大臣となる
	1185	源氏が平氏をほろぼす
鎌倉	1192	(源頼朝)が征夷大将軍になる
	1274・1281	(元)が二度にわたってせめてくる
	1333	鎌倉幕府がほろびる
	1338	(足利)氏が室町幕府を開く
	1397	(足利義満)が北山に金閣を建てる
㋑	1467	応仁の乱が起こる
	1489	(足利義政)が東山に銀閣を建てる
	1543	鉄砲が伝えられる
	1549	(ザビエル)がキリスト教を伝える
安土桃山	1573	(織田信長)が室町幕府をほろぼす
	1590	(豊臣秀吉)が全国を統一する

源頼朝　藤原道長　足利義満　足利義政　織田信長　法隆寺　足利
北条　紫式部　豊臣秀吉　聖徳太子　ザビエル　平清盛　清少納言
元　明　平安京　平城京　弥生　大和　縄文　大化の改新　東大寺

実力判定テスト かくにん! 日本の歴史②

1 年表中の□にあてはまる時代名を、次からそれぞれ選びましょう。

㋐ 昭和　㋑ 江戸　㋒ 大正　㋓ 明治

2 年表中の(　　)にあてはまる言葉や人名を、あとの□からそれぞれ選びましょう。

時代	年	できごと
	1603	(徳川家康)が江戸幕府を開く
	1615	大名を支配するため、(武家諸法度)を定める
	1635	3代将軍徳川家光が(参勤交代)の制度を定める
	1637	島原・天草一揆が起こる
㋑	1641	鎖国が完成する
	1853	(ペリー)が浦賀に来る
	1854	(日米和親)条約を結ぶ
	1858	(日米修好通商)条約を結び、鎖国が終わる
	1867	15代将軍徳川慶喜が政権を朝廷に返す
	1873	(地租改正)が行われる
	1881	板垣退助が自由党をつくる
㋓	1885	(伊藤博文)が初代内閣総理大臣になる
	1889	(大日本帝国憲法)が発布される
	1894	(日清)戦争が起こる
	1904	(日露)戦争が起こる
㋒	1914	第一次世界大戦が起こる
	1925	普通選挙制度が定められる
	1931	(満州事変)が起こる
	1933	日本が(国際連盟)の脱退を表明する
	1937	(日中)戦争が始まる
	1939	第二次世界大戦が始まる
㋐	1941	(太平洋)戦争が始まる
	1945	広島・(長崎)に原子爆弾が落とされる
	1946	(日本国憲法)が公布される
	1951	サンフランシスコ平和条約と(日米安全保障)条約を結ぶ
	1956	日本が(国際連合)に加盟する
	1964	東京オリンピック・パラリンピックが開かれる
	1978	(日中平和友好)条約を結ぶ
平成	2011	東日本大震災が起こる
令和	2021	東京オリンピック・パラリンピックが開かれる

徳川家康　ペリー　地租改正　伊藤博文　西郷隆盛　大隈重信　参勤交代　武家諸法度
日本国憲法　大日本帝国憲法　廃藩置県　長崎　沖縄島　太平洋　日露　日清　日中
満州事変　国際連盟　国際連合　日中平和友好　日米和親　日米修好通商　日米安全保障

3 2 1 0 9 8 7 6 5 4
* * D C B A